中华文化公开课

生肖文化十六讲

李世化◎著

当代世界出版社
THE CONTEMPORARY WORLD PRESS

图书在版编目（CIP）数据

生肖文化十六讲 / 李世化著 . -- 北京：当代世界出版社，2019.5
（中华文化公开课）
ISBN 978-7-5090-1362-5

Ⅰ . ①生… Ⅱ . ①李… Ⅲ . ①十二生肖－文化－中国
Ⅳ . ① K892.21

中国版本图书馆 CIP 数据核字 (2018) 第 125779 号

生肖文化十六讲

作　　者：李世化
出版发行：当代世界出版社
地　　址：北京市复兴路 4 号（100860）
网　　址：http://www.worldpress. org. cn
编务电话：（010）83907528
发行电话：（010）83908410
（010）83908377
（010）83908423（邮购）
（010）83908410（传真）
经　　销：新华书店
印　　刷：河北华商印刷有限公司
开　　本：710mm × 1000mm　1/16
印　　张：16
字　　数：300 千字
版　　次：2019 年 5 月第 1 版
印　　次：2019 年 5 月第 1 次
书　　号：ISBN 978-7-5090-1362-5
定　　价：39.80 元

前言 PREFACE

南朝诗人沈炯创作了一首《十二属诗》：“鼠迹生尘案，牛羊暮下来。虎啸坐空谷，兔月向窗开。龙隰远青翠，蛇柳近徘徊。马兰方远摘，羊负始春栽。猴栗羞芳果，鸡砧引清杯。狗其怀屋外，猪蠡窗悠哉。”这是中国最早的十二生肖诗，每句都以生肖冠首，一句一生肖，突出了每种动物的习性和特点，而且是按十二地支所配动物的顺序写成的，清晰明白，易懂好记。

此后历代生肖诗从未间断。最著名的当数南宋理学家朱熹的《读十二辰诗卷掇其余作此聊奉一笑》，堪称生肖诗中佳作，诗云：“夜闻空箪啮饥鼠，晓驾羸牛耕废圃。时才虎圈听豪夸，旧业兔园嗟莽卤。君看蛰龙卧三冬，头角不与蛇争雄。毁车杀马罢驰逐，烹羊酤酒聊从容。手种猴桃垂架绿，养得鹍鸡鸣角角。客来犬吠催煮茶，不用东家买猪肉。”这首生肖诗既说出了十二生肖，又蕴含着十二时辰，贴切自然，颇为耐读。从诗题可看出，当时文人们写生肖兴趣极大，并汇有生肖诗集，可谓别出心裁，别具一格。

几千年来，在中国的历法上，子鼠、丑牛、寅虎、卯兔、辰龙、巳蛇、午马、未羊、申猴、酉鸡、戌犬、亥猪十二只年兽依次轮流当值，子鼠值岁，丑牛接班，寅虎继任，卯兔候补……斗转星移，幕布一年一启一落，生肖动物也一个接一个，“不为尧存，不为桀亡”，形成中华民族代代继传、家喻户晓的传统文化。

从古到今，凡中华民族子孙，每个人从出生的那一天起，就有一个生肖伴随一生，终生不变。生肖已成为每个人的出生符号、生命符号之一，是每个人的吉祥物，人们赋予十二个生肖不同的象征意义，共同表达美好的祝愿和心灵的祈求。由于十二生肖具有便于数年纪岁的优点和吉祥祝福的寄托，因而具有强大的生命力，得以代代相传，相沿成习，虽经历朝各代和各种社会制度，至今仍盛行未变。

生肖文化具有强大的包容性，从产生之初便与中国最古老、最神秘的阴阳五行观念紧紧联系在一起，还有祭祀、饮食、造字和文学等各个方面。随着历史的发展，生肖文化扩展到了剪纸、绘画、雕塑、器皿等领域。当然，并不是汉族才有十二生肖，华夏五十六个民族都存在属于自己民族、更属于整个中华民族的生肖文化，这也是华夏生肖文化博大精深的一个重要方面。

从古至今，智慧的中国人民一直没有停息对生命的探讨。生与死，是生命的一个循环，是生命过程中的相辅相成，鸟归林、风归谷、人归家，万物只有在这死生相续、生死循环的过程当中才能获得永生。而生肖沟通阴阳而化育万物，成为人们出生与回归的共同家园，满足了人们的长生梦想。可以说，在生肖身上，寄托着人们最高的生命理想：生于自然又高于自然，化于自然又驾驭自然，开天辟地又沟通天地，与天地同生又生生不息。

生肖文化是历史的“活文物”，是揭开异彩纷呈的历史文化的“密码”。生肖文化并不都属于历史，它属于一种在历史的基础上发展的文化。现在十二生肖习俗不仅为中国所有，已成为世界现象，而且影响越来越大。我们应该继承先民们留下来的宝贵生肖文化遗产，“去其糟粕，取其精华”，使其发扬光大，焕发新的光彩！

目录 CONTENTS

第一讲　生肖溯源

第二讲　生肖图腾

第三讲　生肖命理

第四讲　生肖艺术

第五讲　子鼠献瑞

第六讲　丑牛乐耕

第七讲　寅虎生威

第八讲　卯兔弄月

第九讲　辰龙腾云

第十讲　巳蛇乘雾

第十一讲　午马行空

第十二讲　未羊开泰

第十三讲　申猴灵异

第十四讲　酉鸡有吉

第十五讲　戌狗旺财

第十六讲　亥猪送福

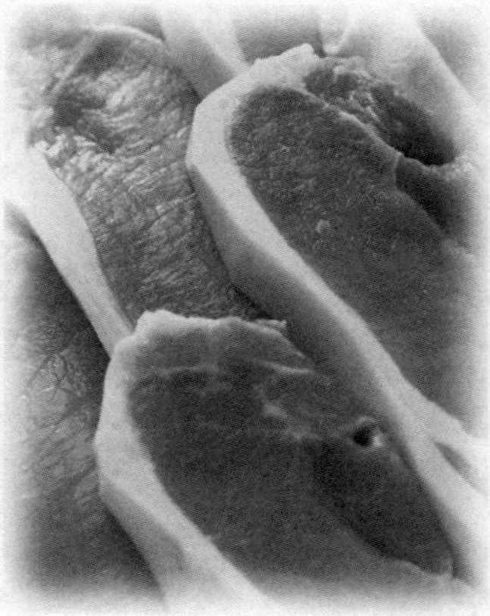

第一讲

生肖溯源

十二生肖名称的演变

史料记载，二千年前中国就已经有了十二生肖。在历史发展过程中，十二生肖的称谓也有所差别，其中蕴含着不同历史时期人们认知的变迁和各个朝代独特的文化历史背景。

生肖又称“属相”，在中国，生肖代表年份和人的出生日期。十二生肖一年一种属相，十二年一个轮回。十二生肖由自然界的动物——鼠、牛、虎、兔、蛇、马、羊、猴、鸡、狗、猪以及传说中的龙所组成。

在中华民族漫长的历史长河中，十二生肖的名称在不断地发展与变化着，从不同历史时期对“十二生肖”的异名别称中，我们可以清晰地了解到十二生肖名称发展演变的历史，感受到生肖文化的辉煌灿烂。

汉代及汉代以前的大部分时期，人们往往把动物类统称为“禽”，通常人们生活中所看到的动物都可以称为“禽”。东汉学者王充所著《论衡·物势篇》里讲到四相与十二生肖时说：“以四兽验之，十二辰之禽效之”，这“十二辰之禽”就是十二生肖。

◆ 宋辽十二生肖二十四节气镜

隋唐时期，政治、经济、文化的发展水平都达到了中国封建社会的一个高峰，对十二生肖名称的提法也开始多了起来。隋代王度在《古镜记》中描述铜镜铸文中十二生肖图案时，将十二生肖称为“十二辰畜”。唐代《事始》一书中又有了“十二兽”的提法。“唐宋八大家”之首的韩愈和柳宗元在文学作品中多将十二生肖称作“十二神”。当时大部分时期实施的是相对宽松的民族政策，随着汉族和其他少数民族文化交流的加强，一些少数民族中的生肖文化也逐渐传入了中原地区。据《新唐书·回鹘传下》记载：“黠戛斯，古坚昆国也……以十二物纪年，如岁有寅则曰虎年。”这其中的“十二物”就是十二生肖。

宋朝时，十二生肖的名称大致有“十二虫”和“十二时”两种叫法。苏辙在岁暮守岁之际，感叹星移斗转、岁月易逝，写了

◆ 圆明园十二生肖兽首铜像

一首《守岁》诗："於菟绝绳去，顾兔追龙蛇。奔走十二虫，罗网不及遮。"诗人自注"是岁壬寅"，古时楚人称虎为"於菟"，"於菟绝绳去"表示"虎"年将尽。可见，"十二虫"指的就是十二生肖。宋代李溥在《五代会要》中将十二生肖称为"十二时"："文武官及庶人丧葬，三品已上明器九十事，四神十二时在内。"

到了清代，又有了"十二辰禽象"的称谓。李光地等奉旨编纂的《星历考源》一书卷二中云："十二辰禽象：子鼠、丑牛、寅虎、卯兔、辰龙、巳蛇、午马、未羊、申猴、酉鸡、戌狗、亥猪。"值得注意的是，在这一时期还出现了我们较为熟悉的"十二相属"的叫法，清代赵翼在《陔余丛考》中列有一条，题名就为"十二相属起于后汉"。

民国期间，还有"十二支神"的提法，当时出版的《中国明器》中认为，东汉十二生肖画像砖是"后来明器中十二支神所本"，十二支神即十二生肖。

以上十二生肖不同的称谓之中包含着历代文化发展的轨迹，蕴藏着民间风俗的历史变迁，更深载着传统生肖文化的无穷奥秘。从十二生肖名称的演变中可以看到生肖文化深厚的历史文化渊源，以及中国民族语言的发展历程。

延伸阅读

十二生肖的分类

根据十二生肖的来源以及和人类之间的关系，大致可以把十二生肖分为三个大的类别：第一类是已被人类驯化的"六畜"，即牛、羊、马、猪、狗和鸡，它们是人类早期为了生存或其它目的而驯养的，占十二种动物的一半。在中国人的传统观念中，"六畜兴旺"代表着人丁兴旺、吉祥美好的夙愿。第二类是野生动物中为人们所熟知的，与人们的生活有着密切关系的动物，它们是虎、兔、猴、鼠和蛇，其中有人们所敬畏的虎和蛇；也有人们所厌恶、所忌讳却依赖人类生存的鼠；更有人们所喜爱的兔和猴。第三类是中国传统的象征性的吉祥物龙，龙是集许多动物特性于一体的"人造物"，是人们想象中的灵物，代表着富贵和吉祥。

十二生肖起源说

作为一种古老的民俗文化事象，有关十二生肖的起源，历来众说纷纭。从普通百姓到专家学者，从民间里巷到正堂书院，都在用自己的方式试图探究生肖的起源，产生了人类模仿说、图腾起源说和生肖纪年起源说。

中国的生肖文化源远流长，一直以来人们最关心的就是生肖的起源。南宋理学大家朱熹曾向大弟子蔡元定询问“十二相鼠起于何时，首见何书？”蔡元定瞠目结舌，不知如何作答。时值今日，关于生肖的起源仍是众说纷纭。

人类模仿说

很久以前，古人就已经发现，木星绕太阳一周需要十二年的时间，认为木星运行的不同时期会对地球上生物的生长产生不同的影响。按照《玉函山房辑佚书》中的记载，在木星绕太阳运行的十二年中，会有三年收成，三年水灾，三年丰收，三年旱灾，同时人们还发现，在十二年中各有一年特别适宜某种动物的生长，于是人们就开始在不同的年份向该年当中生存能力最强的动物学习，以增强自己的抵抗能力，适应地球复杂多变的环境。如此，每十二年为一轮，就有了现在的十二生肖。

“模仿说”是人们顽强生命意识的体现，这种生命意识通过古代巫术的形式表现出来，人类对动物的模仿也反映了先民们勤奋、好学的优良传统。

图腾起源说

考古学家发现，在甲骨文上已经有了关于十二生肖的记载。有人认为，生肖可能产生于夏代，最迟不晚于商代。但是，对于古人为何如此来搭配，人们莫衷一是，其中一种解释是，生肖与中国古代的图腾崇拜有关。

图腾是“氏族”“亲属”“标记”的意思。图腾文化是人类文明历程中一种非常独特和奇妙的现象，图腾崇拜作为最早的宗教信仰方式之一，遍及世界各地。早在母系氏族社会时期，人们为了对不同的氏族进行

◆ 大汶口文化猪形陶

◆ 西汉十二地支博局镜

更好的区分，图腾便应运而生。原始氏族社会的人们，往往把同他们的生活密切相关的动物和植物视若神明，并将他们作为本氏族的名号、标记，进行祭祀、崇拜，不准任何人杀戮、食用。当时，中华大地上的先民们惧怕虎、蛇以及想象中的龙等动物，就把他们作为图腾来崇拜。随着人们开始定居，诸如牛、鸡、狗等用来营生的动物对于人们生活的影响越来越大，因此人们就把这些动物选入了图腾。

不可否认，古人对于图腾的崇拜势必会影响对于十二生肖的确定，两者之间也必然有某种难以割舍的联系，但这只是人们的一种推测，尚缺乏确切的科学根据。

生肖纪年起源说

在中国古代，无论是北方还是南方，都有一些民族使用“十二兽历”来纪年，以十二年为一轮，循环往复、绵延不断。在云南哀牢山自古至今使用的都是十二兽历纪年法，并且在遇有重大节庆时，还要请女巫装扮成十二兽神来跳舞。

其实，“图腾起源说”与“十二兽历说”之间是有一定联系的，远古氏族有可能是在生产需要的基础上和图腾崇拜的影响下创造出“十二兽历法”的。如今，我们所使用的历法是干支纪年和动物纪年相结合在一起的。

总之，十二生肖并非一时一地的产物，是华夏民族和其他各族的文化相互影响、相互作用的结果，是中华民族宝贵的文化遗产，承载着先人们无穷的智慧和美好的愿望。

延伸阅读

秦简《日书》中对于十二生肖的记载

1975年，在湖北云梦县睡虎地十一号墓出土的竹简《日书》中有一章标题为《盗者》，其中记载有：“子，鼠也，盗者兑口希须……丑，牛也，盗者大鼻长颈……寅，虎也，盗者状，希须，面有黑焉。卯，兔也，盗者大面头。辰，（原文脱漏）盗者男子，青赤色……已，虫也，盗者长而黑蛇目。午，鹿也，盗者长颈小哳，其身不全……未，马也，盗者长须耳。申，环也，盗者圆面……”这其中的十二生肖大体近似于现在的说法。据考证，睡虎地十一号墓下葬于秦始皇三十年（公元前217年），因此十二生肖的产生至少可以追溯到秦以前的春秋时期。学者们认为，这是迄今为止，在中国发现的关于十二生肖的最早而又较系统的记载。

十二生肖排列诸说

生肖的排列问题一直在传统文化中是个不解之谜，自古人们就不遗余力地试图加以解释，对于生肖的排列问题也形成各种不同的说法。

对于十二生肖的顺序，我们早已耳熟能详，然而，十二生肖为什么按照“鼠牛虎兔”这样的顺序排列呢？

在汉族，流传着一个很广泛的传说：轩辕黄帝要选十二种动物担任宫廷卫士，猫托老鼠报名，结果老鼠给忘了，猫就错过了日期，没有报上。原本推牛为首，结果老鼠偷偷爬上牛背占了先机，于是老鼠排第一，牛为第二。虎和龙不服气，被封为山神和海神，排在鼠和牛的后面，这下兔子又不服，要和龙赛跑，于是兔子又跑到了龙的前面。狗又不乐意了，一气之下咬伤了兔子，被罚到了倒数第一。蛇、马、羊、猴、鸡之间还经过了一番较量，到最后，猪又跑来，狗又成倒数第二了。这个传说反映了人们渴求得到答案的美好愿望。

对于生肖的排列，有两种比较科学的解释：

时辰排列说

清代刘献的《广阳杂记》从古代昼夜十二时辰的角度来解释生肖的排序。刘献认为：“天开于子，不耗则其气不开。鼠，耗虫也。于是夜尚未央，正鼠得令之候，故子属鼠。地辟于丑，而牛则辟地之物也，故丑属牛。人生于寅，有生则有杀。杀人者，虎也。又寅者，畏也。可畏莫若虎，故寅属虎。卯者，日出之候。日本离体，而中含太阴玉兔之精，故卯属兔。辰者，三月之卦，正群龙行雨之时，故辰属龙。巳者，四月之卦，于时草茂，而蛇得其所。又，巳时蛇不上道，故属蛇。午者阳极而一阴甫生。马者，至健而不离地，阳类也，故午属马。羊食未时之草而茁，故未属羊。申时，日落

◆ 西汉云雷纹蟠龙镜

而猿啼，且伸臂也，臂之气数，将乱则狂儿横行，故申属猴。酉者，月出之时。月本坎体，而中含太阳金鸡之精，故酉属鸡。戌时方夜，而犬则司夜之物也，故戌属犬。亥者，天地混沌之时，如百果含生意于核中，猪则饮食之外，无一所知，故亥属猪。”

习性排列说

明人郎瑛在《七修类稿》中对“时辰排列说”加以吸收利用，并结合阴阳之说，用各生肖动物的习性来作解释：

夜晚十一点到凌晨一点，是子时。子为阴极，象征着幽潜隐晦，配之以鼠，因为鼠的特征是藏匿，此时老鼠最为活跃。

凌晨一点到三点，是丑时。丑属阴，让人想到俯首而生慈爱。牛有舐犊之情，故以配丑。

清晨三点到五点，是寅时。寅为三阳，阳盛则暴，以虎配寅位，因其为猛兽，性暴，最为凶猛。

五点到七点，为卯时。卯，月亮落西方卯位而含东卯之兔，因此，卯属兔。此时，月亮挂在天上，玉兔捣药正忙。

清晨上午七点到九点，为辰时。辰，表示阳气升起而动作，其盛以龙配之，这正是神龙行雨的好时光，故辰为龙。

上午九点到十一点，为巳时。此时，阳起的动作并不那么旺盛，像蛇，故巳为蛇。

上午十一点到下午一点，为午时。午，为阳极之象，因为马疾驰而矫健，正是天马行空的时候，可以代表阳极的意义。所以，午为马。

下午一点到三点，为未时。未为阴，而羊“仰而秉礼行焉”，且有跪乳的习性，故未配羊。

下午三点到五点，为申时。申为三阴，阴盛则黠，以猴置申位，正因为猴性黠，而且这时猴子活跃起来。

五点到七点，为酉时。酉酉有鸡，且酉时夜幕降临，鸡开始归窝，所以酉以鸡配。

晚上七点到九点，为戌时。戌，阴敛而潜寂，狗司夜，是为持守之物，故配狗。

晚上九点到十一点，为亥时。亥为猪。此时万籁俱寂，猪正在酣睡，正好相属。

总之，生肖的排列是有着很深的文化历史渊源的，它的形成并非一朝一夕之事，而是在漫长的人类历史中逐渐形成并最终确定的。

延伸阅读

《大集经》对十二生肖的排列

佛教经典《大集经》卷二十三中有关于生肖排位的记载，佛经所说四大洲之一阎浮提即瞻部洲的四方大海之中各有海中的神山宝地：南海琉璃山，山名为潮，山上的种种色窟中住着一条毒蛇，无死窟中住着一匹马，善住窟中住着一只羊；西海玻璃山，山上的上色窟中住着一只猕猴，誓愿窟中住着一只鸡，法床窟中住着一只犬；北海银山，山名菩萨提月，山上的金刚窟中住着一头猪，香功德窟中住着一只鼠，高功德窟中住着一头牛；东海金山，山名功德相，山上的明星窟中住着一只狮子，净道窟中住着一只兔，喜乐窟中住着一条龙。

十二生肖最早记载

生肖的来源有各种说法，关于生肖的最早记载出于何人何书，自然而然地成为了人们讨论的热点话题。随着人们对于传统生肖文化的研究日益深入和全面，在关于生肖的最早记载问题上也取得了突破性的成就。

从文献记载来看，清代时人们就开始讨论生肖的最早记载问题。清代学者赵翼在《陔余丛考》卷三十四中认为，十二相属之说起于东汉。因此，有不少人将东汉王充的《论衡》视为最早记录十二生肖的文献。《论衡·物势》中记载：“寅，木也，其禽，虎也。戌，土也，其禽，犬也……午，马也。子，鼠也。卯，兔也。亥，豕也……”在这段引文中，只有十一中生肖，唯独缺龙。王充又在《论衡·言毒篇》中记载：“辰为龙，巳为蛇，辰巳之位在东南。”东汉赵晔在其所著《吴越春秋》中也有“吴在辰，其为龙”的记载。这样，正好是十二生肖，并且十二地支与十二生肖的搭配已经非常完美，与现在民间所流行的说法相差无几。

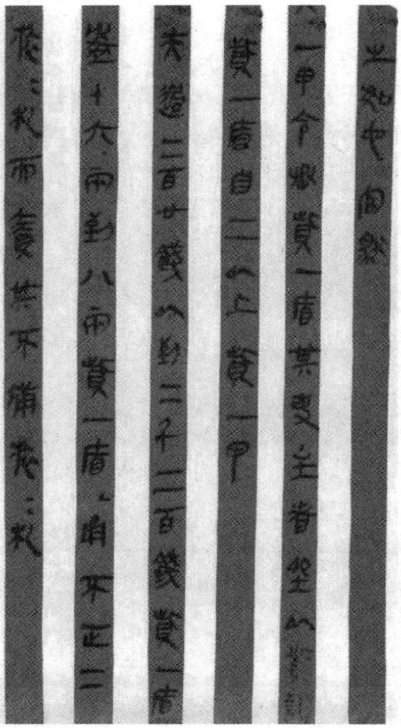

◆ 睡虎地秦简

随着时间的推移以及研究的进一步深入，人们的发现不断增多。1970年，考古人员在湖北云梦睡虎地出土的一批秦简中发现了关于十二生肖的比较完整的记录。这批秦简里有《日书》两种，其中一种《日书》背面的《盗者》一节载有十二生肖。据研究，《日书》竹简很可能成文于秦始皇称帝之前，这就比《论衡》的记载前推了将近300年。秦简的记载中，十二地支齐全，除了“辰”一项原简漏抄生肖外，其余十一项均标有生肖：“子，鼠也。丑，牛也。寅，虎也。卯，兔也。辰。巳，虫也。午，鹿也。

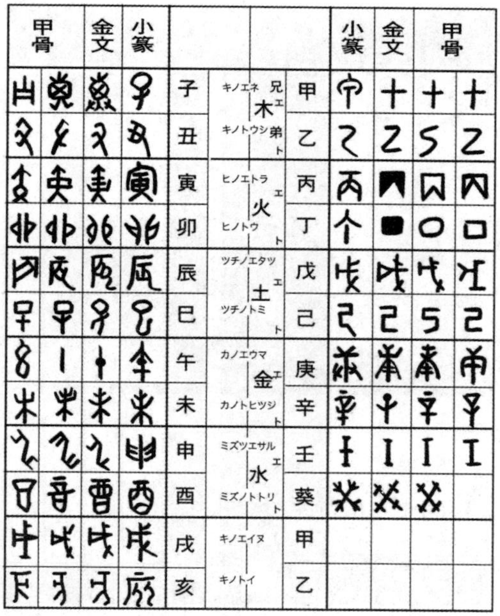

◆ 甲骨文干支表

未，马也。申，环也。酉，水也。戌，老羊也。亥，豕也。”子鼠、丑牛、寅虎、卯兔、亥猪，秦简所录这五种生肖与今一致；而“巳，虫也”“申，环也”“酉，水也”三项，同巳蛇、申猴、酉鸡相近；其余三项则与今不同。对此，业界说法不一。不管怎么样，湖北云梦睡虎地秦简出土后，《论衡》记录十二生肖的率先优势一下子被超越了。

当代学者大多认为，关于十二生肖的最早记载是在中国第一部诗歌总集《诗经》中，例如《吉日》篇中“吉日庚午，即差我马”等。战国诗人屈原在《离骚》的开篇也有相关的内容：“摄提贞于孟陬兮，惟庚寅吾以降。”这是说自己出生是在寅年寅月寅时。另外，《礼记·月令·季冬》中也有相关的记载：“出土牛，以送寒气。”

考古家还发现，早在殷商甲骨文和金文中就已经有了干支表以及运用干支的例子。可见，产生了秦简和《论衡》的时代都不一定会是有关十二生肖的最早记载和产生的源头。相信随着人们对此研究的进一步深入以及科技的逐渐发达，关于十二生肖的起源问题，以及关于十二生肖的最早记载一定会有新的发现。

延伸阅读

生肖最早记载汇总

近代著名文艺批评学家、民俗学家杨萌深在《事物掌故丛谈》一书中，将各种有关生肖起源的最早记载综合起来，做了比较详细的记录和整理，大致可以分为以下几种：

其一，十二地支配合十二兽之说，以东汉王充所著的《论衡·物势》和《论衡·言毒篇》为代表（上文已有论述）。

其二，北族起源说，首见于明代陆深所著的《春风堂随笔》：“北狄中，每以十二生肖配年为号。所谓狗儿年、羊儿年者，岂此皆胡语耶？”

其三，印度起源说，佛教经典《大集经》中所言：“阎浮提外，四方海中，有十二兽，并是菩萨化导，人道初生，当菩萨住窟，即属此兽护持、得益，故汉地十二辰依此行也。”

其四，兽足奇偶说，这在宋人的《家璩公选》一书中已有体现。

其五，性情说，首见于明代学者郎瑛所编著的《七修类稿》。

其六，体亏说，李长卿在《松霞馆赘言》中认为：“鼠无牙、牛无齿、虎无脾、兔无唇、龙无耳、蛇无足、马无胆、羊无神（瞳）、猴无臀、鸡无肾、犬无肠、猪无筋，十二属各有不全。”

中国少数民族生肖文化

在广袤的中华大地上，生肖并不是汉族的专利，中国少数民族也有着自己的生肖文化，充分展示了中国生肖文化的多样性，彰显出中国传统生肖文化光辉灿烂的魅力。

中国自古以来就是一个多民族共同发展的国家，各少数民族都有着各自悠久的历史，以及富于地方特色的文化习俗，生肖文化也不例外。华夏范围内的一些少数民族如蒙古族、部分彝族等族的十二生肖受汉族文化影响很大，与汉族的基本一致。由于生存环境以及所熟悉物种的不同，在选择十二生肖动物时，各少数民族往往也会选择本民族最为亲近的动物作为生肖动物，从而给生肖文化带来了一定的差异。此外，少数民族还形成了各自不同的用生肖纪年、纪日的方法，由此形成了丰富多彩的节日和风俗。

傣族十二生肖

生活在西双版纳等地区的傣族，亥的属相不是猪而是象。傣族把十二生肖与地支相配，不仅用来纪年，还用来纪月和纪日。傣历中的“骨”是汉族的“年”，“血”为“月”，“皮”为“日”。他们所说的“子年鼠骨”就是“子年鼠年”；“一月鼠血”就是“一月鼠月”；“申日猴皮”就是“申日猴日”，以此类推。可见，汉族的十二生肖在传入傣族以后，其应用要远远丰富于汉族中的十二生肖。

黎族十二生肖

在海南省居住的黎族同胞，其十二生肖为：鸡、狗、猪、鼠、牛、虫、兔、龙、蛇、马、羊、猴。以鸡为首，又以虫代替虎。在海南省保亭县毛道乡居住的黎族人（毛道黎），其十二生肖则为：鼠、牛、虫、兔、龙、鱼、肉、人、猴、鸡、狗、猪。

◆ 大象，为傣族亥的属相

◆ 大日如来。佛教密宗至高无上的本尊，是属羊和属猴人的本命佛

彝族十二生肖

生活在四川凉山地区的彝族用十二生肖来纪年、纪月和纪日，只是在各地所采用的首月有所差异。有的地区以羊月为首月，有的地区以马月为首月，有的地区以猴月为首月。哀牢山彝族在十二生肖中，用穿山甲代替了龙的位置。居住在云、贵、川三省交界地区的彝族，至今仍然保留着原始的习俗。他们在虎日这天赶虎街（集市），在猪日这天赶猪街等。有些地方还建有十二生肖的神庙，每年举行祭祀活动，还跳十二神舞，热闹非常。

藏族十二生肖

传说，藏族的生肖纪年法是在公元7世纪唐朝文成公主嫁给松赞干布时带去的，因此和中原地区的十二生肖有很多的相似之处。他们也是以六十年为一轮，相当于汉族的甲子年。每六十年的第一年称为 “回登”，为木鼠之意，即鼠年。藏历生肖纪年有将阴阳、五行与十天干结合在一起的特点：甲乙为木、丙丁为火、戊己为土、庚辛为金、壬癸为水。每对中前者为阳，后者为阴。另外，藏历中还以男女代替阴阳，如阴金牛年又叫“女金牛年”，阳水虎年又叫“男水虎年”等。

纳西族十二生肖

居住于云南省境内的纳西族以生肖纪日，并配以方位，方法非常独特。他们将一年十二个月分为大月和小月，每月都是30天。单月第一天为猴日，按猴、鸡、狗、猪、鼠、牛、虎、兔、龙、蛇、马、羊的顺序往下排，一直排至单月的第29天为鼠日；进入双月时，跳过双月第一天并不是牛日，而是把牛日跳过去，定为虎日。

延伸阅读

少数民族以生肖取名

在部分少数民族地区，生肖除了用来纪年以外，还用于取名。云南哈尼族以生肖为新生儿取名，如降生于属牛的时辰，便以牛为首字，例如叫“牛山”。云南普米族人的名字也有取于属相的，如鸡年出生的人，叫“罗次”或“罗米”，“罗次”为男，“罗米”为女，既包含了性别，又包含了属相。羌族以生肖取名的情况较为普遍，如“泽木子”，意为属羊的女子；“别木子”，意为属猪的女子；“别木基”，意为属猪的男子；“合木基”，意为属虎的男子。在苗族聚居区，巫师一般根据孩子的出生日取名。例如，给丑日出生的孩子命名为“水牛”或“田”，取义为丑属牛，牛耕田。

中国生肖文化的传播

随着世界各个国家之间文化的交流与碰撞，中国的生肖文化逐渐向外传播。中国生肖文化在向域外传播过程中，有些仍然保留着原貌，有些则因为生活环境和地域条件的不同而发生了各种各样的变化。

中国自古以来就是礼仪之邦，历史上大多实行适度宽松的民族政策和国家政策，除了华夏各族之间进行频繁的文化交流之外，其他国家和民族与华夏各民族之间也有彼此文化的交流和吸收，生肖文化就是其中的一个重要方面。

对日本生肖文化的影响

绿雉(别名贝母鸡）是日本的国鸟。中国和日本都有崇信金鸡的信仰，然而两者却有着不同甚至迥异的文化烙印。在中国，金鸡不仅是祥瑞之兆，能带来财富，更多地蕴含着助善救贫、伸张正义、惩恶除贪等文化内涵。而在日本，金鸡的价值理念只被简化为吉兆发财。中国的金鸡信仰传到日本时，其中的道德价值取向便被日本人舍弃了。这种金鸡崇信在日本的变

◆ 日本国鸟绿雉

异，也凸显了日本国对外来文化自信、自强和重塑的巨大力量。

另外，日本的生肖在种类上与排列顺序上与中国也大体一致，有所不同的是，日语读十二支，将子读为鼠，将丑读为牛等。可见，在将地支和生肖结合程度上，日本比中国是有过之而无不及的。

对泰国生肖文化的影响

生肖文化在传入泰国时，排列顺序发生了一定的变化：蛇、马、羊、猴、鸡、狗、猪、鼠、牛、虎、兔、龙。泰国还把中国的干支与生肖纪年法加以改造，他们把生肖的一轮即十二年称为“小周纪年法”，与小周纪年法相对的是“大周纪年法”。大周纪年法六十年一周期，不用干支，直呼生肖，并以从一到十的十个数目字相配合，起始年为蛇一年，接下去是马二年、羊三年……牛九年、虎十年。之后为兔一年、龙二年、蛇三年、马四年……每种生肖轮五次，每个数目字轮六次，最后由兔九年、龙十年收尾，六十年后新一轮的大周纪年法便又从蛇一年开始了。这显然是对中国干支纪年法的变形运用。

对越南生肖文化的影响

越南的十二生肖也是由中国传入的，与中国的基本相同，只是把“兔”换成了“猫”。据说，越南之所以把“兔”换成了“猫”，是由于当时翻译的失误，因为“卯”和“猫”同音，翻译听错了，以讹传讹，结果一直错到今天。

对缅甸生肖文化的影响

缅甸的生肖在东南亚地区别具一格。缅甸人在吸收中国生肖文化的同时，又进行了较大规模的修整与改造。他们变十二生肖为八大生肖，分别配以八大星球之名，自周一至周日依序排列，如周一为太阳，出生的人属虎；周二为火星，出生的人属狮子；周三上午为水星，出生的人属双牙象；下午出生的为魁星，出生的人属无牙象等。

当然，在中国传统民俗文化中，生肖文化并不只是十二种动物那么简单，而是具有深刻的历史和文化内涵包孕其中的。十二生肖包含着十二种动物，但十二种动物未必可以形成十二生肖文化。也正因为如此，生肖文化才得以在世界范围内发扬广大。随着十二生肖文化的域外传播，十二生肖已不仅是中国人民的文化遗产，同时也逐渐成为了全世界共同的文化财富。

延伸阅读

中国古书中对于柬埔寨生肖的记载

柬埔寨在中国古代被称为“真腊”。元代成宗元贞年间，学者周达观随使去往真腊，编著了一部记录柬埔寨当地风俗人情的著作《真腊风土记》，其中就有关于柬埔寨十二生肖的记载：“十二生肖亦与中国同，但所呼之名异耳。如以马为卜赛，呼鸡为蛮，呼猪为直庐，呼牛为个之类也。”从此记载中可以看出，柬埔寨的生肖文化在吸收中国生肖文化的基础上加入了本国自己的特色，显示了中国生肖文化的持久生命力和强大融合力，以及对于其他国家尤其是周边各国的深远影响力。

诗文里的生肖文化

生肖文化的流行在于中国人的普及和宣传，尤其是知识分子的推波助澜作用更是不可忽视。在文人雅士的笔下，生肖文化的文学样式变得丰富多彩，也颇受人们的追捧和喜爱，成为生肖文化当中一笔宝贵的财富。

生肖文化之所以生生不息，历经千年而不衰，得益于华夏之邦丰富多彩的宣传形式，更是离不开骚人墨客的妙笔生花。从古诗到小说当中，从灯谜到对联当中，都渗透着十二生肖的痕迹。

生肖古诗

古人把以生肖为题材写就的诗称作“生肖体”，“生肖体诗”中最著名的莫过于《列朝诗集》中收录明代胡俨的《十二辰诗》：“鼷鼠饮河河不干，牛女长年相见难。赤手南山缚猛虎，月中取兔天漫漫。骊龙有珠常不眠，画蛇添足实为累。老马何曾有角生，羝羊触藩徒忿嚏。莫笑楚人冠沐猴，祝鸡空自老林丘。舞阳屠狗沛中市，平津牧豕海东头。”诗人巧妙地把关于十二生肖的传说与典故融入其中，既讲述了有关生肖的知识，同时又充满了趣味性和可读性，不愧为一首十二生肖诗的经典之作。

◆ 生肖灯

生肖也是民间百姓们的最爱，他们用自己的方式写出属于他们的“生肖诗”来：“老鼠不留隔夜粮，水牛身上拔根毛。画虎不成反类犬，兔子不吃窝边草。天龙难斗地头蛇，打蛇要打七寸处。好马不吃回头草，羊毛出在羊身上。青肚猴子教勿乖，偷鸡不成反蚀米。打狗要看主人面，千年野猪老蚀食。”这首生肖诗并未进行太多的艺术加工，而是把人们熟悉的生肖习俗与传说根据十二生肖的顺序依次串联起来，反映出生肖文化的大众性和趣味性特点。

生肖小说

一部真正优秀的小说不仅是一个作家自身的写照，更是一个朝代、一个社会的万花筒，是对某一个时期民俗文化的展现，生肖文化当然也是其中非常重要的一个方面。

“明代四大奇书”之一的《金瓶梅》以艺术的形式反映了明代普通百姓的生活习俗，其中对于生肖文化的描写，更是现今研究生肖文化的珍贵资料。《金瓶梅》中写人物往往是以属相来交代年龄，如书中申二姐自言“属牛的，二十一岁”，潘金莲也说“奴家虚度二十五岁，属龙的”等，不胜枚举。纵观《金瓶梅》一书，对于生肖的描写，足有20余处，而单单表示年岁的就多达三分之一，其它如算命、丧葬等，也多有涉及。

中国古典“四大名著”之一的《红楼梦》被誉为“中国封建社会的百科全书”，自然少不了对于生肖文化的描写。“贾宝玉神游太虚境”一回中，贾宝玉翻看“金陵十二钗正册”，其中有一首诗写到“三春争及初春景，虎兔相逢大梦归”，此处借用生肖“虎兔相逢”的禁忌，暗示了“四春”中元春的命运悲局。

生肖灯谜

在中国的大部分地区，每年正月十五的元宵节都有闹花灯的习俗，灯谜也是其中的一大亮点，灯谜中的许多谜面和谜底都以十二生肖为主题。明代冯梦龙编纂的《广笑府》一书中就有这样一个生肖灯谜：“月在半天，女子并肩，火烧羊脚，鸡立水边”，打四个字。谜底是：有好美酒。其中，鸡属酉，“鸡立水边”即为“酒”字。

随着社会的发展，人们的文化生活也越来越丰富，在平常的游戏或是小品、相声等众多艺术形式中，人们也常常拿生肖谜语来增添乐趣。著名相声表演艺术家马三立有一个非常经典的谜语：“兄弟十二我行七，四六推倒二十一”，这是在说他自己的名字：十二生肖中马排第七位，“四六推倒二十一”则为“三立”两个字，生动形象，抓住了人们的兴趣所在。

生肖对联

生肖对联易于观赏者记忆，雅俗共赏，为人们所津津乐道。生肖对联的内容有多种写法，可以只以一种生肖入对，如“牛郎芳草地，丑待吉祥年”；也可以将两种生肖嵌入其中，作为新旧交替之际的新年联，如“东风放虎归山去，明月探春引兔来”等。

在传统戏文以及新兴的歌词当中，也都有或多或少的生肖文化的体现，将生肖文化根植于诗词、小说等多种文学样式之中，不仅丰富了文学的题材，同时也赋予了生肖文化深刻的民族文化内涵。

延伸阅读

生肖对联巧拜寿

一次，南宋著名词人李清照和丈夫赵明诚应邀参加青州一位乌姓老寿星的寿宴。席间，众人请他们夫妇俩合作一副寿联，祝贺乌老寿诞。赵明诚有意难为妻子，随即写下上联前半部分“乌龟方姓乌”和下联前半部分“老鼠亦称老”。李清照诗才卓绝，稍加思索，和上一对：“乌龟方姓乌，龟寿比日月，年高德亮；老鼠亦称老，鼠姑兆宝贵，国色天香。”联中“鼠姑”为牡丹的别称，上下联立意精巧，幽默风趣，既祝福寿主长寿，又表达寿主品行高尚，而且巧嵌“乌老”二字。众人听后满堂喝彩。

第二讲

生肖图腾

生肖与民族图腾

生肖是一个地区或是一个民族中非常具有代表性的文化形式，是一种隐性的民族语言。在中国传统生肖文化中，龙的形象是中华民族的象征，也有一些少数民族把生肖动物作为本民族的象征。

在中国传统的节日当中，不仅有春节、元宵、端午、中秋等具有独特文化内涵的节日，还有先民们留下来的最具中国特色的生肖年。无数的朝代更替，更有兴盛与衰亡的浮浮沉沉，华夏儿女过生肖年的传统却从不曾改变。生肖之年已经超出了传统节日的范畴，升华成了一种独特的文化情结，成为中国文化当中一道亮丽的风景，更在世界文化之林中熠熠生辉。

在中国传统文化中，龙是一种象征吉祥和威严的怪兽，是各民族共同崇奉的神。后来经过长时期的发展，龙逐渐成为了最高统治者的专有名词。封建时代的皇帝穿的是龙袍，坐的是龙椅，睡的是龙床，就连身体也被普天下百姓奉为龙体。传说中的炎帝、黄帝、尧、舜以及汉高祖刘邦的诞生和形貌，也都经过了后人的加工与渲染，与龙扯上了关系。他们被认为是“龙种”，即天生做皇帝的命，就连他们的孩子，也都被称为“龙子”。如今，我们还常常提到“龙的传人”“龙的子孙”的说法，这种说法已经超出了远古时代图腾崇拜的范畴，而是民族共同文化心理的展现，是整个民族所共有的、与生俱来的文化现象。

◆ 彝族虎雕

除了龙图腾之外，其他一些民族也把十二生肖中的其它动物看作是本民族的氏族，并且顶礼膜拜。

广西南丹县的瑶族黄姓

◆ 龙图腾

把母猴奉为始祖。当地传说，古时天上有十个太阳和十个月亮，白天太热，晚上太冷，因为黄姓的始祖妣为母猴所生，母猴生下的后代力气都很大，黄姓始祖妣也不例外。于是，人们就请始祖妣上天打太阳和月亮，后来打下了九个太阳和九个月亮，人们很感谢始祖妣，并且把母猴奉为神灵。至今，在瑶族生活的地区，也还保留着禁止捕杀猴子的习俗。

云南大部分地区的白族有虎氏族和鸡氏族的区分。虎氏族认为他们的始祖为雄性白虎，在他们的心目中，这种白虎威武雄壮，并不会伤害他们自己民族的人们。当他们打算要出远门时，也会选在属虎的那天(寅日)，他们认为只有这样，做事才会有虎神的庇佑。虎氏族人从外归来，也会算准日期，只有虎日进门才吉利。鸡氏族则传说他们的祖先是从金花鸡的蛋里孵化出来的，认为公鸡知吉凶，会保佑他们。他们在迁徙时，会在身后背的箩筐里放上一只公鸡，到达新迁地区后，公鸡在什么地方叫，就在什么地方安家。在他们看来，公鸡叫的地方，就是最吉利的、适合安家的地方。此外，中国的彝族、布依族、土家族等民族也称虎是其祖先。

如今，随着西方文化对中国传统文化的影响，作为民族标识之一的生肖文化也受到了一定程度的撞击。我们应该从根本上重视中国传统的生肖文化，将其看成中华民族屹立于世界之林的不可或缺的重要方面，从自身做起，将传统的生肖文化根植于每一个华夏儿女的身心当中，上升到民族标识的高度，这样才能更好地发扬和传播生肖文化，才能有利于生肖文化的进一步发展。

延伸阅读

天水蛇神

在甘肃天水地区，有对蛇的敬畏和禁忌的习俗。如果家中有蛇出现，表示家中有邪气，家里的人不能安居，主人应焚香磕头礼拜，祭神驱邪。如果人们看见交尾的蛇就要回避，并且不能同其他的人说，因为交尾蛇的形象和古代伏羲女娲蛇身人首的形象是非常相似的。他们认为蛇是有灵性的，他们在塑造神像时，往往把小蛇放入泥胎头部或腹内，以显示神性灵验。遇蛇要避，蛇有难要救。当地人最忌讳打蛇，打蛇遭报应的故事在天水一带数不胜数。天水地区对于蛇的敬畏和崇拜实质上是古代图腾崇拜的进一步延续。

干支纪年与生肖纪年

中国传统纪年法干支纪年，源远流长，而干支纪年与生肖纪年的结合，无论是在历史上还是现在，都产生了重大的影响。

现在通行公元纪年，我们对于干支纪年也并不会陌生，诸如我们熟悉的“甲午战争”“戊戌变法”“辛亥革命”等，采用的都是干支纪年的方法。在大多数人的印象之中，生肖纪年也是和干支纪年紧密结合在一起的。所以，谈生肖文化，就应该了解干支纪年。

中国传统的历法——农历早在距今三千多年前的夏朝就已经完备，所以农历又被称为“夏历”，夏历所采用的就是干支纪年法。干支纪年以十天干和十二地支的相配为序，“十天干”是甲、乙、丙、丁、戊、己、庚、辛、壬、癸的统称，而子、丑、寅、卯、辰、巳、午、未、申、酉、戌、亥则被称为“十二地支”。由于十天干与十二地支两两相配后只有六十组，而其与十二生肖的结合则可以区别同一生肖的不同年份，所以先人们才把三者结合在一起用来纪年。藏历纪年以及中国历史上西夏和元朝两个王朝的纪年都是较为典型的对于生肖纪年的运用。

藏历纪年，鼠、牛、虎、兔等十二生

◆ 元代小花钱 辰午巳未、背面生肖

◆ 老黄历

肖不仅依次配合木、火、金、水、土五行，还要同阴阳相结合。其配合之法同十天干有对应关系，即以甲乙为木、丙丁为火、戊己为土、庚辛为金、壬癸为水。以上五对，每对中前者为阳，后者为阴。藏历纪年虽然没有明确标示干支，但隐含着干支顺序。藏族地区的生肖纪年非常重要，是寻访班禅转世灵童的方法之一。

历史上的西夏国为羌族的一支党项族所建，从李元昊正式称帝(1038年) 算起，存在了近200年。西夏官府和民间都以生肖纪年。据有关资料介绍，夏仁宗乾佑七年(1176年)，甘州黑水桥碑的碑体汉文纪年题为“岁次丙申乾事占七年”，藏文纪年则为“阳火猴年”，这明显地反映出西夏的生肖纪年受到藏族纪年方法的影响。

元朝是由蒙古族建立的，蒙古族以十二生肖纪年，其纪年以虎年为首，顺序为虎、兔、龙、蛇、马、羊、猴、鸡、狗、猪、鼠、牛。元代纪年，往往在生肖之后加上“儿”和“年”两个字，如“鼠儿年”“牛儿年”一类，这在《元史·五行志》中有所体现：“至正元年，淮楚间童谣云：‘富汉莫起楼，穷汉莫起屋，但见羊儿年，便是吴家园。’”

元朝末年，社会矛盾激化，民怨沸腾，各地大小不一的农民起义接连不断。《元史》所录这首童谣，预言元王朝将在1355年被推翻。童谣不说乙未年，而直称羊儿年。在北京法源寺，至今仍能寻到镌为“蛇儿年二月十三日”落款的元代圣旨碑。

天干地支与十二生肖相结合以用于纪年，是中国古代历法研究的成果，是中国古人智慧的结晶，同时，也是贯穿于中国传统生肖文化的一条生命线。

延伸阅读

何谓“六十甲子”

十天干与十二地支按顺序两两相配，从甲子到癸亥，共六十个组合，称为“六十甲子”，又称“六十花甲”。其顺序依次是：甲子、乙丑、丙寅、丁卯、戊辰、己巳、庚午、辛未、壬申、癸酉、甲戌、乙亥、丙子、丁丑、戊寅、己卯、庚辰、辛巳、壬午、癸未、甲申、乙酉、丙戌、丁亥、戊子、己丑、庚寅、辛卯、壬辰、癸巳、甲午、乙未、丙申、丁酉、戊戌、己亥、庚子、辛丑、壬寅、癸卯、甲辰、乙巳、丙午、丁未、戊申、己酉、庚戌、辛亥、壬子、癸丑、甲寅、乙卯、丙辰、丁巳、戊午、己未、庚申、辛酉、壬戌、癸亥。

本命年的传统习俗

本命年的说法与十二生肖之间有着密不可分的关系。每当本命年时，民间也都有一些特定的习俗，从古至今，一直流传下来，对人们的日常生活也产生了重要的影响。

在民间，人们以“巡”作为纪年单位，属相每十二年轮回一次，称为“一巡”，以此循环往复。当某一年的纪年生肖循环至本人的属相，即本人出生时那一年的纪年生肖时，该年就是本人的本命年。简言之，一个人出生的那年是农历什么年，那么以后每到这一属相年便是这个人的本命年。比如子年出生的人属鼠，12年后再遇子年，就是他的本命年。因此，每过12年，人们就要遇到一次自己的本命年。所以，人的本命年出现时他会是12岁、24岁、36岁、48岁、60岁……由此可知，本命年是按照十二生肖排列出来的，与十二生肖之间有着密不可分的关系。

人们往往都非常重视自己的属象，一般自己属什么，就会对那种生肖动物有一种特殊的喜好和偏爱，尤其到了本命年的时候，生肖玩具、生肖画等都会成为人们的最爱。

民间传统习俗认为，本命年是一个不吉利的年份。“本命年犯太岁，太岁当头坐，无喜必有祸”。故民间通常把本命年也叫做“槛儿年”，即渡过本命年如同迈进一道槛儿一样。人们相信，一定要祈福辟邪进行“禳解”，以冲去灾祸，这样才能趋吉避凶，才能在多殃的本命年逢凶化吉。因此按照传统，到了本命年，无论大人还是小孩都要买红腰带系上，称为“扎红”，小孩还要穿红背心、红裤衩，更有甚者所穿戴的全部是红色，认为这样才能趋吉避凶、消祸免灾。这种“扎红”的习俗直到今天，依然在各地非常流行。春节

◆ 红腰带

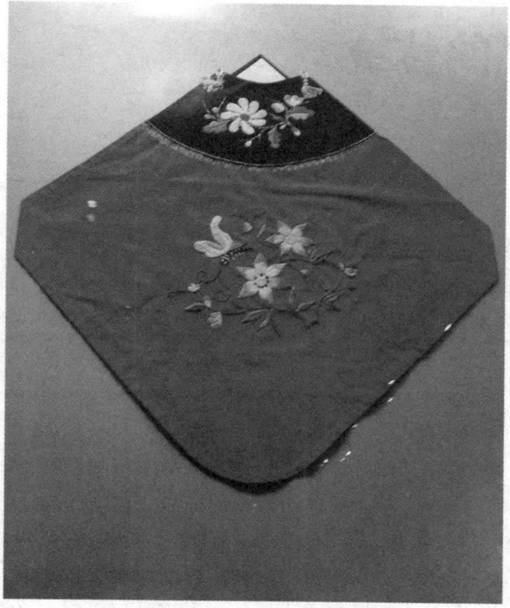

◆ 红肚兜

期间，各种形式的红黄飘带在市场上随处可见，本命年的人们将之系在腰间、手腕上，认为这样便可消解灾祸、好运当头。

红色辟邪、红色吉祥，这种观念早在原始社会时期就已经存在。然而随着时代的变迁，这种“崇红”心理却一直没有改变。新年贴红对联，新婚礼俗中的红嫁衣、红盖头、红蜡烛等，不论何时何地，人们都要用红色营造出喜庆的气氛，尤其认为红色有驱邪护身的作用。因此在大年三十，人们便早早地穿上红色内衣，或系上红色腰带，有的随身佩戴的饰物也用红丝绳系挂，来迎接自己的本命年。

在内蒙古东部地区，人们特别重视男孩子的12周岁生日。这一天，孩子要“扎红”，家长要置办酒席，亲友要赠予男孩礼物钱帛，以表示祈福的意思。老人的60岁生日，称为“花甲”，在中国许多民族都很重视。花甲为人生中第6个本命年，也是干支纪年的一个轮回，有着特殊的意义，儿女们要为老人办“换甲宴”，以寄托人们祈求健康、长寿、吉祥的愿望。

在中国一些地方民俗中，本命年的腊月三十晚间忌出门。这一天从太阳落山黄昏起，值本命年的成年人或孩子闭门不出，直到第二天太阳升起，已婚男子还要由妇人相陪伴，认为这样就可以躲过灾难的降临。

由此可以看出，生肖文化早已经广泛介入了人们的生活，成为民俗文化中一个非常重要的组成部分。虽然其中有某些迷信的色彩，然而并不应该就此抹掉其中积极的一面。

延伸阅读

本命年与道教的关系

十天干与十二地支组合而成六十甲子，而道教信奉六十甲子神，即六十位星宿神。六十甲子神也有太岁之称，如甲子太岁金辨、乙丑太岁陈材等。在民间，把本人出生年的星宿神称为“本命元辰”，实质上，本命年即是本命元辰的俗称。在北京著名的道观白云观内有座元辰殿，是祭拜本命元辰星宿神的地方。每年农历正月初七、初八，人们纷纷到白云观元辰殿内“祭星”，向各自的本命星辰烧香礼拜，祈求一生平安。这种祭拜又叫“顺星”，意思是即便不顺利的流年，通过祈祷也能得到对应星辰的保护，从而转为顺利。

生肖取名的传统

根据生肖来取名是一种非常普遍的现象，无论是汉族还是少数民族，无论是古代还是现今，生肖取名都始终伴随在人们的生活当中。

在我们身边，常常会看到这样的事情：孩子还没有出世，但孩子的至亲，尤其是即将为人父母的爸爸妈妈，和已经为人父母的爷爷奶奶，最喜欢做的事就是抱着一本厚厚的字典寻找吉祥的字，以便给孩子取一个饱含深意的、不同凡响的名字。

很多人给孩子起名时，会考虑孩子的属相来选取适宜的字。以属相取名，古已有之。明代自诩为“江南第一风流才子”的唐寅出生于1740年，这一年为庚寅虎年，唐寅，姓唐名寅，字伯虎，名与字呼应，都取自生辰年份。

说到名字，除了名与号之外，人们通常都还会有一个乳名。乳名又称“小名”“或小”字，过去的民俗，为孩子取乳名是万万不可以马虎的事。旧俗命乳名十分郑重，有的地方由生父携带糖、饼之类请村中长者、族中有威望者取名，名字要与长辈亲属的名字避讳，通常多取吉字做名，如“贵儿、祥儿、小龙”等。在民间，尤其是农村，起贱名的习俗很常见，不论北方、南方，不论是城郊、远乡，许多人都以“狗”“牛”“驴”，甚至还包括“尿”“粪”之类的字给孩子起名，希望他们的后代都能贱生贱长，平安度日。如司马相如小名“犬子”，顾恺之小名“虎头”，陶渊明小名“溪狗”，王安石小名“獾

◆ 孟蜀宫妓图 明 唐寅

郎”。乳名吉字如“小龙”“虎仔”，贱名如“小狗子”“小牛”，有时又与孩子的属相有莫大的关联。乳名取于生肖，这也是再寻常不过的事了，如今，在很多地方仍然保留着这样的风俗。

以“狗”(或者意思接近于它的名字)之名为例，上至王侯将相、才子书生，下至凡夫俗子、贩夫走卒，有很多人都以此为名。清代《陔余丛考》卷四十二“命名奇诡”条辑录的材料颇为有趣：“《南史》张敬儿本名狗儿，其弟名猪儿，齐明帝改为敬儿、恭儿。《宋史》刘继元之子名三猪。《金史·海陵纪》有刑部郎中海狗；《宣宗纪》有李瘤驴、唐括狗儿；《哀宗纪》有完颜猪儿。又，兀术之孙名羊蹄，胡沙虎之子名猪粪，封濮王。他如纥石烈猪狗、完颜狗儿，见《西夏传》。耶律赤狗儿，见《卢彦伦传》。《金史》谓金人尚质，故沿旧俗不改。《元史》亦有石抹狗狗、宁猪狗……此本古俗。金元之人名多丑恶，原无足异也。”金、元之时，人名用十二生肖的例子非常多，而当年北方少数民族纪年，亦有直呼狗儿年、猪儿年之类。以生肖动物为人名，该是受了社会文化生活的影响。

对于生肖取名，在旧时还迷信各种“宜忌”。迷信“宜忌”的人，在取名时对生肖因素也是颇有些讲究的，在给特定属相的人取名字时，有些部首的字宜用，有些则忌用，他们认为名字与生肖相配才吉祥，才能给人带来好运。

当然，名字事实上只是一种代号而已，根据生肖来取名只是表达人们的美好寄托和愿望，并不能起到实质性的作用。幸福是靠我们自己来创造的，而并不能由所谓名字的好坏来决定，但是，包含在取名传统中的那种长辈对孩子们的爱和希望，则是值得肯定的。

◆ 陶渊明像 明 王仲玉。陶渊明小名溪狗

延伸阅读

老舍先生的乳名

中国文坛大师老舍先生有一个很一般甚至很俗的乳名：小狗尾巴。对此，老舍之子舒乙在所作传记《老舍》中写道：老舍生于1899年2月3日。姑母给他起了一个很不中听的小名：小狗尾巴。属狗，和属猪、属鸡、属兔一样，没有什么高低贵贱之分，没有什么不光彩的，可是“狗尾巴”，而且是“小狗尾巴”，实在令人接受不了。所以老舍小时候总是说他是糖瓜祭灶的那一天生的，在灶王爷升天的时辰光荣落地不比“小狗尾巴”光彩得多、神气得多？姑母为他取名“小狗尾巴”，寄托着姑母一片爱心与无限的祝福。“小狗尾巴”还有一岁末尾的意思，不仅包含了生肖，甚至连生月腊月也含在乳名里了，就此看来，这个名字真是非常大气的。

与儿童有关的生肖文化

十二生肖的形象生动可爱，因此也是孩子们的最爱，无论是在儿歌或是孩子们的游戏当中，以及某些地区与孩子有关的习俗当中，都可看到生肖文化的影子。

生肖文化也有其通俗易懂、老少咸宜的一面。生肖不仅被人们作为祭祀、崇拜的对象，也经常被人们作为教育孩子的“活教材”。当孩子刚刚学会认识事物时，大人们就会教他们认：这是鼠，那是牛，全身斑纹的是虎，三瓣嘴、长耳朵的是兔……

◆ 婴戏图 元 佚名

在中国台湾地区，还流传着这样一首儿歌：“一鼠贼仔名，二牛驶犁兄。三虎爬山崎，四兔游东京。五龙皇帝命，六蛇受人惊。七马跑兵营，八羊吃草岭。九猴爬树头，十鸡啼三声。十一狗吠客兄，十二猪菜刀命。”这首儿歌押韵上口，既教会了孩子们数数，同时又能记住生肖的顺序，知道关于生肖的小故事，简单明了，易于孩子们记忆。

除了儿歌之外，还有一种叫做“扮十二生肖”的游戏，也特别流行：参加游戏的小朋友们依次扮演十二生肖，由“鼠仔鼠食油”开始。扮老鼠的人要蹲在地上做偷吃灯油状，身体一鞠一躬，其他伙伴分别以一只脚从其背后跨过。如不小心碰到“老鼠”的身体，就要由他接着扮下一个生肖。第二个节目是“牛仔牛过溪”，一人扮牛，蹲在地上，小伙伴依次从他身上跳过去。跳之前先要问：“你是死牛还是活牛？”扮牛者答以“死牛”，对方可打他屁股一下。若答以“活牛”，对方就说：“好，草给你吃，但是要载我过溪。”然后，从“牛”背跳过去。跳不过者，接着扮下一个生肖。第三个节目为“虎仔虎趴壁”，扮虎的孩子蹲在地上，双手乱抓，做爬壁状。其他人分别单脚着地，从“虎”头上跨过，如被“虎”抓到，则接着扮下一个生肖。此后，依次为

◆ 生肖剪纸鸡

“兔仔兔望月”“龙仔龙绞水”“蛇仔蛇剥皮”“马仔马翻砂”“羊仔羊长角”“猴仔猴洗脚”“鸡仔鸡扑翼”“狗仔狗钻洞”和“猪仔猪食潘”。这种游戏既能使儿童记住十二生肖的顺序，同时又能增强孩子们的模仿能力，还锻炼了身体，一举多得。

在浙江一些地区，还有“念生肖”的习俗。孩子如果消化不良，肚子难受，大人就把一只装满米的杯子用布包紧，然后将杯子倒扣在孩子的肚皮上，同时嘴里念道：“老鼠归老鼠，牛归牛，虎归虎……”将十二生肖念一遍后再说：“孩子，它们帮你吃，你一下子就不痛了……”在青海河湟地区，如果孩子久病不愈，老年人会认为是孩子犯了关煞。要想除病，就得过关煞，仪式是：请一个属龙或属虎的人，拿一把铡刀，刀刃向下横在门的上方，父亲或是母亲抱着孩子经过门口，旁边其他人问：“青龙过关了吗？”拿刀人就回答：“过了！”然后还有白虎关、凤凰关、朱雀关等。人们相信，经过这一过关仪式，孩子的病就会痊愈。

且不问这些方法到底有没有效果，从另一个侧面来看，都反映了父母希望子女们健健康康、快乐成长的美好心愿。

除此之外，在中国的某些农村地区，孩子出生后，父母要为孩子剪属相，并贴在床头位置，如属虎就剪个虎贴在床头，属牛就剪个牛，父母是希望自己的孩子像生肖动物一样茁壮成长。在中国苏州一带，还有“寄名”的习俗。比如，孩子的生辰八字冲虎，就要找一个带虎字的人作为孩子的“干爸爸”，冲马，就要找一个姓马的人，等等。

延伸阅读

“长命锁”中的生肖

“长命锁”是挂于小孩儿脖子上的吉祥物，往往由两面组成，一面为生肖动物，属什么动物就刻什么动物，另一面则是“长命百岁”“福禄安康”“一生平安”等字样。“长命锁”中最讲究的是“百家锁”，由小孩儿家人到各家各户乞讨，每家只要一文钱，然后凑起来打一把银锁，象征“祈百家福”之意。在中国江南地区凑“百家锁”，要先将白米七粒、红茶七叶用红纸包起来，总共要准备两三百包，散给亲友，收回时各家须备礼钱一份，可多可少，以供买锁。人们相信，将这“百家锁”给孩子戴上，锁上刻着的十二生肖本命神就会保佑孩子健康成长了。

生肖地名拾锦

以十二生肖中的动物作为某一个地区或是某一处景物的名称是一种非常普遍的现象，从以生肖命名的地名中，可以见到人们对于生肖崇拜的影子，也反映出该地区深厚的历史文化底蕴。

在古代，图腾崇拜对人们有着根深蒂固的影响，人们不仅将被视为神物的生肖图案绘在衣服上，做成头饰、旗帜以及壁画等多种形式，甚至还用生肖中动物的名称来为某些地区命名，这其中便有不少有趣的事例。

宝鸡和雉县的传说

在魏文帝曹丕所撰的《列异传》中记载有这样一个传说：秦穆公时期，有人在今陕西南部的陈仓一带挖出一只奇异的动物，它长得像羊而不是羊，像猪也不是猪。于是那人就牵上怪物，想把它献给秦穆公以领取封地和赏钱。途中，遇到两个童子，童子告诉他说：“这怪物名叫媪，专门在地下吃死人的脑袋为生。要想杀死它，可以用柏树枝打击它的头部。”谁知这时被两个童子揭了老底儿的媪也开了口：“这两个童子名叫鸡宝，一雌一雄，得雄者可以称王，得雌者可以称霸。”那个陈仓人听了，再也顾不上怪物媪，一心去捉名叫鸡宝的两个童子。此时两个童子化为两只雉，飞入了林中。陈仓人将此事报告给秦穆公，秦穆公组织了大规模的军队进行搜捕，果然在森林中找到了雌鸡宝，但它已化为石头。秦穆公将其置于泾水与渭水之间，自己后来也果然成为了春秋五霸之一。

这则故事在晋代干宝《搜神记》中也有相关的记载。也许正是由于这则故事的流传，唐代时才把秦时的陈仓县改名为宝鸡，而那只雄鸡宝，则飞到了河南一带，相传汉

◆ 宝鸡鸡峰山神鸡塑像

代所置雉县，就是它所停留的地方。大概是由于后世修史者认为鸡宝的传说是个吉祥的征兆，它预示着秦的称霸乃至秦王朝统一天下，所以，《史记》中的《秦本纪》《封禅书》以及《汉书·郊祀志》等都对此进行了充分的艺术加工和渲染，浓浓地记上了一笔。

北京水龙和建筑龙

1987年10月，中国的地质专家学者通过卫星遥感技术，并结合历史资料发现，在北京城的整个布局中竟然卧着两条巨龙：水龙和建筑龙。水龙以南海为龙头，以中海和北海为龙身，以什刹海为龙尾；建筑龙则以天安门为龙头，故宫博物院为龙身，钟鼓楼为龙尾，景山犹如龙脊，东西长安街好似龙髯，太庙和社稷坛正在龙眼的位置。水龙可以从北京地图上看出端倪，而建筑龙站在景山上便可尽收眼底。有双龙盘踞，难怪历朝历代都把北京作为首都！

福州十二生肖地名

在中国南方的福州，对于十二生肖动物作为地名的运用简直到了无以复加的地步，可谓十二生肖，样样俱全：鼠有老鼠山；牛有牛项山、牛眠山、春牛亭、金牛山、牛津街、牛头巷、石牛山、牛道山、牛弓街等；虎有降虎寨、虎婆宫、虎节路、五虎礁、虎哨等；兔有兔耳山；龙有龙潭路（古称“龙潭窟”俗称“龙潭角”）、龙津街、龙庭境、龙腰崎、龙岭顶、龙山巷、龙峰里、龙津巷、白龙路、秋龙巷、登龙桥、攀龙道、乌龙江等；蛇有蛇山；马有马房巷、马道街、马祖道、马厂街、白马路、下马巷、马草道、走马山等；羊有羊肉弄；猴有白猴屿；鸡有金鸡山、金鸡寺、鸡公岭、渡鸡口、卖鸡弄和鸡角弄等；狗有白犬岛；猪有猪蹄亭、宰猪弄、何猪弄等。

◆ 福州金牛山公园塑像

中国地域辽阔，地名繁多，以生肖命名的地名也是举不胜举。生肖地名不仅通俗简单，容易为人们留下深刻的印象，同时也是先人们智慧的体现，反映出先人们对于十二生肖的无比热爱和崇敬。

延伸阅读

全国各地的“龙景”

除中国的首都北京被称为“龙城”之外，在全国各地，也都存在着各式各样的“龙景”，如河北赵州桥的“蟠龙石雕”、山西大同的“九龙壁”、内蒙古呼和浩特的白塔“蟠龙柱”、辽宁沈阳的福陵“蟠龙壁”、江西南昌的“龙沙夕照”、山东泰山的“黑龙潭”、河南开封的“龙宫”、湖北黄鹤楼的“龙头角梁”、湖南柳毅井的“洞庭龙宫”、广东广州东西铁塔的“龙雕铁座”、广西柳州内的“大龙潭”、四川都江堰的“伏龙观”、贵州黄果树的“玉龙飞渡”、云南大理的“苍山黄龙潭”、台湾台北的“龙山寺”等，数不胜数，遍布中华大地。中华大地上处处卧虎藏龙，不愧为一个“龙”的国度。

生肖中的饮食文化

生肖文化早已普及人们生活的各个方面，就连饮食文化与生肖文化之间都有着一定的联系，饮食文化中与生肖有关的部分自有其独特的文化意义包涵其中。

烧菜用猪肉、鸡肉，美食有牛腩、蛇羹，无疑，这些都是饮食文化的一个方面，都为饮食文化增色不少。然而，谁能说这是吃生肖呢？除了吃之外，生肖与饮食之间还有很多文化方面的搭界点。

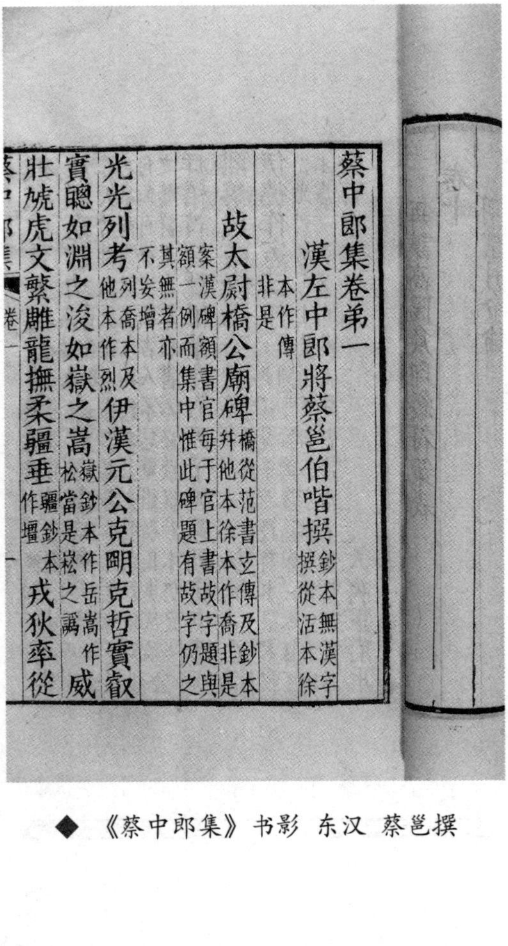
蔡中郎集卷弟一
漢左中郎將蔡邕伯喈撰鈔本無漢字撰從活本徐
本作傳非是
故太尉橋公廟碑橋從范書玄傳及鈔本幷他本徐本作喬非是
案漢碑額書官每于官上書故字題與額一例而集中惟此碑題有故字仍之
其無者亦不妄增
光光列考列喬本及他本作烈伊漢元公克朙克哲實叡
實聰如淵之浚如嶽之嵩嶽鈔本作岳嵩作松當是崧之譌威
壯虓虎文繁雕龍撫柔疆垂疆鈔本作壃戎狄率從
蔡中郎集　卷一

◆《蔡中郎集》书影　东汉　蔡邕撰

《月令问答》中的饮食与生肖

在中国古代，把一年四季中每季的第三个月称为“季月”，如三月为季春、六月为季夏、九月为季秋、十二月为季冬。又以五行配四时，春为木，夏为火，秋为金，冬为水，剩下一个“土”就配给季月。以五行配四时，再结合生肖，便有了所谓的“五时所食”之说。

东汉蔡邕的《月令问答》是记载十二生肖较早的文献之一。蔡邕将生肖与五行相结合，并与饮食联系起来谈论生肖动物：“凡十二辰之禽五时所食者，必家人所畜。丑牛、未羊、戌犬、酉鸡、亥猪而已。其余龙虎以下，非食也。春，木王，木胜土，土王四季。四季之禽，牛属季夏，犬属季秋，故未羊可以为春食也。夏，火王，火胜金，故酉鸡可以为夏食也。季夏，土王，土胜水，当食豕而食牛。土，五行之尊者；牛，五畜之大者。四行之牲，无足以配土德者，故以牛为季夏食也。秋，金王，金胜木，寅虎非可食者，犬豕而无角，虎属也，故以犬为秋食也。冬，水王。水胜火，当食马，而礼不以马为牲，故以其类而食豕也。”蔡邕

◆ 龙宴

认为，春属木，木胜土，而属土的生肖有丑牛、未羊、戌狗三种，又因为“牛属季夏，犬属季秋”，所以“未羊可以为春食也”；夏属火，火能胜金，“酉鸡属金”，就成了夏天之食；季夏属土，土可以胜水，猪属水，而牛属土，为何只以牛食，而不以猪食？蔡邕认为，土为五行之中最尊贵者，而牛是五畜中首要者，五行中其他四行所配的牲畜“无足以配土德者”，故“丑牛可以为夏食也”；秋属金，金胜木，虎为木，然寅虎不便食，因此以戌狗充之；冬属水，水可胜火，马属火，但“礼不以马为牲，故以其类而食豕”。蔡邕结合五行之说得出来的结论未免过于牵强，且也不符合实际。

《聊斋志异》中的龙肉

中国古代的第一部文言短篇小说集《聊斋志异》中有一篇以“龙肉”来命名的文章：“姜太史玉璇言：‘龙堆之下，掘地数尺，有龙肉充牣其中，任人割取，但勿言‘龙’字。或言‘此龙肉也’，则霹雳震作，击人而死。’太史曾食其肉，实不谬也。”当然，龙并不存在，只是人们虚化出来的动物形象，龙都没有，何来龙肉呢？大概古人对于龙肉的向往比较痴迷，认为吃到龙肉就可以长生不老吧。

中国哈尼族的人们还有“祭龙肉”的习俗，但所祭祀的不是真正的龙肉，而是猪肉和猪肝，人们认为能够在市场上随便买到的猪肉并不能和这种在龙树下“开了光”的“龙肉”相提并论。龙肉煮熟后，大人们会先敬献祖宗，然后全家人按先大后小先女后男的顺序吃一口，依次排下去，每人至少要吃两口。人们认为祭龙肉是龙赋予的，每年都能吃上祭龙肉，无论身在何处都会平安吉祥。

其实，什么宜食与什么不宜食是由所食之物的属性以及人体内的营养平衡决定的，当然，饮食文化中人们的偏爱与禁忌是蕴含着很深的文化内涵与风俗习惯的，应该尊重每一个人、每一个民族的选择和自由。

延伸阅读

混合之食“十二象”

“十二象”字面的意思是说十二生肖一勺烩，从鼠至猪十二种动物样样皆全，而实际上是指有猪牛羊肉的混合肉食。发展到后来，穷人、乞丐们从各家各户掏过来的百家饭也被戏称为“十二象”，极言其杂。作家李劼人在《死水微澜》中记录当时下层社会的生活时即有对于“十二象”的描述：“一天哪里讨不上二十个钱，那就可以吃荤了！四城门卖的十二象，五钱吃两大碗，乡坝里能够吗？”在这里，“十二象”已并非原初的珍馐佳肴，而成为了“大杂烩”的代名词。

第三讲

生肖命理

生肖相生相克说

生肖相生相克之说由来已久，在漫长的旧社会，人们深受其害，我们应该远离这种迷信，用科学来武装自己的头脑，净化生肖文化。

生肖相生相克说由五行的基本规律相生和相克发展演变而来。所谓相生，即指互相滋生、互相促进的意思；而相克则是互相制约、互相克制的意思。生肖相生相克即我们通常所说的“冲害”。

五行之说最早见于《尚书·洪范》一书，据该书记载，有一次，周武王向箕子咨询治国之道，箕子讲了“洪范九畴”即九条治国大法，而这第一条，便是讲五行水火木金土的：“一、五行：一曰水，二曰火，三曰木，四曰金，五曰土。水曰润下，火曰炎上，木曰曲直，金曰从革，土爰稼穑。润下作咸，炎上作苦，曲直作酸，从革作辛，稼穑作甜。”五行学说在产生之初就已广泛渗入中国传统文化的各个方面，生肖文化也不例外。

◆ 五行八卦图

古人将十天干与十二地支“一分为二”，分出阴阳来，还对十天干和十二地支做了五行的划分。按照古人的说法，十天干中列于单数位的甲、丙、戊、庚、壬为阳干，列于双数位的乙、丁、己、辛、癸为阴干；十二地支也分为阴辰阳辰，属阳者为子、寅、辰、午、申、戌，属阴者为丑、卯、巳、未、酉、亥。以五行说划分十天干也容易，甲、乙木，丙、丁火，戊、己土，庚、辛金，壬、癸水。而十二支面对五行的“瓜分”，就不是简单的等分除法所能分配均匀的了，古人解决这一难题的方法却也巧妙，据《淮南子·天文训》载：寅卯为木，巳午为火，申酉为金，亥子为水，四季为土。所谓四季，指季春、季夏、季秋、季冬，对应十二辰中的辰、未、戌、丑。这样，天干地支的五行归属，再配以五行方位观，就成为甲乙寅卯东方木，丙丁巳午南方火，戊己中央土，辰戌丑未四库土，庚辛史

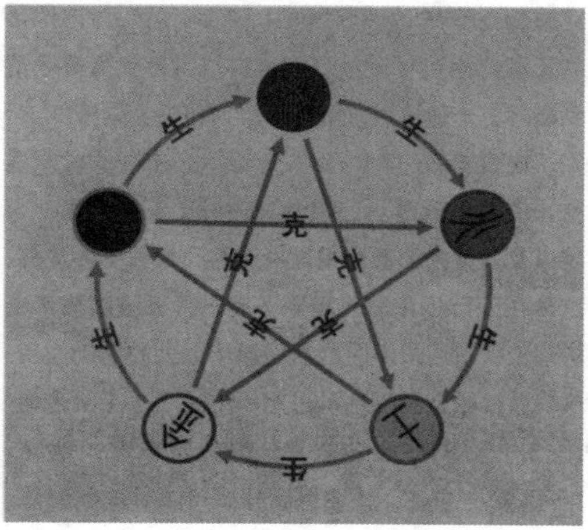

◆ 五行生克示意图

酉西方金，壬癸享予北方水了。

因为阴阳五行之间有“相生相克”之说，将其与十天干与十二地支结合在一起，与此一起的生肖也就有了相生相克的含义。在人们看来，人是可以进行自主的五行调节的，这样就可以称心如意、转逆为顺了。

古人认为，子鼠午马相冲，丑牛未羊相冲，寅虎申猴相冲，卯兔酉鸡相冲，辰龙戌狗相冲，巳蛇亥猪相冲，此即为“六冲”之说，又称“对冲”。迷信的人还坚信，子鼠未羊相害，丑牛午马相害，寅虎巳蛇相害，卯兔辰龙相害，申猴亥猪相害，酉鸡戌狗相害。对此，民间还有段顺口溜：“白马犯青牛，羊鼠一旦休，蛇虎如刀错，龙兔泪交流，金鸡怕玉犬，猪猴不到头。”在中国岳西等地还有《反婚歌》：“从来白马怕金牛，羊鼠相逢一旦休，蛇见猛虎如刀割，金鸡见犬泪相流，灵猴与猪不同圈，蛟龙玉兔不到头。”虽然形式语言各有不同，但内容上却是出奇一致。

冲害之说应用得最多的还是婚娶嫁俗和葬礼丧俗。古人婚嫁，讲究“父母之命，媒妁之言”。生肖冲害之说是封建时代包办婚姻的重要组成部分，甚至可以说是关键的组成部分——男女双方若有冲克，则必定不会有此后的婚嫁了。许多有情人只因所谓的“属相不合”而未成眷属，酿成了一次又一次的婚姻悲剧。

此外，办丧事大殓时也要忌属相。“大殓”的时候禁忌很多，有一项禁忌就是某种属相的人必须回避，这些都由阴阳先生算出写在“殃书”上。从前，如果死者不是善终，阴阳先生可以拒绝不开“殃书”，死者没有“殃书”，就不能入殓安葬。

从科学的角度看，以上生肖相生相克之说哪有什么真实与科学之言？只不过是一些毫无科学根据的虚言妄语罢了！

延伸阅读

“羊入虎口”的忌讳

一次，名旦孙怡云奉旨在皇宫中为慈禧太后演出《玉堂春》，戏中有一句台词是“羊入虎口有去无还”，谁知慈禧听后勃然大怒，喝令停演，命人立即将孙怡云驱逐出宫，惊得四座心惊胆颤。孙怡云受了罚，却还不知犯了什么罪，后来得知是因为他那句“羊入虎口”的唱词犯了忌——慈禧生于乙未年，属羊。慈禧太后是一个顽固派，对这种关系到自己命运的“大事”尤为敏感，对于这种“恶咒”自然不会容忍。这个段子就牵扯到生肖属相之间的相生相克。

生肖傩舞

生肖傩舞作为一种原始图腾崇拜的遗风，被完整地保留了下来，并且至今仍然活跃在中华大地上。生肖傩舞作为生肖文化的一个重要方面，反映着先民们对于生肖崇信的悠久历史。

傩舞是一种源于原始图腾的舞蹈。傩舞中充当领舞角色的方相氏，所戴面具上有四只金光闪闪的眼睛，威武可怖。这种面具曾在安阳殷墟古墓中出土，是商代傩舞的实物材料。青海出土的新石器时代舞蹈彩陶盆，描绘了图腾舞蹈的情景。

居住在云、贵、川三省交界处四川大凉山地区的彝族人，保留了丰富而又极具历史渊源的天文学知识，这些知识与彝族神话故事、民间传说乃至星占相交缠在一起，并且日益渗入当地人们的日常生活当中。当地彝族的十二肖兽与汉族的基本相同，但从彝族流传至今的民俗来看，这些与生肖有关的习俗与图腾崇拜的关系远比汉族要密切得多。当地以十二兽纪日，今日是鼠日，明天即牛日；虎日赶虎街（集市），猪日赶猪街。有些地方还建十二兽神庙，每年举行祭祀活动，在肃穆庄严的气氛中跳十二兽神舞蹈。这种十二兽神的舞蹈，即为颇具影响力的生肖傩舞。

关于驱傩风俗中的十二生肖，敦煌出土的唐代文物《进夜胡词》写得非常明白："更有十二属，亦为解凶吉。"十二属即是十二生肖。加上北宋杨彦龄在《杨公笔录》中的记载："唐敬宗善击毬，夜艾，自捕狐狸为乐，谓之'打夜狐'。"由此可知，唐代敦煌民间的"进夜胡"，是一种驱傩的风俗，充满了宗教般的狂热气氛。四方之鬼，"擒之不遗一"，十二属代表着方位上的、时间上的意义，也在驱傩中派上了逢凶化吉的用场。

◆《大傩图》南宋 佚名

傩戏面具

“更有十二属，亦为解凶吉”，同《汉书》所记驱傩活动中的“十二兽有衣毛角”“十二神追凶恶”，应该是一脉相承的，两者的共同来源，则是原始图腾崇拜。

驱傩舞蹈为什么偏偏会选中十二兽？这很可能与十二生肖之间有着某种渊源关系。换个角度来分析，大傩仪式上选中的十二兽(或十二神)很可能是为照应一年十二个月份以及十二个方位，以求月月平安、驱除四方疫鬼的。而对十二个方位的照应当然牵涉到十二支，这就自然会和十二生肖挂钩。由此可以看出，十二神兽与十二生肖是一脉相承的，他们共同的来源都是原始的动物崇拜。

分布在四川、甘肃两省交界处平武县、南坪县、文县一带的白马人(也叫白马藏人)，依然保留着跳十二相舞的风俗，十二相舞面具上的图案也大都取于十二生肖。十二相舞因部族不同，面具略有差别，但具有更多的共性，各种动物基本上与十二生肖相同，有时加上大雁、孔雀、狮、象，代替鼠、兔等，这与其受到佛教影响有关。跳十二相舞的目的无非是为了禳灾纳吉。白马人的驱鬼傩舞——十二相舞为图腾舞蹈的遗风。十二相舞，其实就是戴着十二种生肖动物面具的舞蹈，这也正说明了生肖与图腾的关系。

延伸阅读

生肖傩舞——中黄高台

中黄高台是流行于山西省襄汾县一带的民间文艺活动形式之一，由于襄汾县境内中黄村的“高台”别具特色，所以这种表演形式就被称为“中黄高台”。其实，这种表演形式早在明代就已经形成。每逢祭神之日，艺人们分别扮演的各种神灵在吹吹打打气氛热烈的音乐伴奏下，从神庙里走出来，然后到处游走、招引，吸引街头巷尾的男女老少跟随围观。由于人多，挤来挤去看不痛快，于是有人想出办法，把各种“神”的扮演者的位置抬高，请到木板上，然后将木板抬起来。这样，观众便可以清清楚楚地观看那些“神”的表演，后来，逐渐把这种表演的内容通俗化、生活化，这就是高台的来由。高台多为十二个，不仅表现十二种属相，而且还结合属相分别分出十二场戏，如五鼠闹东京、牛郎织女、武松打虎等。“中黄高台”实质上是富于北方民间特色以及经过历史发展演变的生肖傩舞的另一种形式。

生肖谶纬之说

现在大多数人对“谶纬”一词比较陌生，然而它却活跃于中国封建社会里的大部分时期，而又由于生肖文化的包容性和影响力，人们往往把生肖和“谶纬”结合在一起，长久使用。

有史料记载，谶纬术兴于秦，盛于西汉、东汉，距今有2200多年。所谓“谶纬”，其实是“谶”与“纬”的合称。“谶”是用诡秘的隐语、预言作为上天的启示，向人们昭示未来的吉凶祸福、治乱兴衰，有谶言、图谶等形式。“纬”即纬书，它以儒家经义附会人事吉凶、预言治乱兴废，是汉代儒生假托古代圣人制造的依附于“经”的各种著作。东汉时流传的“七纬”有《易纬》《书纬》《诗纬》《礼纬》《乐纬》《孝经纬》和《春秋纬》，皆以迷信方术、预言附会儒家经典。先秦时期的《左传》中就有一些谶语的记载；纬通常认为出现在西汉。后来谶、纬逐渐合流，纬以配经，故称“经纬”；谶以附经，称为“经谶”；谶纬往往有图，故又叫“图谶”“图录”“图纬”；因其有符验，又叫“符谶”；因其是神灵的书，又叫“灵篇”。

谶纬学说主要以古代河图、洛书的神话、阴阳五行学说及西汉董仲舒的天人感应说为理论依据，往往以“预言”的形态流布传播，制造者总要耍一些隐喻暗示的小把戏，既可渲染神秘玄虚的气氛，又模棱两可，以便于附会。而十二生肖中的每一种生肖既可释为时间、方位，又可释为寓意、指人，解说起来任随“灵活”，可谓“进可攻，退可守”，进退自如，因此，生肖就会常被谶纬利用。封建统治者也都认识到了其中的危险，因此，几乎历朝历代都会对它下令禁止。虽然因此谶纬之书大量散失，剩下的只是零篇断简，但在后世却仍断续流行，其中，对此比较有系统的记载、集谶纬术之大成者，首推唐朝预言自唐朝之后朝代更迭的《推背图》，以及明朝开国功臣刘伯温预言历代王朝国运兴衰的《烧饼歌》。

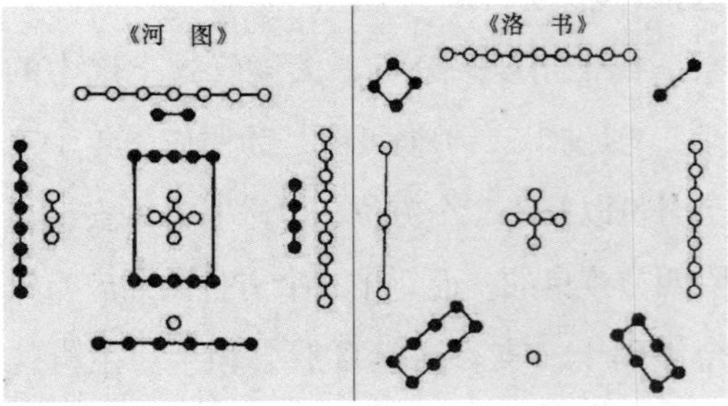

◆《河图》与《洛书》

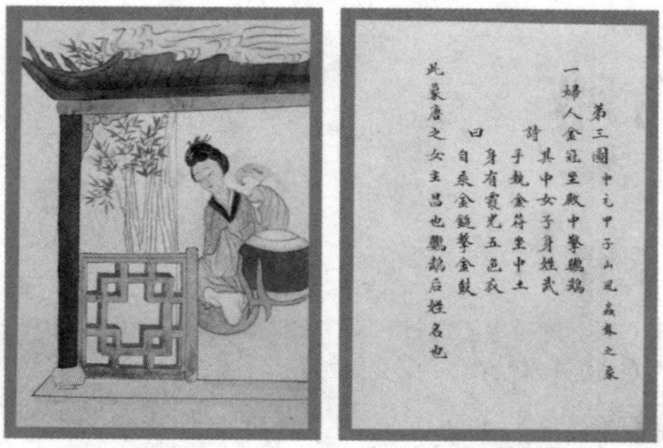

◆《推背图》书影

《推背图》

据清人徐珂《清稗类钞》第十册记载："唐司天监袁天罡、李淳风撰《推背图》，凡六十象，以卦分系之。其论本朝者为第三十三象，为丙申三三巽下兑上，大过。谶曰：'黄河水清，气顺则治。主客不分，地支无子。'颂曰：'天长白瀑来，胡人气不衰。藩篱多撤去，稚子半可哀。'此言世祖入关之征，中有'顺治'二字也。"

《推背图》图谶书谶齐备，其末画有两人推背而行图，并附"不如推背去归休"之句，因此而得名。从谶语"气顺则治"中择出"顺治"二字，是附会者得意之笔。《推背图》中一些谶语被附会为生肖，如"喔喔晨鸡孰是雄"句，解为唐时武则天称帝改元垂拱，时值乙酉鸡年。但是，此前武则天的第一个年号"光宅"，附会者却绕道而行、避而不谈。

《烧饼歌》

与《推背图》齐名的是《烧饼歌》，托名明朝开国军师刘伯温所撰。据传，"明太祖在便殿，一日食烧饼，方啖一口，内监忽报刘基进见，太祖以碗覆之，始召基人。问之曰：'碗中何物？'基曰：'半似日兮半似月，曾被金龙咬一缺。此食物也。'开视，果然。太祖乃问以天下后世之事，基历历言之。"《烧饼歌》篇名就来源于这个杜撰的故事，其大部分内容都被人以清史来附会相合。谶语之中涉及了一些生肖动物，诸如"金羊水猴饥荒岁，犬吠猪鸣泪两行""火烧鼠牛犹自可，虎人泥窝无处藏""黄龙早丧赤城中，猪羊鸡犬九家空"等。其中，"黄牛山下有一洞"句，《清稗类钞》曰："此言黄为金色，金属辛，牛在于支则为丑，一为刘坤一，洞为张之洞也。"后人多以清王朝史事附会《烧饼歌》，甚至分毫不差，不漏过一字一词一义，这反倒使其像是"过来人"的往事回首，而非"当事人"的谶语推断预言。

总之，谶纬预言将阴阳五行、生肖相属等多种内容杂糅在一起，为的是营造一种诡秘的气氛，给人以天注定及料事如神之感。其实，谶纬之言只不过是附会之言，有意为之，不足为信。

延伸阅读

"王莽改制"对生肖谶纬的运用

东汉末年，王莽为了篡夺皇位，多次利用所谓丹书著石、金匮策书等图谶，发布诸如"告安汉公莽为皇帝""摄皇帝当为真"之类的传言，为自己当皇帝制造根据。刘秀在反莽复汉时，为证明自己是西汉统治者的合法继承人，也编造了"刘秀发兵捕不道，卯金修德为天子"（道取刀的谐音，卯、金、刀合起来即为繁体的"刘"字）等谶语。由此就可以看出，谶纬之语只是统治者或是江湖术士为了统治集团的利益或是骗取钱财而有意臆想出来的手段而已，并没有真实的科学依据。

生肖命理

从古至今，总有一些人将生肖与人生命运联系起来，以此故弄玄虚。其实，生肖只是一种民俗文化的形式，人的命运并不能由生肖来决定。

五行中，十二生肖会被冠以五种不同的名目：讲牛，可分为金牛、木牛、水牛、火牛、土牛；花甲六十年，每种生肖都被描述为五种不同的名堂，如言虎，戊寅年“上山之虎”、丙寅年“山林之虎”、庚寅年“出山之虎”、壬寅年 “过林之虎”、甲寅年“立定之虎”；一年十二月，每种生肖被附以十二种不同的说法；一天十二个时辰，每种生肖又被缀以十二种不同的讲究……

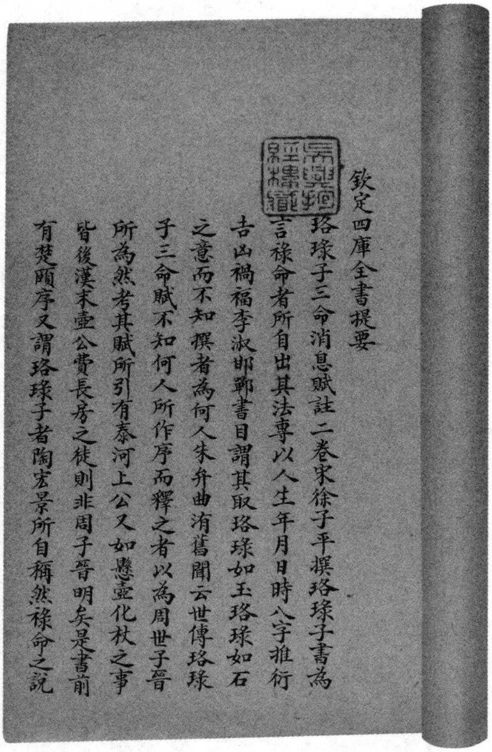
欽定四庫全書提要
珞琭子三命消息賦註二卷宋徐子平撰珞琭子書為
言祿命者所自出其法專以人生年月日時八字推衍
吉凶禍福李淑邯鄲書目謂其取珞琭如玉珞琭如石
之意而不知撰者為何人朱弁曲洧舊聞云世傳珞琭
子三命賦不知何人所作序而釋之者以為周世子晉
所為然考其賦所引有秦河上公又如懸壺化杖之事
皆後漢末壺公費長房之徒則非周子晉明矣是書前
有楚頤序又謂珞琭子者陶宏景所自稱然祿命之説

◆《珞琭子三命消息赋》书影 徐子平撰

那么多的名堂，其各自所代表的命运也就千差万别了。于是，很多人会疑惑：虎王威风，骄龙至欠，泼猴精灵……到底是属虎好呢，还是属龙好；金鼠前途无量，木鼠独立自尊，火鼠精明能干，土鼠知足常乐，那到底是金鼠好呢，还是木鼠好……如此，以生肖来算命也就自然而然地产生了。

唐朝时李虚中留下《命书》一部，以年、月、日干支推算人的命理。五代宋初的徐子平把推算年、月、日干支增为推算年、月、日、时干支，是谓“四柱”。既然都与干支有关，生肖属相就难免要被扯入其中。敦煌藏经洞中有一篇《推十二时人命相属法》，保留了研究古代生肖算命术的珍贵材料：“子生鼠，相人命属北方黑帝。子曰：料桑三石五十一代。宜著黑衣，有病宜服黑药。大厄子午之年，小厄五月、十一月，不得吊死、问病，不宜共午生人同财出入。丑生牛，相人命属北方黄帝。子曰：料粟三石七十一代。宜著黄衣，有病宜服黄药。大厄丑未之年，小厄六月、十二月，不得吊死、问病。一生不宜共丑未年生人同财交通……”条文中不仅地支生肖相对，还引用了五行学说中的“五帝、五方、五色”等概念，连穿衣、用药也要遵循“命属”。这篇《推十二时人命相属法》中十二生肖各有条文，算命先生只要熟记于心，便可应付前来算命的人了。

事实上，以生肖来算命的迷惑性就在于依靠多如牛毛的各种名堂来故弄玄虚。不管怎么算、怎么解，都在于那模棱两可的解语。对于似是而非的解语，深谙算命术的人说是什么就是什么。徐珂的《清稗类钞》中就有这样的案例：“淳安郑明暹占六壬，然时时失之，去其乡人方石卿远甚，而所为水仙术，则颇奇。水仙者，人来稽疑，条举件系，自书黄纸为笺，复自缄讫，明暹乃为押缄上，并书符，火之。洁明水一盂，幕以布，端坐，口中喃喃然。顷之，水上有字隐起，叩无不答者，多作韵语。明暹诵之，授其人，或旁人代录之。然水上字独明暹见之，余人不省也。过后多验。雍正癸卯，方药房锐意试三场，卜之水仙，水仙书十三字予之，云：‘兔且走，龙亦飞，七九之间数不违。’药房得之大喜，谓岁且卯兔也。时世宗初改元，故曰飞龙。辰亦龙祥也，而药房以丙辰生，脱兔不距，飞龙在天，千里当不留行矣。然亡何而猝病，竟不起，以八月十六日奄逝。有解之者曰：‘走且飞，言不久居此也。介七九之间，为八，以卒之月告也。益七九而计之，其数十六，则并以日告也，故

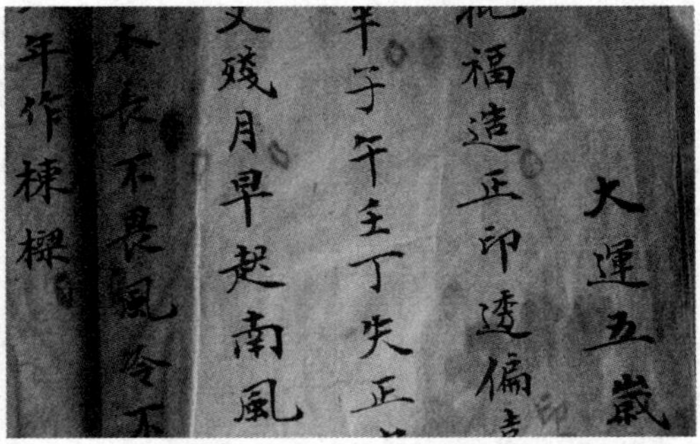

◆ 算命先生细批一个人的流年运程

日数不违。’”同一卜辞，却有了截然不同的解释：“飞且走，言不久居此也。”这正是算命先生们的高明处，几句模棱两可的话，说东可通，说西也行，随人去想。

属相论命，生肖算命，都只不过是人为的妄言、诳语，用来蒙蔽虔信生肖命运的愚人、愚弄蒙昧无知的世人罢了。这些都是生肖文化中名副其实的糟粕，是我们应当舍弃的。

延伸阅读

《金瓶梅》中的生肖命理

明代小说《金瓶梅》第六十二回“潘道士法遣黄巾士，西门庆大哭李瓶儿”，写西门庆之妾李瓶儿病亡，算命先生的一套把戏：“徐先生一面打开阴阳秘书观看，说道：‘今乃丙子日，己丑时死者，上应宝瓶宫，下临齐地。前生曾在滨州王家作男子，打死怀胎母羊，今世为女人属羊。虽招贵夫，常有疾病’……”按照这位算命先生的说法，属相不仅决定人今生今世的命运，还连着前生和来世，可谓荒谬至极。张竹坡在“打死怀胎母羊，今世为女人属羊”句后批道：“可笑之极，然则十二肖中皆必前世打死一个也，写尽愚人。”

生肖与旱涝丰歉说

先民们认为生肖和天气的旱涝以及农业的丰歉之间是有关系的，甚至生肖在其中起着决定作用。因此，在生肖文化当中有必要对于这一有着深厚历史渊源的现象进行探讨。

古人发现，十二生肖能反映所属生肖年景的好坏。如谚云："牛马年好种田""肥猪年吃饱饭"，也就是说牛、马、猪年多为风调雨顺的好年景。而"鸡狗年去讨饭""恶虎年灾连连"，指鸡、狗、虎年多为气候反常的歉收年。古代以生肖来解释年景的现象非常普遍。

牛马年好种田

农谚："牛马年好种田"。为什么说"好种田"？大约不只是因为有耕犁的牛、拉车的马做生肖，从而生发出农事顺利的联想。这也是一条气象谚语，是古人对于气象的经验总结，大体上可以说，旱、涝年份是交替出现的，旱涝之间当然也会有风调雨顾的好年景。牛年与马年间隔四个年份，如果牛年无旱无涝的话，经过几年的风风雨雨之后，到马年时可能又会是个无灾害的丰收年。现代气象学研究发现，每5～8年就有可能发生1～2次大的自然灾害，严重影响人们的生活，这与十二生肖论的认识不谋而合。当然，这种说法过于绝对，查考中国几千年的史实，牛年马年歉收的例子也并不鲜见。天行有常，自然界阴晴雨雪不是一两句农谚所能概括的。

◆ 牛马年好种田

古代柯尔克孜人在《柯尔克孜族风俗习惯》一书中，对于不同生肖年份的雨水、丰歉情况也有比较全面的介绍："鱼是水生物，故鱼年多雨水，谷物牧草都会长得好，是丰收年；虎年往往寒冷，大河的水也有一半要结冰的；鼠年则常常是干旱之年……"至今，柯尔克孜人也往往会根据不同年份的特征来安排生活和生产，等于说“八龙治水”或“七龙治水”是降雨量适中的年份。

另有一种说法，治水之龙超过十一条的年头就会有洪涝。清代学者俞樾在《乐府体四章记江浙大水·水灾叹》中言：“天公愦愦那有此，竟遣十一龙治水。雨师又不避甲子，遂令乘船可入市。君不见东南七千里，田庐尽化为污渠。又不见黄河之水天上来，一怒欲灌淮与徐。呜呼噫嘻，民其鱼！”俞樾描绘出洪水泛滥、大地汪洋的水灾景象，又将其归咎于“正月十一日遇辰，为十一龙治水，主水灾”。

其实，新年伊始，第一个辰日排在第几天怎么能决定一年的旱涝呢？

◆ 水府雷神五方行雨龙王像

以确保有备无患。

几龙治水

旧时的黄历上大都印有十二生肖图，还印有“几牛耕田”“几龙治水”“几人分丙”“几日得辛”之类。每年的第一个丑日在正月初几，就是几牛耕田；第一个辰日在正月初几，就是几龙治水；“分丙”“得辛”也一样，日干无属相，直称丙、辛。

那么，几条龙治水才是好年景呢？旧时传说，治水之龙越多，雨量越小，龙数越少，雨量越大。宋代《鸡肋编》说：“历日中治水龙数，乃自元日之后，逢辰为支，即是。得寅、卯在六日，为丰年之兆。”按其所言，寅、卯在六日为丰年之兆，那么，逢辰之日则在八日或七日，这就

延伸阅读

统计学里的生肖与年景的关系

由吉林省农业科学院的气象专家潘铁夫所著的《吉林省农业气候长期预测研究》一书中有“地支(属相)与气候”一节。作者通过对长春地区74年间温度、降水量的统计分析后认为：“总的说来，不同地支(属相)年份，以未(羊)年、寅（虎)年和卯(兔)年为好；辰(龙)年和申(猴)年雨水少，对中东部有利，对西部不利；丑(牛)年和午(马)年雨水多，对西部有利，中东部容易出现涝灾；戌(狗)年和巳（蛇)年气候条件中等；酉(鸡)年、亥(猪)年和子(鼠)年气候条件差。”

这是应用统计学方法，对农业气象灾害出现的概率进行分析，提出了生肖年份与气候的关系问题。当然，其中的说法同“牛马年好种田”的农谚有同有异，这也不足为怪。中国地域这么大，往往一年间有丰有歉，有些地区旱，有些地方涝，并不是一两句气象谚语所能概括的，应该以科学的态度对待其合理性与非合理性，这样才能更好地服务于农业的发展。

生肖日的吉与凶

在先民们看来，十二生肖中的每一种动物都与所谓的“吉”与“凶”有着密不可分的关系。人们不仅以十二为轮回，用生肖属相来纪年，甚至对于每天都有属相日的划分，这也就顺其自然地为日常生活附上了“吉”与“凶”的不同色彩。

早在殷商时代，以龟甲兽骨占卜择日的迷信就已盛行。当时，上自国家大事，下至个人生活小事，如祭祀、天时、年成、征伐、田猎、疾病、生子等，无不求神问卜，以决定行止或推想祸福。因此，商代甲骨卜辞得以保留大量的珍贵史料，同时也表明古人对于以干支和生肖的结合来纪日已运用得相当娴熟。

云梦秦简《日书》中说：“毋以午出入臣妾马。”又说，“毋以申出入臣妾马牛货材。”这两条史料反映出当时人们认为，在午日或申日成交马和奴隶是不吉利的，这或许是由于“午”属“马”的缘故。到后来，随着祭祀与巫术的盛行，那些专门从事祭祀与巫术的人甚至将一年三百六十五天分成“吉”“凶”等类型，甚至“精确”到了时辰，有了“吉日良辰”“凶日煞时”的种种“宜忌”。这些都逐渐渗入了人民的生活当中，经过长时期的发展，逐渐成为了民间习俗的一部分。

以集市交易为例。云南一些汉、彝杂居地区，采用十二生肖纪日，集市名称就以相属称谓，哪天是集日，就用那天的属相作为集名。照理说，十二种生肖名用于集市地名的机会应该是均等的，可实际上并非如此。十二属相之中有的使用率较高，如马、羊、鸡等，人们认为这些动物是吉祥的预兆；有的则很少被采用，如鼠、兔、蛇等，这些动物则是不吉祥的象征。

云南傈僳族以十二种肖兽纪日，婚姻习俗也可见其影响。据《碧江县五区卡石、色得洼底村傈僳族社会经济调查》一文中

◆ 商代甲骨文，文中常见占卜择吉出行的记载

说："订婚先由男方请媒到女方去议定财礼。女方也同样请人到男方去传达自己所要的财礼数目……财礼议定后，由男方选择日期通知女方(订婚日期一定要选在属鼠、虎、蛇、猴、鸡和猪日)，随后将议定的财礼送到女方去。"举办婚礼的日期也要注意选择属相，如《碧江县五区色德乡德一登村傈僳族社会经济调查》中所记："结婚日期只能选在鼠、猴、蛇三日，这三天能多生子女。"大概是这三种生肖动物的繁殖能力都很强，故而借这三种属相的日期来表达人们的一种祈望吧。

傈僳族的丧葬礼俗，选择安葬日期也要考虑属相，"一般是属鼠、兔、蛇、猴、鸡和猪日才能埋葬"。

一些地方民间流传着避寅习俗。清代文人舒位作《黔苗竹枝词·红苗》诗道："织就班丝不赠人，调来铜鼓赛山神，两情脉脉浑无语，今夜空房是避寅。"后有自注："红苗惟铜仁府有之，衣服悉用班丝，女红以此为务。击铜鼓以鼓舞，名曰调鼓。每岁五月寅日，夫妇别寝，不敢相语，以为犯有虎伤。"寅为虎，"避寅"似乎认为老虎是监视者：谁若敢违背避寅习俗，五月寅日夫妻同房而眠，老虎就会伤害他们。亲族往来也要躲开这一天，清代文人贝青乔《苗妓诗》中有相关记载："五月寅日，瑾户伏处，夫妇异寝，亲族不相往来，有犯者，谓必遭虎厄。"

实质上，古代人民之所以为每一种生肖赋予或凶或吉、或褒或贬的不同含义，源于人们所处的具体历史环境不同，是人们心

◆ 鸡日大吉

灵的一种寄托。长久以来，这种生肖吉凶的文化一直深深影响着人们的观念。我们应该在主动批判其迷信成分的同时，看到其所承载的历史文化，这样才会有利于生肖文化的进一步发展。

延伸阅读

哈尼族鸡日猴日捉蝗虫的习俗

鸡日或猴日举行的捉蚂蚱节是哈尼族民间传统节日。每年农历六月二十四后第一个鸡日或猴日正值稻田需要灭虫之际，哈尼族的男女老少就会一齐到田间捉蝗虫。捉到的蝗虫，用竹片夹住，插在田边，表示惩一儆百的意思。随后，还要把那些蚂蚱收回食用。离开稻田时，要高呼："蚂蚱，三天内不捉你了，三个月内你不要来吃稻谷。"这种捉蚂蚱节习俗的日期之所以选择鸡日或猴日，大概是缘于十二生肖中鸡食虫、猴灵活善抓虫的特点，是节日与农事的结合。

道教中的生肖文化

古人为了某种需要，将生肖文化附着于道教文化当中，两者之间相互吸收与影响，不仅在一定程度上丰富了道教的内容，同时也大大增加了生肖文化中的神秘色彩与文化内涵。

道教是中国土生土长的宗教，恰恰如此，生肖文化也才能与道教融合得天衣无缝。在道教中到处都可窥见生肖文化的踪迹。

十二生肖铜羊

在成都青羊宫三清殿内有两只铜羊，其中独角的一只即为著名的十二生肖铜羊。传说这只铜羊本为南宋宰相贾似道家中所有，后几经周转移于青羊宫内。铜羊底座有铭文："京师市上得铜羊，移往成都古道场。出关尹喜似相识，寻到华阳乐未央。"因为这只铜羊从十二生肖动物身上各采一部分，分别为鼠耳、牛鼻、虎爪、兔背、龙角、蛇尾、马嘴、羊胡、猴颈、鸡眼、狗腹和猪臀，所以被称为"十二生肖铜羊"。据说，假如身上某一部分疼痛，只需在铜羊身上的某一部分摸一摸便会好，当然，这只是后人的穿凿附会而已。不过，自古只有骆驼占全十二生肖、大象全身十二生肖肉的说法，而青羊宫里的铜羊也集十二生肖于一身，体现了生肖文化对道教文化的影响以及道教文化包容性的特点。

◆ 成都青羊宫生肖羊

二十八宿神

保存于山西晋城玉皇庙里的元代彩塑二十八宿神，堪称古代道教造像的珍品。这二十八宿神的造像有手臂间伏鼠的虚日鼠，有饲豕的室火猪，有放兔的房日兔，有驯猴的觜火猴，有斗鸡的昴日鸡，有伏虎的尾火虎，有牵牛的牛金牛……其中，各个宿神又都神态各异：危

◆ 癸巳太岁徐单大将军

月燕单手托月轮飞燕，神态儒雅，若有所思；而翼火蛇剽悍勇猛，手攥长蛇，袒胸露怀，怒目圆睁……

道教显然是套用十二生肖的形式，由此再加以发展完善，便成了二十八宿神。明初叶子奇的《草木子》一书中也有这种说法："又以十二肖同类之属分阴阳，配为二十八星，禽如虎，则配豹是也。每辰二禽，四正之辰三禽。"

六十甲子太岁

"六十"为十二地支与十地支和十二生肖相结合而衍生出来的数字，因此道教中又有六十甲子太岁之说。六十甲子配以星宿，则为六十星宿神。六十甲子的神像里，表现出生肖动物图形者有十五种，恰好四分之一。其中，动用最多的形式为头饰，例如，丁卯头顶白兔头饰；辛未头顶白羊头饰；癸未头顶黑羊头饰；丁亥头顶猪头饰；己丑头顶黑牛头饰；乙未头顶白羊头饰；丁酉头顶红冠鸡头饰；己亥头顶黑色大耳猪头饰；月午头顶白马头饰；壬寅头顶老虎头饰，且膝下一小虎。此外，戊辰双手握龙，壬辰双手托碧水金龙，以及癸巳手中捏蛇，为一种形式；戊午胸前马头，为一种形式。

此外，道教的香炉、八卦、神殿等当中都有取材于十二生肖的痕迹，只是在此，生肖文化已被打上了很浓的道教色彩。为此，我们应该分清楚哪些是道教中的生肖文化，而哪些又是民俗中的生肖文化，不应把两者混为一谈。

延伸阅读

道教"六丁之丁、六甲之甲"说

我们知道，十二地支配属相，有了十二生肖；十二地支配十天干，形成以六十为单元的干支序数系统，派生出六十甲子神。除此之外，古人还构思出另一种组合即道教的六丁六甲神。六丁为丁卯、丁丑、丁亥、丁酉、丁未、丁巳六神将；六甲为甲子、甲戌、甲申、甲午、甲辰、甲寅六神将。六丁六甲神将是道教的护法神灵，甲乙丙丁，十干之中，甲居奇数位，属阳；丁居偶数位，属阴。六十甲子中，与甲配合的地支，均为居奇数位而属阳的地支；丁所配合的地支，均为居偶数位而属阴的地支。因此，六丁神被说成是女性神，南宋陆游《老学庵笔记》中也说："抚州紫府观真武殿像，设有六丁六甲神，而六丁皆为女子像。"这些显然是对于生肖文化的超越与延伸。

佛教中的生肖文化

佛教与十二生肖本为相互独立的两个文化系统，然而随着历史的发展，这两种文化却相互影响、融合，佛教文化中有生肖文化的影子，生肖中也有佛教文化的痕迹。

众所周知，佛教最早是由印度传入中国的，然而译介者在佛经翻译过程中为了迎合佛经的汉化，特地在佛经中加入了中国的传统文化，生肖文化亦在其中。

十二天宫守卫

佛教中传说，如来佛祖委托“大势至”菩萨选十二种动物为天宫守卫。“大势至”菩萨传达了佛旨后，各种动物纷纷赶来。首先到达的动物是猫，后面依次是鼠、牛、虎、兔、龙、蛇、马、羊、猴、鸡和狗。大势至菩萨把先到者选为守卫，并请他们静候如来佛祖驾临。猫等得不耐烦了，就溜出去玩耍去了。直到如来佛祖到来之时猫还没有回来，这时正好猪赶来，就排在了最后一位，猫则落选了。

这则故事从侧面反映出佛教“海纳百川”“有容乃大”之势以及生肖文化在佛教当中的重要性。

十二护法神将

佛教经典《大集经》中有这样的记载：“阎浮提外，四方海中，有十二兽，并是菩萨化导。人道初生，当菩萨住窟，即属此兽护持、得益……”结合印度早期的神话《阿婆缚纱》分析，十二生肖即为十二个神将的驾兽，后来逐渐演变成了佛教的护法神将。

据佛经《药师本愿经》中记载，东方

◆ 敦煌莫高窟大势至菩萨，是生肖为马之人的本命佛

净琉璃世界的本尊称作药师佛，他在成佛时曾发下十二个誓愿，救众生之病源，治无名之痼疾。因此，佛弟子当中，流传着弥陀有四十八大愿、药师有十二大愿的美谈。所谓的十二大愿，则是依佛教的基本思想，即“苦、集、灭、道”为中心而展开的。与十二大愿相对应的则是药师佛手下的十二位护法神将，他们又按昼夜十二辰划分护守，与十二生肖一一对应。

据佛教文献说，十二神将又称“十二神明王”，即药师之十二神，他们的顺序恰好与汉地的十二生肖排列是一致的：

毗羯罗大将：本尊为释迦如来，是子时之守护神。通身青色，现忿怒形，头戴鼠冠，右手下垂持三钴，左手作拉右袖之形态。

招杜罗大将：本尊为金刚手菩萨，是丑时之守护神。通身赤色，现忿怒形，头戴牛冠，右手把横剑，左手开掌执剑尖。

真达罗大将：本尊此大将为普贤菩萨，是寅时之守护神。现笑怒容貌，头戴虎冠，右手捧宝珠，左手把宝棒。

摩虎罗大将：本尊为药师如来，是卯时之守护神。通身青色，稍作忿怒相，头发赤色上耸，头戴兔冠，右手做拳当腰，左手持斧。

波夷罗大将：本尊为文殊菩萨，是辰时之守护神。身呈白肉色，容貌忿怒，头戴龙冠，右手屈臂，作拳携矢，左手持弓。

因达罗大将：本尊为地藏菩萨，是巳时之守护神。通身赤色，头戴蛇冠，右手屈肘开掌，置于胸边，左手执三股戟。

珊底罗大将：本尊为虚空藏菩萨，是午时之守护神。通身赤色，现忿怒形，头戴马冠，右手把三股戟，左手持螺具。

頞俩罗大将：本尊为摩利支天，是未时之守护神。通身白色，现忿怒形，头发上耸，头戴羊冠，右手执箭羽，左手持矢根，将此箭弯成弓形。

安底罗大将：本尊为观世音菩萨，是申时之守护神。通身赤色，现大忿怒形，头戴猴冠，右手屈肘于右胸前开掌向前，屈左手，开掌，掌上放宝珠。

迷企罗大将：本尊为阿弥陀如来，是酉时之守护神。通身赤色，现忿怒形，头戴鸡冠，右手持独钴，左手作拳押下腹部。

伐折罗大将：本尊为势至菩萨，是戌时之守护神。通身青色，现忿怒形，头发茂盛耸上，头戴狗冠，右手持剑，左手作拳当腰。

宫毗罗大将：本尊为弥勒菩萨，是亥时之守护神。通身赤色，现忿怒形，头戴猪冠，右手执大刀横于头上，左手开掌当腰。

以上这十二位生肖护法神将组成了严密的护法方位体系，在佛经中有为众生消灾祛难、镇邪扶正的寓意。

延伸阅读

沙门度狗

“沙门度狗”就是佛经中一个很有代表性的故事：“昔有一国，谷米涌贵，人民饥饿。沙门分卫欲出城门，逢猎屠儿抱一狗子持归，欲杀。沙门求救，不听：沙门举饭饲狗，以乎摩杖，咒愿狗子得食。善心生焉，人将还家。屠杀食之，即生大长者家，复值沙门出家成道。”由此可见，佛教大多是将十二生肖的动物属性的一面和佛经中的慈悲、仁爱和大度联系起来，宣扬人和动物之间的平等性。

第四讲

生肖艺术

巧夺天工的生肖剪纸

剪纸是民间工艺美术中一种非常具有代表性的艺术形式，而生肖剪纸更是剪纸艺术中一种独特的种类。生肖剪纸样式多种多样，随着社会的发展，生肖剪纸也渐渐步入了现代艺术的殿堂。

民间工艺美术是民间风俗习惯在民间生活中的艺术化和作品化，是民风民俗的艺术性再现，普遍带有朴实、纯真、亲切自然的生活气息。在民间美术领域，剪纸艺术始终占有一席之地。

早在中国的南北朝时期，剪纸艺术就已经相当成熟，因其材料易得、成本低廉、效果立见、适应面广的特点，因而剪纸的内容丰富、题材广泛，凡是看到的、听到的、想到的都可剪成，因此普遍受到人们的欢迎。在民间，多是采用十二生肖与地支相结合的方法来纪年，即便是没有多少文化知识的平民百姓，也会懂得运用十二生肖来计算年份，十二种动物也就经常出现在人们的日常生活当中。传统剪纸中盼望吉利的大红公鸡、望子成龙的龙生贵子、期望幸福的蛇盘兔等，都是十二生肖的形象。另外，生肖是一种虚体的文化存在，而剪纸则是一种实体的表现方式，十二生肖借助于剪纸的方式，既可以变形夸张，又显得浑厚古朴，是两种民俗文化的完美结合。生肖文化作为民俗文化的一个重要组成部分，一直是民间剪纸艺术的传统题材，同时也剪出了大量的精品。

◆ 蛇盘兔剪纸

生肖在剪纸中的构图形式有很多种，既有逐一入图的“单人照式”，如山西平遥一带流行的生肖系列剪纸中，一幅剪纸上往往只有一种生肖；

◆ 老鼠娶亲剪纸

也有两种生肖双双入图的，最常见的是“蛇盘兔”，蛇首兔头相对，蛇躯环绕兔身，在山西、陕西及甘肃一带民间广泛流传着“蛇盘兔，必定富”的说法，这种剪纸经常被用来祝福婚姻，是一种吉祥的象征；还有集体入图的“全家福”式，这类构图的剪纸也相当流行，十二生肖在剪纸上依次排开，个个生动形象，惟妙惟肖，惹人喜爱。另外，还有生肖与人物共同构图的，包括通常意义上的生肖与人物的剪纸构图以及由原始图腾崇拜流传下来的兽首人身两种形式。例如，陕北一带的十二属相剪纸中，图案上部分为持莲娃娃，下部分为龙，就表示龙属相；下部分为牛，则表示牛属相。

民间剪纸总能利用以上四种简明的构图方式，巧妙地点明生肖动物的属性，以区别于一般的动物图案。当然，即便是一种题材的生肖剪纸，由于各地风俗习惯的不同，也在侧重点上有一定的差别，比如“老鼠娶亲”，山东高密一带“老鼠娶亲”的剪纸，特别注重线条的清晰干净；山西的民间剪纸“老鼠娶亲”表现的是迎亲的队伍，而陕西的则是热热闹闹的婚宴场面。另外，在角色数量上也有一定的差别，有的是二十五只老鼠组成的迎亲队列，有的则是三十六只，还有的甚至是六十八只，鼠辈众多，热闹非凡。

经过岁月的沉淀，生肖剪纸艺术也在不断地创新。如今，生肖剪纸艺术早已经从小小的农家院里步入了现代设计的艺术殿堂：商标广告、产品包装设计、室内装潢、服装设计、报刊题花、舞台艺术、影视动画……在艺术领域的很多方面，人们都能看见生肖剪纸艺术的靓丽影子，不断创新的生肖剪纸艺术，也日益成为人们重要的精神财富以及华夏民族的文化瑰宝。

延伸阅读

民间生肖剪纸名家荟萃

生肖剪纸本为一种民间的艺术，一把剪刀，一张红纸，再加上精巧的双手，便成就了无数的生肖剪纸名家：山西平遥剪纸世家李秀英所创作的“单人照式”生肖系列剪纸，以大代小，形象逼真；延安地区民间剪纸高手白凤莲创作的“全家福式”生肖系列剪纸亦是惟妙惟肖、巧夺天工；鹤山区鹤壁集乡窦马庄村民剪纸艺人窦桂书的“混搭式”“五十双喜十二生肖图”更是活灵活现、精妙绝伦。这些都可算得上是民间珍贵的艺术品。

自然天成的生肖石

大自然鬼斧神工般的魔力，造就了生动逼真的生肖石，这是十二生肖别具特色的存在方式，更是其生命形式的一种别样展现。从生肖石这一具体形象的艺术形式中，我们可以深切地感受到生肖文化的博大与精粹。

在大自然中，存在很多浑然天成的生肖石。这种没有经过人们加工的生肖石，起初大多存在于原始的自然当中，由于某些石质材料的特殊性，经过大自然长期的风化以及水流的冲刷、搬运等，日积月累，就会变得奇形怪状。随着社会的发展进步以及人们艺术欣赏水平的逐步提高，这些奇形怪状的石头便会被移动到公园等地，或是就地开辟出旅游景点等，以供人们的观赏和游玩，就这样，生肖石进入了人们的视线。

虽然这些生肖石并不算严格意义上的造型艺术，即人类精巧工艺的艺术成果，但它却是人们在生肖文化的影响下运用无穷的智慧“缔造”出来的，是自然界的鬼斧神工，更是广大劳动人民伟大的艺术发现，也是生肖文化里一个不可或缺的亮点。

吴山十二生肖石

吴山位于钱塘江北岸，西湖东南面，杭州人俗称“城隍山”。吴山以石造景，其中有十二块形状各异的石头，“远近高低各不同”，被称为“吴山十二峰”。相传清代雍正年间，浙江总督李卫在石旁建亭，题名为“巫峡峰青”。但当地百姓却并不买账，他们认为这里的石头形似鼠、牛、虎、兔、龙、蛇、马、羊、猴、鸡、狗、猪等动物，合十二生肖之数，故被称为“十二生肖石”。据当地通志记载：“有俊石十二，平地山起，玲珑瘦削，如山离立，各以形象名之，曰笔架、曰香炉、曰棋盘、曰象鼻、曰玉笋、曰龟息、曰盘龙、曰剑泉、曰牛眠、曰舞鹤、曰鸣凤、曰伏虎。”

如今，人们喜欢在游玩时竞猜每一块生肖石到底代表哪一种动物，由此，吴山附近的地带还有了关于“十二生肖石”的顺口

◆ 吴山十二生肖石之牛

◆ 颐和园十二生肖石之鼠

溜：“兔儿蹦跳在前头，金鸡高唱羊低头。龙回头来马吃草，老虎上山猴紧跟。蛇缠猴儿回头看，水牛眠在黄泥坡。狗嘴骨头鼠乱钻，懒猪只露寿字头。”这被人们所看出来、叫出来的十二生肖石，不仅能使人们遐想不已，为景观增添亮色，同时又反映了十二生肖文化的深入人心，是人们不自觉地运用生肖知识的一种艺术性创作。

狮子林里的生肖石

苏州四大古代名园之一的狮子林，以大量的造型颇具艺术感的太湖石而出类拔萃。这其中，也流传着生肖石的佳话。

狮子林原本是一座寺院的后花园，园内有石状似狮子，因而得名。狮子林中层峦叠翠，“含晖”“吐月”“玄玉”“昂霄”等名目更是满含诗意，为石景锦上添花，妙景与美名相映成趣。由于这里的石头奇形怪状，多少年来人们徜徉于峰石林立之间，逐渐形成了寻找十二生肖的传统。这其中，有仰天报晓的金鸡石，有依地而行的天鼠石，有半空盘旋的飞龙石……

那些石是天然的，并不曾经过能工巧匠的斧凿，但人们的眼光却比能工巧匠的雕塑来得直接、来得巧妙。能从毫无生命的石头中创造出辰龙、巳蛇、午马、未羊等生肖的形象来，这个中奥妙，不仅要归功于大自然鬼斧神工般的魔力，更在于人们观赏视点的巧妙，从中也可看出生肖文化给人类的审美活动带来的灵感以及留在人们心目中深深的烙印。

延伸阅读

颐和园里的十二生肖石

颐和园里的排云殿，原是乾隆为他母亲60寿辰而兴建的大报恩延寿寺，后慈禧重建，改为排云殿。“排云”二字取自郭璞诗“神仙排云出，但见金银台”，慈禧太后自比神仙，把排云殿作为自己过生日时接受贺拜的场所。排云门前两侧有十二块排衙石，酷似十二生肖，被称为“十二生肖石”。传说慈禧太后祝寿当天，光绪要跪在第一个，文武百官按照官级依次跪拜，四品以下的就要跪在排云门广场上，而这十二块石头则象征全国人都在向慈禧太后祝寿，因为每一个人都逃不过这十二属相。这只不过是封建统治者利用生肖对人们施行专制的手段罢了。

栩栩如生的生肖俑

生肖俑是生肖造型艺术中一种很古老的形式，随葬在古墓中的生肖俑被认为是趋吉辟邪的神物，而在民间，生肖泥俑也作为一种传统的习俗被保留了下来。无论对于古代雕塑艺术的研究，还是对于生肖文化的继承和发展，生肖俑都是一种很好的参照。

长期以来，人们都把十二生肖奉为生命之神，即便死后，也希望能由众神守护，于是便产生了生肖造型艺术中的重要形式——生肖俑。十二生肖俑又称“十二支神俑”，往往被作为趋吉辟邪的神物随葬于墓中，一般认为墓主是在当时比较有身份有地位的人。

作为一种非常重要的造型艺术，生肖俑比较成熟的造型通常有三种形式：其一，塑为人抱生肖动物(如中国国家博物馆陈列的一套生肖俑)；其二，塑为人身兽首(如湖南湘阴唐代墓室出土的一套生肖俑)；其三，生肖动物趴在人物头顶上。其中，前两种形式造型的生肖俑比较多见。据秦俑的出

◆ 唐代彩绘生肖俑

土以及其他时期墓室文物的发现来看，以十二生肖俑为冥器的葬俗，业界一般认为盛行于隋唐时期。1971年，湖南湘阴唐代墓葬中出土了一套生肖陶俑，整十二件，均为兽首人身造型，其形象是身着宽袖袍，中间留有一个可以插物的长形小孔。这十二件生肖俑，分别置放在墓壁四周的小型壁龛内，用来表示方位。

中国国家博物馆陈列着的十二生肖陶俑，系出土于湖北武昌周家大湾的隋代文物。这套俑为坐翁怀抱生肖动物的形式，如丑牛俑，人坐，双手托牛，牛头向左；辰龙俑，人坐，龙搭人肩，人右手持龙尾，左手托龙腹，龙一足显于其胸前，另一足露在其胸侧，龙头在其胸前曲颈张望；巳蛇俑，人坐，双手持蛇头，蛇尾在胸前；申猴俑，人坐，右手抱猴；亥猪俑，人坐，双手抱猪，猪头向右。

此外，在古代还有一种十二时盘，盘四周以十二生肖作为图案。传说，此盘的十二种生肖图形，随时辰的变化而变换图案，转到巳时出现蛇图案，转到午时则出现马的图案。这些生肖俑，显示着古代的殡葬习俗，为研究当时的工艺水平及墓室主人的身份地位提供了宝贵的资料，也为研究当时的服饰以及雕塑艺术提供了可贵的信息。

如今，在民间依然流传着一些生肖俑的其它形式。在北京有一种叫“兔儿爷”的泥俑，清代《燕京岁时记》中有相关的记载：“每届中秋，市人之巧者用黄土抟成蟾兔之像以出售，谓之‘兔儿爷’。有衣冠而张盖者，有骑马者，有默坐者。大者三尺，小则尺余。”“骑虎兔儿爷”，人们说是卯兔驭寅虎，寓含卯吃寅粮、生活富足有余之意。山东高密聂家庄的泥塑从明朝万历初年就已开始生产，娃娃、禽、兽、虫、鱼等题材都有。直到清朝嘉庆年间，聂家庄泥塑由静态发展到会动、会叫、会斗趣的玩艺儿，出现了叫虎、叫鸡、叫猴等。制作时首、尾分为两部分，中间用皮革或牛皮纸连接，内装钢丝弹簧、哨子，用手摇动则会发出鸣叫声。因为这些泥塑是给孩子们玩的，所以有些造型就显得特别夸张，例如泥叫虎的造型：头部非常大，特别是虎口，以显示老虎威风凛凛的百兽之王神态。尾部又设计得特别小，仅在虎腚上露出一段很短的突兀，四肢短而粗。在头部的圆盘中心，留有插哨子的空隙，这样，只要按动虎头和虎尾，老虎就会发出响脆的叫声。

延伸阅读

圆明园十二生肖兽首

圆明园兽首铜像，又称“圆明园十二生肖铜兽首”“圆明园十二生肖人身兽首铜像”。十二生肖像原是在圆明园西洋楼海晏堂前的扇形水池喷水台南北两岸十二石台上的。南岸分别为子鼠、寅虎、辰龙、午马、申猴、戌狗；北岸则分别为丑牛、卯兔、巳蛇、未羊、酉鸡、亥猪。这些肖像皆兽首人身，头部为铜质，身躯为石质，中空连接喷水管，每隔一个时辰（两小时），代表该时辰的生肖像便从口中喷水；正午时分，十二生肖像口中同时涌射喷泉，蔚为奇观。这些青铜生肖雕像高五十公分，雕刻精细，为清代青铜器中的精品。1860年英法联军火烧圆明园时十二生肖兽首流失海外，现仅有少量得以收回。

多姿多彩的生肖画

作为中华传统民俗文化中流传最广、影响最大的重要组成部分，十二生肖画寄托了一代又一代中国人对美的理解和对未来生活的憧憬。从古至今，十二生肖都是画工、画匠、画家取之不尽、用之不竭的创作源泉。

生肖文化的历史源远流长，经过长期的历史积淀，十二生肖早已剔去了自然的内核，而被赋予了种种人文的特征。鼠的聪敏、牛的踏实、虎的威武、马的奔驰、猴的矫捷……已经作为一种精神力量或是吉祥如意的象征，被广泛应用于各式各样的艺术活动当中，而生肖画便是其中独具神韵的表现形式。随着历史的发展，生肖画也以各种各样的形式活跃于人们的生活当中。

生肖年画

十二生肖是年画中一种非常传统的题材。清代流行于河北一带的年画《莲生贵子图》，便是一幅非常典型的年画：通幅用红、黄、绿、紫四色套印，整幅画以两个大圆为主题，一圆内两个小孩儿，另一个圆内有六个小孩儿，而在这两个圆的周围则环绕着十二生肖的图案，龙、虎、兔居中央，蛇、鸡、狗、猪居于左侧，而鼠、羊、牛、

◆ 杨柳青十二生肖年画（局部）

马则居于右侧。“莲生贵子”取“连生贵子”之意，而其与十二生肖的搭配，更是这一美好意愿的双重表达。

另外，《老鼠嫁女》也是一种常见的年画题材，这种题材的绘画往往场面宏大，热闹非凡，迎亲队伍中提灯、花轿、旗鼓、伞盖样样齐全，老鼠形象也惟妙惟肖，俨然一幅人间嫁娶的景象，除了表现迎亲场面的，也有以老鼠拜堂、宴席等场面为题材的，非常生动、形象。

生肖岩画

由于中国古代绘画艺术的高度发展以及深受儒家和道家文化的影响，在岩石上作画似乎成为先民们一种特殊的习惯和爱好。岩画当中有大量的珍品留存于世，其中最著名的，莫过于新疆阿尔泰山岩画、内蒙古阴山岩画、宁夏贺兰山岩画以及广西花山岩画。在众多的岩画当中，先民们以古朴、粗犷、凝练的风格在岩石上刻画出了马、牛、羊、鸡、兔、猴等生肖动物的形象，这不仅是对先民们生活方式与状况的展现，同时也反映了先民们自主创作意识的提高以及对于生肖的喜爱和尊崇。

生肖墓壁画

在古代，人们还往往把十二生肖看作十二位神像，不仅生前对其顶礼膜拜，也希望死后能够得到十二神的保护和庇佑。因此，在古代一些达官贵人去世之后，墓壁上都要绘上十二生肖的彩画，以期守护终身。例如，1980年在山西太原南郊发现的北齐墓壁画就以十二生肖为题材：十二种生肖动物按十二个方位排列，正北方位为子鼠，与丑牛相邻，东壁上为寅虎和卯兔。其它生肖壁画由于年代久远，已经残缺不全，单从鼠、牛、虎、兔这四种生肖动物来看，图像就极为生动逼真，其高超的绘画艺术可见一斑。

生肖画发展至今日，更是类型繁多，一应俱全，其中最为突出的，当属文人画家的专业作画。画家徐悲鸿以善画马著称于世，他善于观察马的肌肉、骨骼以及神情动态，所画之马既有西方绘画中的造型，又有中国传统绘画中的写意，融中西绘画之长于一炉，或奔腾跳跃、或回首长嘶，或腾空而起、或四蹄生烟，笔墨酣畅，形神俱足，给人以自由和力量，鼓舞人们积极向上。 徐悲鸿如此爱马，可见生肖之马对其深远的影响。

不管是古代的生肖岩画和生肖墓壁画，还是现代的生肖年画和文人生肖画，从中可以见出生肖文化深厚的历史文化渊源，以及人们喜爱生肖、发扬生肖文化的传统。

延伸阅读

齐白石作十二生肖画

齐白石因画虾而文明于世，而大多数人并不知道他画的十二生肖。他平生难得画龙，有一次他却满纸水墨，画了条龙，促成这一好事的，就是一套十二生肖组画。对此，齐白石有一段题画文字：“予未曾见者龙，不能画。然蔚三先生既藏余画多，又欲索画十二属……”齐白石不仅画了从未见过的龙，还画了很少涉笔的狗和马。十二生肖不仅一应俱全，还被齐白石先生分别赋予了特殊的意义：画狗，他题“吠其不仁”；画猴，他题“既偷走又回望，必有畏惧，倘是人血所生，必有道义廉耻”……这些题词，无疑增加了十二生肖画的文化内涵。

精致典雅的生肖器皿

传世器皿本身就留有深刻的历史印记，而将生肖文化附着于器皿之上，虽经岁月的侵蚀，非但没有褪去当年的风采，反而更加富有历史的隽永，处处笼罩着一种神秘的光环。

生肖文化不仅体现在对人们观念的影响上，就日常用具都有生肖文化的影子。无论是在器皿上，还是人们所用的装饰品上，都留下了生肖文化的痕迹，这些生肖器皿或是生肖饰物高超的艺术性，时刻吸引着人们欣赏的目光，激发着人们的创造性思维。

生肖铜镜

唐太宗李世民“以铜为镜，可以正衣冠”的话语至今仍然被人们引为经典。当

◆ 银壳鎏金六生肖镜

然，这万千铜镜之中最吸引人的非“照妖镜”莫属，晚唐李商隐有云：“我闻照妖镜，及与神剑锋。”“照妖镜”即为铜镜的一种，铜镜在人们心目中的地位和影响可见一斑。

铜镜原是道教辟邪的法器之一，《古镜记》中记载，铜镜铸纹“十二辰位而具畜焉”。意思是说，铜镜背面的图案以八卦符号围成一周，其外，子丑寅卯十二辰以生肖的形式围成一圈。在古代，大多数的铜镜都绘有生肖图案，这也使铜镜具有了一种莫名的神奇意味和神秘色彩，似乎是在告诉人们，铜镜不只是用来“正衣冠”和做装饰品的，自有其独特的生命气息。

英国学者李约瑟在《中国科学技术史》第四卷《天学》一章中，对珍藏在美国自然史博物馆里的中国古代铜镜有一段详细的记载：“该镜圆形，直径27厘米，兽形纽，边缘饰有如意云头连珠纹。图案分为五圈。中间为青龙、朱雀、白虎、玄武四象图。第二圈排列着鼠、牛、虎、兔、龙、蛇、马、羊、猴、鸡、狗、猪十二种生肖动物，即十二辰。第三圈是八卦符号。第四圈由二十八星宿围成。第五圈铸字：‘长庚之

英，白虎之精。阴阳相资，山川效灵。宪天之则，法地之宁。分别八卦，顺考五行。百灵无比选其状，万物不能遁其形。得而宝之，福禄来成。’”由此可知，十二生肖形象列于铜镜，取义即在“宪天之则，法地之宁”，这与认为铜镜具有“百灵无以逃其状，万物不能遁其形”的神力也是相关的。

明代高濂在其所著的《雅尚斋遵生八笺》中谈到鼎、编钟、镜等古代珍贵铜器，他列举铜镜图纹，不言十二辰，而直言十二生肖。由此可见，生肖对于铜镜来说具有着举足轻重的意义。

除铜镜之外，古代很多金银器皿也都以生肖为纹饰。在花纹延展的边饰图案上，可见盘旋的蛇、飞动的猿猴、展开尾羽的公鸡以及奔跑状的牛，还有各式各样的虎、兔、马、羊、狗等。这些，都是古代劳动人民勤劳和智慧的结晶。

生肖饰物

爱美之心，古已有之。在很久以前，人们就以贝壳、果实、花石等各种简单的饰物装扮自己，一是显得美观、大方，二则是人们认为这些东西具有辟邪、化吉的功能。随着十二生肖的出现以及生肖文化的广泛影响，生肖饰物也自然成为了人们的最爱。从两汉到盛唐，生肖饰物日渐丰盛，单是生肖颈饰就有项链、项圈、排圈、金银冠坠、护头箍、金银角、银马围帕、金银抹额、金银插针、金银衣帽饰、吊饰、长命锁等多种样式，其它如冠服、发饰、耳饰、手、臂饰、胸腰坠饰等都可见生肖的影子。当然，由于生肖文化中的阴阳五行色彩越来越被人们看重，人们对生肖饰物的选择也越来越细致入微。有人认为生肖饰物的不同颜色代表着不同的五行，不仅要选择自己所喜，还要避开自己所忌，这样生肖饰物才会具有灵性，才能确保平安无事。

从其中也可以看出，生肖文化中还具有某些封建社会留下的残余，对此，我们应该上升到文化的高度对生肖文化进行审视，既不能丢掉诸如生肖饰物这种独具中国特色的传统文化，又应该在原有的基础上进行改造革新，这样才能使生肖文化继续活跃于当前中西文化相互交汇的洪流之中。

延伸阅读

生肖饰物佩戴的禁忌

随着社会的不断发展，人们对于美的追求也越来越高，反映在生肖文化中，就是人们对于生肖饰物的热捧。然而，由于生肖之间相生相克观念的深远影响，人们对于生肖饰物的佩戴也有许多讲究。例如肖鼠，宜佩戴属牛、猴、龙的饰物；肖牛，宜佩戴属猪、马、狗的饰物；肖兔，宜佩戴属狗、猪、羊的饰物……肖狗，宜佩戴属兔、马、虎的饰物；肖猪，则宜佩戴属虎、羊、兔的饰物。很明显，这是对于生肖之间相生相克以及五行相生相克的进一步运用，是和生肖有关的一种新的样式。然而，这种样式却并没有事实上的科学根据，只不过是古时封建迷信的延续而已，因此不足为信。当然，人们藉此而只是求得一种心理上的安慰的话，也就不足为过了。

弥足珍贵的生肖邮票

生肖邮票作为生肖文化中的后起之秀，是生肖文化的新发展，是对于传统文化的继承与革新。富于中国特色的生肖邮票的外传也是历史悠久的中国生肖文化强大生命力的显现。

生肖文化源于中国，并且已有了几千年的历史，而生肖文化中的新种类——生肖邮票的诞生则是近代的事，它是随着通信技术的日益发达才发展起来的，是邮政事业不断发展以及人们对于传统生肖文化越来越重视的结果。

顾名思义，生肖邮票就是以中国传统的十二生肖动物为图案的贺岁邮票。生肖邮票不同于一般的动物题材或是绘画、文物、工艺等题材的邮票，它主要有三种类型：一是邮票上对于生肖的名称有明确的文字标注，如“庚申猴年”“辛丑牛年”等；二是贺岁邮票按照十二生肖的顺序一整套逐年发行；三是邮票名称可能与生肖无关，但图案设计则有意识地选用十二生肖的内容。

在中国，生肖邮票的发行始于1980年。到1991年，十二年间的十二个生肖属相又逐一在邮票上亮相。这一组生肖系列邮票的图案采用装饰画构图，底色为白色和其它色调相间，十二枚生肖邮票依次排开，节奏鲜明，色泽明显。活泼可爱的申猴、昂首挺胸的酉鸡、踏实诚恳的戌狗等，都在人们心目中留下了美好的印象，成为人们辞旧迎新的吉祥物以及值得收藏的珍藏品。

1980年（庚申年）2月15日中国邮票总公司发行第一张猴票生肖邮票。此后，这张猴票的价格屡屡创出新高，一版猴票等价于一辆名车。猴票面值8分（人民币），背景为红色，图案是由著名画家黄永玉绘制的金丝猴。2010年5月12日，中国嘉德春拍

◆ 庚申年猴邮票四方连

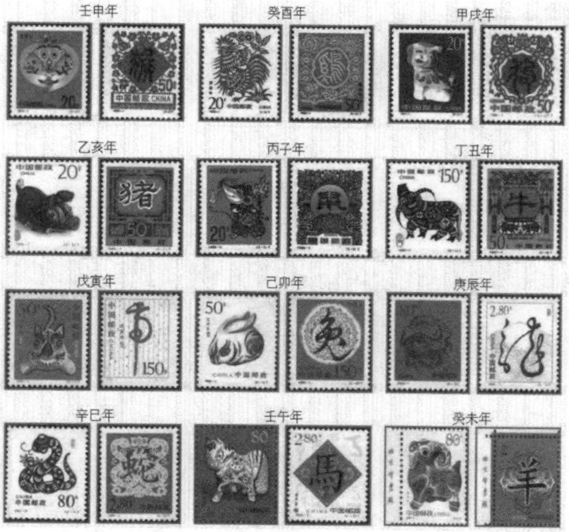

◆ 生肖邮票总汇

上，30年前价格仅为6.4元/版的两整版猴票（1980年T46庚申年猴邮票八十枚全张）双双突破90万元大关，分别以99.68万元人民币和91.84万元人民币成交，30年涨幅超过14万倍！

随着社会的进步以及文化的发展，生肖邮票的设计也融入了许多时代的元素，可谓别出心裁、匠心独运。“辛酉年邮票”是一只引颈啼晓的彩色大公鸡，正是鸡的勤奋、守纪律、不误时以及勇敢善斗的英雄形象；“癸亥年邮票”为“肥猪拱门”，正是当时中国农村繁荣兴旺的写照（猪被视为富裕的象征）；“乙丑年邮票”是一头仰天而啸的壮牛，给人以一往无前的开拓力量；“辛未年邮票”的图案更是精彩：一只回首而立的羊，之所以采取回首造型，一是因为它是第一轮生肖系列邮票的最后一枚，头向后，形成首尾呼应的格局，以求系列邮票的整体美感；二则象征回顾往昔之意，十二年弹指一挥，提醒人们珍惜时光。

将古老的生肖题材搬上作为“国家名片”的邮票舞台是生肖文化的一大创举。生肖邮票也并没有走古董翻版的那条老路，而是将“新”融于美丽的画面，既兼顾了题材的民族性和传统特色，又能够体现出时代的特点。一个个富于可爱的形象，给人以审美欢愉和精神熏陶，这也是生肖邮票能够赢得好评的重要原因。另外，生肖邮票的设计风格还影响了其他集邮品，为集邮活动打开了一扇新的窗口，从这个窗口，人们可以看到生肖文化与当代中国文化同步前进的风采。

几年来，中国的生肖邮票不断发展，也逐渐受到了世界人民的青睐。如今，一些外国的游客来到中国后，常常会对中国的生肖邮票报以极大的兴趣，某些周边国家甚至也热衷于发行富有中国特色的生肖邮票，足见中国生肖邮票对其产生的重大影响。

延伸阅读

大龙邮票

1878年清朝政府在北京、天津、上海、烟台和牛庄（营口）五处设立邮政机构，附属于海关内，上海海关造册处当年即以蟠龙为图案印制了一套三枚邮票。邮票图案正中绘一条五爪蟠龙，衬以云彩水浪，邮票的颜色和面值不同，面值用银两计算：“一分银”（绿色，寄印刷品邮资）、“三分银”（红色，寄普通信函邮资）、“五分银”（桔黄色，寄挂号邮资）。这是中国发行的第一套邮票，集邮界习惯称其为“海关大龙”，简称“大龙邮票”。邮票上“大清邮政局”5个字十分醒目，图案中的“大龙”两目圆睁，腾云驾雾，呼之欲出。上方标有“CHINA(中国)”，下方标有“CANDARIN（S）(海关关平银分银)”字样。由于是中国第一枚正式发行的邮票，大龙邮票最为珍贵，价值连城。

古色古香的生肖钱币

生肖文化是中国传统文化的重要组成部分，而古色古香的钱币则是中国悠久历史的见证。将生肖文化根植于钱币当中，使其得到了更加长远的发展。

将生肖以汉字或是图像的形式依托于钱币之上，故这种钱币称为“生肖钱币”。将生肖作为钱币的例子古已有之，据《古钱大辞典》引用《稗史类编》中的记载：“命钱，面有十二生肖字。张端木曰：‘此钱旧称命钱，有地支十二字，又有生肖形。’生肖之说始于《淮南子》，则此钱不必出于近世也。”因此，生肖钱币又被称为“十二支钱”“命钱”等，是生肖造型中颇为独特的一个类别。

在以前，小孩儿刚一出生，大人就会给他戴上已经准备好的生肖钱币，希望自己的孩子能像生肖动物一样健康地成长。人们还认为生肖钱币有辟邪的功能，遇到不顺利的事情所戴的生肖属相就会保护自己的安全，因此，常有大人将生肖钱币挂于胸前或是腰间的。

生肖钱币的形式多种多样。有一字生肖钱，即在钱币的穿孔之上铸一个字，穿孔下方铸与此相应的生肖，如“子”字币下方铸一肖鼠形象、“丑”字币下方铸一肖牛形象等，这种图案大都比较简单，只有生肖形

◆ 生肖钱币——花钱

象的粗略线条而已，隐约可以看出其所对应的生肖形象来。另有一种四字生肖钱币，例如，正面铸“子、丑、寅、卯”四字，背面铸“鼠、牛、虎、兔”四种生肖形象。据有关方面的研究，之所以铸成四种生肖的钱币，一种可能性是这四种生肖分别代表家庭中的四代人或是一家四口人的形象表征，戴上这种生肖钱币便会给全家人带来吉祥和平安。还有十二全生肖钱币，这种生肖钱的图案采取连环珠的形式，正面为十二生肖的图案，分别嵌于十二个小圆圈内，穿孔为圆心，六个小圆圈围绕着形成一圈，外圈又由六个小圆圈围绕一周，以云纹图案间隔，十二种生肖动物呈连珠形状，背面铸莲花、芦荻和双雁等图案。也有的是正面为十二生肖的文字，而反面左右分别为“敕令”两个字，上为托塔神祇，下为神兽，这种生肖钱币已经超出了单纯的地支配生肖的内容。也有人和生肖动物共绘图案的，比如生肖牛钱币，正面铸“丑生”两个字，背面铸人、牛图案，生肖虎钱币则是正面铸“寅生”字样，背面铸人、虎的图案。

除以上这些生肖钱币外，还有一些，诸如背面铸有“长命富贵”“天下太平”等吉利的词汇，称为“吉语生肖钱”；背面铸有八卦的，则称为“八卦生肖钱”；背面铸有本命星官的，则称为“本命生肖钱”。还有的有张天师驱鬼、龟鹤齐寿、加官晋爵、降龙伏虎等图案，不胜枚举。

生肖钱币发展到现代，又有了一些新的形式。由于生肖钱币所象征的特有文化底蕴以及对于中国传统风格的彰显，今人常常以纪念币的形式发行。生肖纪念币往往结合国内重大历史事件，集人文性、艺术性、文化性与收藏性于一身，因此受到了人们的青睐。

十二生肖是中国民俗文化中的奇葩，而古钱币则是中华上下五千年悠久历史的见证，将生肖文化巧妙地融合在钱币这一形式当中，一方面，为钱币打上了文化的烙印，时间越久，生肖钱币便会增值越多；另一方面，这也是民俗文化的一个非常重要的方面，不仅体现了人们的勤劳和智慧，也丰富了人们的文化生活，反映了人们对于生肖文化的热爱以及生肖文化本身的深刻影响力。

延伸阅读

生肖钱币规矩镜

“生肖钱币规矩镜”于20世纪90年代出土于张家港市南沙凤凰山一墓葬之中。该镜为圆形，直径大约有18厘米，边厚中心薄，镜面微鼓。色呈蓝黑，半圆形纽座，底座圆纹外饰四片柿叶纹。内区二方框中由十二生肖篆文铭带及十二颗小乳丁组成。外区铭带由吉祥语“万全”“富贵”等字组成。内外区之间饰有八乳丁、八禽兽和十二规矩，线条流畅，栩栩象征人们循规蹈矩、幸福美好的生活。缘面两条锯齿形环带中间夹一条变体云纹环带，其中各饰一枚“大泉五十”钱币。“大泉五十”是西汉末年王莽时期发行和使用的钱币，说明该铜镜的年代应该在西汉末年以后。

第五讲

子鼠献瑞

鼠为何居生肖之首

生肖文化中鼠对应着地支中的“子”，民间将鼠视为仓廪丰实、吉祥富裕的象征，也流传着鼠咬天开、老鼠嫁女等诸多美妙的神话故事，这些都表现了中华文明幽默、深邃的特色。

在生肖文化中，鼠居于十二生肖中的首位。这个既小又弱且恶名相传的老鼠为什么会独占鳌头呢？民间流传着一个很广泛的传说：玉皇大帝召集众生肖开排名大会，猪、鼠、牛、马、羊等八仙过海，各显神通。大家一齐赶着赴会，牛大哥憨厚，早早启程，结果“一牛当先”占了首位。本来冠军非它莫属，可是机灵的老鼠在关键时刻看准时机，悄悄跃上牛背，站在了牛头上，结果排名时牛大哥就只有让位于鼠老弟，屈居第二了。当然，这只是传说而已，反映了民间对传统民俗的丰富想象力。而以下两种学界的说法或许较为可信。

◆ 鼠借牛威居肖首

动物形体说

十二生肖的排序一直是历代学者谈论的一个话题。一些学者另辟蹊径，以期从其他角度给出圆满的结论。如宋代学者洪巽写了一部叫《谷漫录》的书，认为动物的形体决定了它们的次序。古人认为一昼夜分为十二个时辰，子、寅、辰、午、申、戌俱阳(阳性地支)，所以取相属之奇数以为名，鼠、虎、龙、猴、狗都是五个脚趾，而马也是单蹄，均是奇数；丑、卯、巳、未、酉、亥俱阴(阴性地支)，故取相属之偶数为名；

◆ 十二生肖与十二地支图

牛、羊、鸡、猪皆四个爪，兔两个爪，蛇两个舌，均是偶数。也就是说，生肖是根据这些动物足趾的奇偶数排列入选的。老鼠前足四趾，后足五趾，体态奇、偶皆俱，颇为特殊，故在第一位。

动物习性说

明代大学者朗瑛则依据动物出没的活动时间，也就是动物的习性来作出推论。他在《七修类稿》中认为，昼夜中，子时(深夜23点至凌晨1点)，夜色最黑暗，老鼠最活跃，“子”同鼠搭配；丑时(凌晨1点至3点)，这段时间牛吃足了草，准备清晨出来耕地，所以“丑”就同牛搭配；寅时(早晨3点至5点)，据说这个时候老虎最凶猛，所以“寅”同虎相配；清晨五时后，月华还在照耀大地，故“卯”时(5点至7点)与月宫玉兔相连；辰时(上午7点至9点)，恰是群龙行雨之时，“辰”就属龙了；巳时(9点至11点)，这个时间，蛇即便在路上游动，也不会伤人，故“巳”时属蛇；午时(中午11点至13点)，阳气由极盛而衰，阴气即将产生，由于马是“阴”类动物，故“午”时就归马；未时(下午13点至15点)，羊吃此时的草，不会影响草的生长，故“未”时归羊；申时(15点至17点)，猴子喜欢啼叫，故让猴与“申”时搭配；酉时，鸡开始归窝，故“酉”时(傍晚17点至19点)就属鸡；戌时(落夜19点至21点)，狗开始看守门户，所以“戌”时与狗相联系；亥时(21点至23点)，万籁俱寂，猪睡得最熟，就把“亥”时送给了猪。这样一种解释，从动物的体态、习性出发，探寻它们与时辰的联系，似有一定道理，但又没有说清为什么时辰要用动物来相配。

虽然在日常生活中人们非常讨厌老鼠，但在中国传统民俗生肖文化中，鼠文化在人类日常生活的方方面面不加掩饰地呈现出来，而且鼠文化也使鼠变得越来越可爱，越来越神秘，象征意义也越来越多了。

延伸阅读

《周公解梦》中的老鼠

在《周公解梦》中，如果梦见麝香鼠，预示着事业成功。梦见捕老鼠，会遭到敌人的阴谋暗算。梦见猫捉老鼠，是福，敌人会互相残杀，两者俱亡。梦见死老鼠，要交好运。梦见有很多老鼠，失败将不断发生。梦见老鼠在自己的住室里打洞，家里会遭偷窃。男人梦见老鼠在咬自己，灾祸会避免。农民梦见松鼠，会丰收在望。

这些解说源于民间认为鼠性通灵，能预知吉凶灾祸。其实鼠对自然界将要发生的不测如地震、水灾、旱灾、蝗灾等做出一定的行为反应是很正常的，这是地球生物具有的某种特殊本能，只是有些限于人类自身的知识，还未能揭示出它的规律罢了。

生肖鼠形象的演变

从单纯的动物形态到鼠首人身，再到完全的人形象征，在漫长的历史文化长河中，生肖鼠的形象经历了由写实到象征的演变，而生肖鼠的文化内涵也随着其形象的改变而日益丰富。

据考古发现，生肖鼠的形象并不是从一而终、确定不变的，而是在体态上有一个逐步发展演变的过程。从子鼠的形象开始出现，大致经历了三个阶段的发展：

写实阶段

最早的子鼠形象是以动物形态出现的。发掘于山西太原北齐武平（570年）东安郡王娄睿墓十二壁画中的子鼠形象，就是纯粹的动物形态。在汉代铜镜背面的装饰图纹中，已经出现十二地支的铭文，但只有文字，并没有出现作为表征的动物图像，从隋代开始，铜镜图纹中便有了十二生肖的动物形象，这些生肖动物的形象是在镜的外区以环形装饰的形式出现的。其中，“子”就是尖嘴长尾、体态灵活的鼠。

◆ 鼠俑

鼠首人身阶段

鼠首人身的十二生肖俑在隋代已开始出现。1982年在湖北武汉东湖岳家嘴发掘的隋墓中，就有兽首人身的十二生肖俑。其中的子鼠为灰陶，鼠头人身，宽衣博带，拱手盘膝而坐。

到了唐代，随葬的半人半兽生肖俑已经非常普遍，其中的子俑也都是鼠首人身，细目小耳尖嘴，或拱手直立，或盘膝而坐，着实可爱。

象征形态阶段

宋辽时期，墓内随葬的十二生肖俑，有的仍旧沿袭隋唐旧制，兽首人躯，但在某

◆ 多闻天王，手中有一只鼠

些地区，也开始出现完全人形表征的十二生肖动物形象。生肖动物往往以小小的形体，或捧于人像手中，或置于冠帽顶端，成为一种完全意义上的象征所在。山西晋城玉皇庙的元代娄日鼠塑像，就是一位贵妇人，只是手上塑有一蹲伏之鼠以表明身份。这种以手托鼠以表明身份的造像多出现在寺庙之中，是否是受佛教中北方多闻天王手托鼠鼬造型的影响、还有待进一步考究。

1974年，在河北宣化下八里村清理了一座辽金壁画墓，其墓顶穹顶中央悬着一件铜镜，铜镜四周绘有一朵重瓣莲花，莲花外围是十二宫图，十二宫外是二十八星宿图，而星宿外轮则是十二生肖的图像，十二生肖均为人形，身着宽袖长袍，不同的动物置于头顶以表明身份。另外，在北京大兴还出土一组人形的十二生肖木雕，据考察也是辽代的遗物。其中的子神以柏木原雕，只在冠顶伏有表征子神的小鼠。这些俑雕做工精致，可以视为人形十二生肖的代表之作。

人类历史上，各地的文明也大都经历过动物崇拜阶段，从神话学的角度来看，大致都有动物崇拜到人兽同体，直至兽为人形的发展历程，生肖鼠形象的转变同样也遵循这一发展规律。从生肖鼠形象这三个阶段的演变中可以看出，人们的心理也伴随着生肖形象的改变，经历了一个由“物化”到“人化”的转变：初期人们是以物来观我，往往把自己也塑造成物的形象，随着人们战胜与征服自然能力的提高，人们逐渐开始以己观物，往往将物也附上了人的色彩，于是有人形十二生肖的出现。这一过程，也是人们在生肖崇信中由被动接受转为主观认知的过程。

延伸阅读

佛教多闻天王手中的肖鼠形象

有人认为，佛教与十二生肖中的鼠是有很深渊源的，他们往往以多闻天王的例子作为凭证。多闻天王即毗沙门天，一作沙门天，汉译为多闻天，原为古印度施福之神，佛教奉为四大天王之一，为北方守护之神。多闻天王的一个重要标志是手上托着一只鼠鼬，鼠作为多闻天王的表征，又是他的化身。另外，在安西榆林窟15窟前室北壁也绘有一尊多闻天王像，天王右手持宝杵，左手抱一鼠放在膝盖上，鼠的口中不断向外吐出金银财宝。据说在南方还有与此相对应的增长天王，南、北二天王各据一方，而且形象也大同小异，也以同样的姿势手托一只鼠。在一些藏族唐卡中，也有类似的形象出现。

肖鼠象征聪明富足

聪明狡黠似乎是人们对于肖鼠的一贯印象，而鼠也确实具有令人难以想象的智力。除此以外，鼠还是富足的象征。因为肖鼠象征意义的丰富，从而在民间形成了各种各样与鼠有关的风俗习惯。

在大多数人的印象中，与鼠有关的似乎都是诸如“过街老鼠，人人喊打”“投鼠忌器”这样含有贬义的词语。我们形容一个人眼光短浅往往会说他“鼠目寸光”，说一个人胆小也会想到“胆小如鼠”这个词。然而，鼠也并不是一无是处，生肖之鼠也有着自己特殊的象征意义。

聪明的象征

在远古洪荒的年代，先民们以采集、狩猎为主。人们对哪些食物能吃哪些食物不能吃还分不清楚，因此常常中毒。后来人们发现，老鼠十分聪明，虽然是在黑夜中觅食，但从不中毒，人们便从老鼠那里学来了辨别食物有毒没毒的本领。

虽然这只是人们将老鼠神化的一个传说，然而事实上老鼠也确实是非常聪明的。老鼠偷油时，懂得调转个头，把长长的尾巴伸进瓶口又窄又细的油瓶内，蘸满了油再把尾巴放进自己的嘴里品尝美味；老鼠还懂得如何把放在桌椅上的鸡蛋完好无损地偷进洞去，它会找同伴帮忙，然后四只爪子紧紧抓住鸡蛋，自己仰卧着由同伴紧紧咬住它的尾巴，沿着桌椅腿稳当地下来并把鸡蛋拖进洞去。

老鼠最喜欢把洞建在粮食非常丰富的地方，并且一个老鼠洞往往有多个出口和入口，既方便了老鼠的活动，也可以防范不测。据说老鼠还是一个建筑高手，洞内不仅有睡觉的地方，还包括仓库、厕所等专门的场所，俨然一个伟大的工程师了。

此外，在保全自己性命的问题上，老

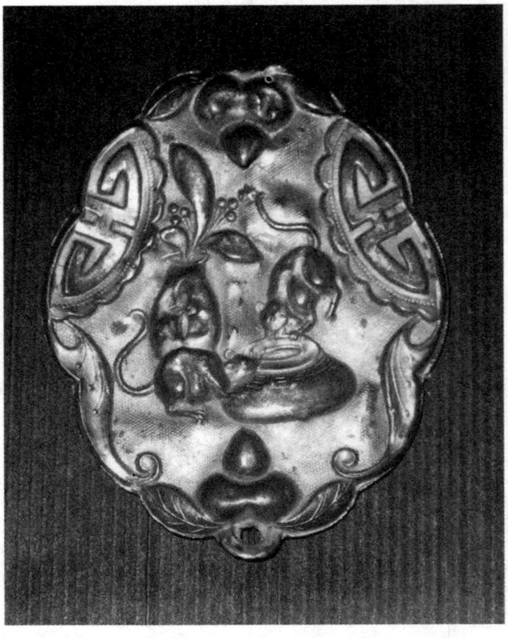

◆ 老鼠偷油鎏金挂牌

◆ 老鼠象征多子多福

鼠更是表现出非同一般的智慧和才能，真是人类所不能及。

富足的象征

在中国有些地区，老鼠被奉为“财神”，对它的出现甚至还有些欢迎。浙江省桐乡县流传着这样一个传说：很久以前，大地上的谷物自行生长，人们无需耕种，也无需除草，后来天上的神仙嫌人们生活得太安逸，就派天神下凡，用袋子把所有谷种收起来带回天上去。谁料袋子中不知何时钻进去一只老鼠，咬破袋子，把我们现在所熟悉的五谷留在了人间。

对于为什么人们把老鼠看成是富足的象征，也有人提出更加科学的观点来。其一，人们希望老鼠能够给自己带来谷种，以使自己食物充足，不会挨饿；其二，老鼠肯光顾的地方，一定是粮食非常充裕的，这就意味着这样的人家可以免于饥饿之苦；其三，鼠洞里的粮食往往堆积如山，人们也希望像老鼠一样，使生活更加富足。由此，也就不难看出人们为什么把老鼠奉为“财神”了。

多子多福的象征

老鼠之所以“家大业大”，是因为其超强的生育能力。一只母鼠在自然状态下每胎可产出5到10只幼鼠，最高甚至可以达到24只，并且老鼠的妊娠期只有21天，母鼠在分娩的当天就可以再次受孕。幼鼠一般经过30～40天就可以发育成熟，其中的雌性又会加入繁衍后代的行列。如此往复，母鼠一年就可以生育5000只左右，再加上这5000只左右中的雌鼠的繁殖，简直难以计算。所以在民间往往把子女居群的善生母亲戏称为“鼠胎”或“鼠肚”，比喻其超强的生殖能力。

由此可见，在老鼠的象征意义当中，或是聪明，或是富足，或是多子多孙，这显然是对通常意义上老鼠的超越，对肖鼠文化深层意义的探析。

延伸阅读

苏轼《黠鼠赋》巧借聪明之鼠喻人

一日夜里，苏轼听见有只老鼠在咬东西。苏子拍击床板，声音就停止了，过一会儿又传出老鼠咬东西的声音。苏轼就命令书童用烛火寻找是从哪里传来的声音，最后在一个角落里发现有一个空的袋子，老鼠咬东西的声音就是从里面传出来的。书童打开袋子来看，里面静悄悄的什么声音也没有，举起蜡烛来寻找，发现袋子中有一只死老鼠，于是书童就把老鼠从袋子里倒出来，谁知老鼠一落地就逃走了。苏轼感叹道：“这只老鼠真是狡猾啊！被关在袋子里，袋子坚固而不能咬洞。就用声音来招引人，还用装死以寻求逃脱。我原以为没有什么比人更有智慧了，然而却被一只老鼠役使，人的智慧又表现在哪里呢？”

老鼠嫁女的文化内涵

无论是年画、剪纸还是节日当中，“老鼠嫁女”的故事多有所见。这不仅暗示了劳动人民对肖鼠既畏惧又崇敬的复杂心理，同时也表达了祈求避灾降福的民俗心态。

每当春节临近之际，张贴年画或者剪纸已经成为了中国人民的传统习俗，这既表达了人们对新春佳节的美好祝福，又增添了不少节日的气氛。在花样繁多的年画或是剪纸当中，最为常见的莫过于“老鼠嫁女”了。

“老鼠嫁女”的画面中张灯结彩，吹吹打打，一片热闹的气氛。娶亲仪仗队中，花轿、彩旗、灯笼，还有鼓乐队，样样俱全，俨然人间嫁娶的盛况。执事队伍中还有两只老鼠扛着“正大光明”的大旗，冠冕堂皇、滑稽可爱。年画或剪纸当中抬轿、打执事、奏乐的都是鼠形，唯有新娘和新郎的模样，各地常有不同。在湖南邵阳清代宝悦来画店刻印的“老鼠娶亲”年画中，新郎与新娘都是鼠形；四川绵竹清代印制的

◆ 老鼠娶亲年画

“老鼠嫁女”凭条中，新郎为鼠，新娘却为人形；四川夹江地方的清代木刻年画“老鼠嫁女”中，新郎新娘都是人形；而山西民间年画“老鼠嫁女”中，新郎为鼠形，新娘却是猫形……

“老鼠嫁女”本来是民间的一种祀鼠活动，这种活动流行于全国各地，其日期因地而异。苏南在正月初一，苏北在农历正月十六，湖南一些地方在二月初四，湖北的汉江平原在十二月二十三，四川多在除夕之夜，山东、山西多在正月初七，陕西有些地方在正月初十，河北的大部分地方则在正月十七。祀鼠的形式也各有不同。江南一带民间，在老鼠嫁女日前夕，家家要炒芝麻糖，传说这是为老鼠成亲准备的喜糖。当天晚上，孩子们将糖果、糕饼、米花放置在老鼠经常经过的地方，并敲打锅盖、簸箕等器物为老鼠催妆。陕西有些地方，正月初十夜，家家灭烛早寝，还要在屋角撒上盐巴和米粒等，俗称“老鼠分钱”。苏南一些地方，老鼠嫁女之日，均日夜不燃灯，叮嘱小孩子不要大声喧哗，以免影响老鼠娶亲的队伍，还要把鞋脱下作为老鼠迎亲的花轿，把瓜子皮、花生皮等作为礼盒。

实质上，“老鼠嫁女”这一祀鼠活动是原始社会图腾崇拜的延续，充分表现出人们对鼠既憎又敬、既逐又宠的矛盾心理。一方面，先民们认为老鼠为人类做出了巨大的贡献，譬如带来谷种等，是人们心目中的“英雄”，理应受到供奉；另一方面，老鼠对于人们的危害又非常巨大，偷食粮食、破坏农田、毁人居舍、啃咬书籍衣物，更为严重的是可怕的鼠疫。所以，人们不得一面进行驱鼠赶鼠，一面又把老鼠当作神灵一样来供奉。“老鼠嫁女”中，人们把盐巴、糕饼、糖果等用来祀鼠，是希望与鼠“和平共处”；人们不点灯、不喧哗，是不希望惊扰了“老鼠娶亲”的队伍，以免“你吵它一夜，它扰你一年”。

当然，也有人认为，鼠是“子神”，“鼠嫁女”即为“人嫁女”，是人们祈求早生贵子，像老鼠一样多子多福。所以在最古老的民间剪纸“老鼠嫁女”中，花轿中坐的不是鼠的形象，而是人类的繁衍之神抓髻娃娃。

总之，“老鼠嫁女”是由原始图腾崇拜发展而来，并在传播过程中进行变异而形成的一个集合体，具有丰富的文化内涵。

延伸阅读

鼠咬天开的神话

民间剪纸和木版年画《老鼠嫁女》中的老鼠都是子神，反映了人们对肖鼠的崇信。在民间，还有鼠咬天开的神话传说。清代刘献廷在《广阳杂记》卷一中解释“子为何属鼠”时引述李长卿《松霞馆赘言》的一段话，阐述了鼠咬天开的说法：“然子何以属鼠也？曰：天开于子，不耗则气不开。鼠，耗虫也，于是夜尚未央，正鼠得令之候。故子属鼠。”

子是古代纪时法中十二时辰的子时，鼠的活动时间正是在夜间子时，正是天地阴阳交接、混沌未开之际。鼠是耗虫，所谓耗，就是消耗或破坏，然而鼠的这种劣性在创世时却发挥了很大作用。子时天地未分，一团混沌，但万物的生机又蕴含于其中。在漆黑一片、没有缝隙的时候，鼠把混沌一团的天地咬开，才有了气，由此天地相分，轻清者上升为天，重浊者下沉为地，阴阳对立而同一，日月星辰轮回，万物出现，最终形成了宇宙，人类才有了生存的空间。

生肖之鼠的吉与凶

由于鼠的形象以及习性的独特性，人们既把鼠看成是吉祥、幸福的代表，同时鼠又预示着诸多的灾难和不幸。生肖之鼠的吉与凶，反映了人们对鼠既敬畏又痛恨的矛盾心理，反映了生肖之鼠对于人们生活的重大影响。

几乎所有关于“老鼠娶亲”题材的民间剪纸与年画中，都有一只“花黄猫”，用于嘲笑老鼠的“大胆”与猫的“失智”，民谚有“佳期百日庆回门，胆大老鼠来迎婚。三遇狸猫山后立，一口吞去命归阴”。当然，古人对老鼠的感情不单一。《诗经·硕鼠》云：“硕鼠硕鼠，无食我黍。三岁贯女，莫我肯顾。逝将去女，适彼乐土。乐土乐土，爰得我所。” 这是先人表达对老鼠崇拜的逆反和鄙视。这种感情渐渐成为主流，为现代人所熟悉。以上反映了人们对老鼠的两种不同态度。

◆ 黄财神，藏传佛教财神，左手抱一只大猫鼬(老鼠的一种)，鼬嘴里含着宝珠，象征财宝

肖鼠兆吉祥

在民间信仰中，鼠通常代表吉神或福神，尤其是鼠辈中的白鼠。据《地镜图》载，“黄金之见，为火及白鼠。”意思是黄金现形时会变成白鼠。旧时风俗，天津在元宵节期间，在神佛面前供奉花糕馒头，还要供奉背上驮着元宝的面蒸老鼠和刺猬。正月十四日上供时，老鼠和刺猬的前脸朝外，等到烧香参拜以后，它们的脸则朝里，表示已经把财宝驮回家来了。

根据道家理论，白鼠具有神性，能预知过去和未来。干宝《搜神记》中说：“千岁之蛇，断而复续；百年之鼠，而能相卜。”人们还认为，见鼠当有吉兆，鼠吐五色更是吉兆的象征。鼠年生的人把鼠年称为“本命年”，

◆ 鼠能征兆地震等灾难

把鼠视为“本命神”，有人因本命肖鼠而爱鼠，不但不养猫，而且禁止他人捉鼠杀鼠。

某些地区、某些职业的人对鼠怀有一种特殊的崇敬而又畏惧的心理。跑船的人认为，鼠是行船的保护神，鼠在船上，船就安全，鼠跑掉船就会沉；做生意的人认为，鼠是财神，鼠会带来滚滚财源，杀鼠即断其财路；种田的人认为，鼠是家庭的保护神，家中鼠多是吉祥和财富的象征，如果鼠突然离开是火灾之兆。

肖鼠兆灾难

在民间，鼠是水灾旱灾的征兆。在水灾或者大旱前，鼠都会表现出异常举动，如群鼠出动、鼠变形、鸟鱼蛇变鼠等。在古代典籍中，也有老鼠成群出动、“千万为群”、堵塞道路为车马踏死者不可胜计、鼠大如兔、所过之处禾稼一扫而空等的记载。鼠的某些反常现象，如倾巢出动、大量迁移、衔尾渡河等，是水患、火灾、地震、油田爆炸、禾田之灾的先兆，是老百姓对鼠的习性长期观察和实践经验的总结，有一定的依据。

灵魂信仰是中国传统文化的重要组成部分，人们认为万物皆有灵魂。清代人曾记述了《鼠魂》的故事：猫逐鼠，鼠失掉了魂，某个病人的魂被鼠魂替换，习性也变得和老鼠一样，在黑暗中进食，动辄惊恐，医生以解毒安神药将他治愈。宋代洪迈在《夷坚志》中记述：岭南多日不雨，在旱情最重的清远等地，不但鸟蛇皆化为鼠，就连渔夫用网捕获的数百尾鱼，从网中取出后也都变成了鼠，危害禾稼。古人认为这些都是饥荒之兆。

鼠也是瘟疫之兆，清代姚元之在《竹叶亭杂记》中说：“云贵边境常有瘟气。气之至也，鼠必先灾，鼠灾必吐血而死。”人们见到这种吐血而死的鼠，必须毫不犹豫地离家狂奔而走，或许还能逃得一命。由于鼠的危害之烈，人们也常常谈鼠色变，并由此产生了敬鼠、媚鼠的风俗。

延伸阅读

五花八门的鼠兆吉凶习俗

鼠兆吉凶的风俗信仰通常与某种特定的环境、特定的人群有关。如东北奉鼠为仓神；云南个旧为感谢鼠救矿工，为鼠修建耗子庙；南方赤水河的船夫尊鼠为“管事”，依据鼠的进退来决定是否开船；东北二人转戏班子称鼠为“灰八爷”；上海崇明把鼠称作“老鼠伯伯”；浙江遂昌称鼠为“老鼠太公”；浙江余杭蚕乡把鼠称作“夜明珠”等。这样做，一方面有媚鼠之意，以消极、讨好的方式祈求鼠不要与人为敌，另一方面也反映了一种古老的名称禁忌，即不直呼老鼠之名，以免触犯禁忌。除了名称禁忌外，各地还有其他鼠忌。如山西在正月的某些日子，有女不用针、不纺线、不推磨、不食米、夜不点灯、寝息不语等禁忌，反映了民间对待鼠害的消极态度。

节俗中的肖鼠文化

由于鼠与人们的生活关系密切，与鼠有关的节俗也是门类繁多、不胜枚举。与生肖之鼠有关的节俗是生肖文化中一个很重要的方面，是生肖鼠文化之所以保持旺盛生命力的关键所在。

在中国的年节民俗艺术中，“鼠”是个重要的文化符号，其形象随处可见。起初人们是驱鼠和逐瘟求吉，后来原生态的年节民俗鼠文化逐渐演变发展为祈求福、禄、寿、喜、财的吉祥文化。人们将老鼠与蝙蝠、佛手、寿桃、石榴、桂花、鲢鱼等吉祥物组合在一起，利用谐音和象征手法，创造了福鼠临门、灵鼠闹春、禄鼠高晋、寿鼠延年、财鼠兴旺、瑞鼠顶桂、鼠年有余、鼠回娘家等年俗鼠文化剪纸。

照虚耗

古代风俗，人们于十二月二十四日或除夕点灯照床下，以驱除秽邪鬼怪，谓之“照虚耗”。宋代孟元老在《东京梦华录·十二月》中记载：“二十四日交年……夜于牀底点灯，谓之照虚耗。”明代田汝成在《西湖游览志馀·熙朝乐事》记载：“除夕……燃灯牀下，谓之照虚耗。”

“照虚耗”，又称照鼠耗，也有的地方在正月十五举行。这一天，人们在门、床、厨、厕等处燃灯，或在米缸面瓮下烧香燃灯。“照虚耗”有驱鼠和逐瘟求吉两层含义。“虚耗”就是老鼠，点灯照明，是怕鼠偷吃供品，并有配合填仓、便于驱鼠的意思。另一种说法是把不吉利的东西照得无影无踪，有逐瘟纳吉的意思。

填仓节

填仓节，又名“添仓”“天仓日”，中国华北、中南、东北各地于正月二十至二十五日举行这项活动。在这段时间，百姓一方面充实粮仓，一方面加紧灭鼠。旧时京

◆ 晋代越窑青瓷谷仓罐

津一带的风俗，正月二十三为“小填仓”，二十五为“大填仓”。在填仓节前后卖老鼠嫁女年画，提醒百姓放猫捕鼠。清代潘荣升《帝京岁时纪胜》载：“当此新正节过，仓廪为虚，应复置而实之，故名其日曰填仓。”在民间，正月二十四日夜，天津卫老住户在家里用白粉画一个小圈，圈口画一架小梯子，小圈内放置米豆等食物，名曰“打囤”，以此祈愿五谷丰登，步步登高。正月二十五过填仓节，要吃两种食品：吃肉馅饺子叫填仓，吃合子叫盖仓。填仓这天鼠娶亲，家家都要早睡，不可惊动鼠，否则一年都会被鼠吵闹。

送鼠节

贵州平塘毛南族于每年腊月初一举行送鼠节，又称“过小年”。农历十一月三十日开始，家家扫粮仓、晒谷穗，傍晚收谷穗进仓，并把毛南人视为“米魂”的谷穗挂在中央，然后祭祖、敬米魂。小年三十夜，全家吃团圆饭时，老人教子孙唱《送鼠歌》，讲述《人鼠争米魂的故事》：从前，人和鼠是兄弟，分家时，老鼠要了全部家产，人只得了一把谷穗。分家后，老鼠好吃懒做，吃完了仓里的，又到地里乱窜乱咬。而人则靠着勤奋，年年丰收。腊月初一清晨，由寨老和祭司主持送鼠仪式，集体唱《送鼠歌》，小伙子还进行砸石鼠比赛。

吃鼠节

贵州黔东南一带的龙姓苗族每年腊月初一过吃鼠节。“吃鼠节”里，每家起码要吃上二、三只大肥鼠，如果哪一家没有捕到老鼠的话，还必须用糯米做几只“米老鼠”

◆ 老鼠蒸饺

过节。苗族吃鼠节是对祖先的祭祀。传说以前有龙姓苗人，携家逃荒到这里落户。一年大旱，龙家仅有的粮食被鼠偷光，龙家追至鼠洞，捕获了百余只鼠，腊月初一全家以鼠肉为食，用鼠祭祖，由此相沿成俗。这种风俗是对过去杀牛祭祖的变革，有灭鼠的作用。

蒸瞎老鼠

蒸瞎老鼠是青海黔岁时风俗，流传于乐都、民和、平安、湟中、互助等地。每年正月十四日晚，家家用面捏成12只瞎老鼠，不捏眼睛，用蒸笼蒸熟，待元宵节拂晓献于供桌，点灯烧香，叩首祈祷，求鼠食草根，勿伤禾稼，保证年岁丰稔。

延伸阅读

“老鼠数钱”的风俗

民间还有一种“老鼠数钱”的风俗，说是老鼠深夜或天亮时吱吱乱叫，如数铜钱之声。上海崇明一带的人们认为听到这种声音是祸事降至之兆，需要小心谨慎，烧香求菩萨保佑。而在浙江民间则认为老鼠在前半夜数钱则主得财，在后半夜则主散财。

语言艺术中的鼠文化

上至古诗古文，下至戏曲儿歌，鼠一直是语言艺术中经常关注的对象。文人雅士们以鼠入题，或称赞其聪慧狡黠，或讥讽其偷盗祸害，抑或是以鼠喻人，使鼠成为了语言艺术中不老的题材。

鼠作为十二生肖之首，给国人留下了深刻的印象。因为其小小的躯体、线形的眼睛以及矫健的身手，鼠不仅受到了普通百姓的青睐，就连不少文人墨客也在语言的长廊中为鼠留下了浓墨重彩的一笔。

鼠诗

早在《诗经》中就有了关于鼠的诗歌《硕鼠》。这首诗以人们在生活中司空见惯的老鼠形象来比喻统治阶级，形象而深刻地揭示出奴隶主们贪婪成性、不劳而获的寄生本性。可见，老鼠作为贪婪、狡猾以及罪恶的象征古已有之。

◆ 大破冲霄楼年画。《三侠五义》中的五义士皆以老鼠为外号：钻天鼠卢芳、彻地鼠韩彰、穿山鼠徐庆、翻江鼠蒋平、锦毛鼠白玉堂。“五鼠”喜好行侠仗义，应该算得上中国文学形象里最光彩的“老鼠”

当然，也有对鼠大加称赞的。晋代诗人郭璞有一首《飞鼠赞》：“或以尾翔，或以髯凌。飞鸣鼓翰，倏然皆腾。用无常所，惟神斯凭。”尾能翔，髯能飞，其迅疾、矫健之姿被诗人刻画得淋漓尽致。清代的张劭还有一首《银鼠诗》：“杏山穴多耀灵鼯，猎网追风捕几何？窜地捷于逃月兔，跳空亮比掷星梭。松林溜粉宵还闭，雪窖争辉冷却过。总为微名夸世宝，新来冠服借伊多。”在诗人笔下，银鼠捷如月兔，亮如飞梭，令人目不暇接。

鼠文

《晏子春秋》中就有一篇“患社鼠”的文章：“景公问于晏子曰：‘治国何患？’晏子对曰：‘患夫社鼠。’公曰：‘何谓也？’对曰：‘夫社，束木而涂之，鼠因往托焉。熏之则恐烧其木，灌之则恐败其涂，此鼠所以不可得杀者，以社故也。夫国亦有焉，人主左右是也。内则蔽善恶于君上，外则卖权重于百姓，不诛之则为乱，诛之则为人主所案据，腹而有之。此亦国之社鼠也。’”晏子以社鼠之名巧妙对答，将社鼠与朝廷中的奸臣佞子联系起来，也起到了很好的讽谏作用。

此外，在司马迁《史记·李斯列传》柳宗元的《三戒》苏东坡的《黠鼠赋》当中，都有对鼠的形象描绘，在此不一一赘述。

鼠戏

在昆曲《十五贯》中，有个叫“娄阿鼠”的奸狡小人，因为贪图十五贯钱而杀了人，并在行凶后潜逃。苏州知府况钟为了缉拿凶犯，化装成“测字先生”，与娄阿鼠相遇。娄阿鼠作贼心虚，他请测字先生测吉凶，况钟巧妙地以鼠为喻，借助子与鼠的属相关系作文章，展开了一段妙趣横生的对话：

娄阿鼠：先生，小弟贱名娄阿鼠，这个老鼠的鼠字，你可测得出？

况钟：鼠乃十二生肖之首，岂不是个造祸之端么？依字理而断，一定是偷了人家的东西，造成这桩祸事来的。

娄阿鼠：你看我往后可有是非口舌连累得着？

况钟：怎说连累不着，目下就要败露了。

娄阿鼠：怎么说？

况钟：你问的鼠字，目下正交子月，乃当今之时，只怕这官司就要明白了。

娄阿鼠：先生，可能窜得出？

况钟：若是走，今日就要动身。到了明日，就走不掉了。

娄阿鼠：为什么？

况钟：鼠字头是个臼字，原是两个半日，合为一日之意。若到明日，就算两日，就走不掉了。

娄阿鼠：啊呀！现在天色已晚，叫我怎么走呢？

况钟：待我算算看，鼠属巽，巽属东，东南方去的好。

娄阿鼠：东南方？先生再费心看看，是水路太平，还是陆路无事？

况钟：待我算算看，鼠属子，子属水，水路去的好……

在这段戏文里，鼠与贼成了同义词。面对作贼心虚的娄阿鼠，况钟借助属相与人生的关系，使娄阿鼠在不知不觉中承认了自己是凶手。在这里，况钟做足了鼠字的文章，娄阿鼠的“鼠性”也表现得淋漓尽致。

此外，还有以鼠为成语、以鼠为灯谜、以鼠为歇后语的，多如繁星，举不胜举。这也是生肖文化之所以保持永久魅力的一个很重要方面。

延伸阅读

来之邵“首鼠两端”

宋代庄绰所著的《鸡肋编》中记载了北宋元佑年间来之邵“首鼠两端”的事例：“元佑末，已有‘绍述’之论。时，来之邵为御史，议事率多首鼠，世目之为‘两来子’。”来之邵身为御史，议事时却常常动摇不定，首鼠两端，因而人们叫他“两来子”。“来”为来之邵的姓氏；“子”，即十二生肖中的鼠。以“子”为后缀，听起来仿佛是夫子之类的赞美之词，实则隐含着首鼠两端的批评，造成如此效果的因素，就是生肖中子与鼠的对应。

第六讲

丑牛乐耕

“鞭春牛”习俗探源

在中国长期的农业社会里，丑牛无疑占据着极为重要的位置。由于过去人们对丑牛的赞赏和喜爱，也流传下来关于牛的许多文化遗产，“鞭春牛”便是其中影响较为深远的习俗。

“鞭春牛”，又称“鞭土牛”，是一种非常古老的春耕礼，起源于史前时代的春耕仪式。春耕仪式中，由氏族长带头进行耕种，其他氏族成员跟随而作，所用农具是锄头、人挽犁。后来耕牛出现，才出现了驱牛而耕的破土春耕仪式，后又出现土牛、纸牛等象征性的春牛。

鞭春牛的形式

鞭春牛乃是春耕仪式发展的产物，归结起来主要有三种形式：

一是锄耕式破土仪式。以云南景颇族为代表，当地人民每年都要在山官庙进行祭祀活动。山官庙里供有天神、地神和山官祖先，春季三四月时要向祖先和天神、地神献供，事后由山官在耕地里以竹锄刨三次，下种后覆土，之后其他人才能开始播种旱稻。这种春耕仪式，是在锄耕阶段出现的。

◆ 鞭春牛年画

二是人挽犁式破土仪式。以广西壮族和瑶族为代表，壮族人民过完春节后，会进行破土春耕。一人扶犁，二人挽绳拉犁，同时由两人扮演春官，互相调情，进行表演，然后其他人才可以春耕。当地瑶族“鞭春牛”由三人表演，一人饰牛、一人扛犁、一人扶犁，由乐队伴奏，向各户送春，各家也给予酬谢。这种以人挽犁的耕作方式在中国古代是非常普遍的，因为它起源于牛耕之前，故还没有春牛上场。

三是牛挽犁式破土仪式。以广西仫佬族为代表，他们在立春前一天都会集中在春牛亭前，请县太爷一拜神仙，二拜土地，三拜民众，然后下田扶犁，并向牛打三鞭，唱鞭牛歌，犁三下地，由族长宣布春耕开始。第二天族长会把种子分给各户，各户再举行同样的开犁仪式。另外，侗族、苗族的开犁仪式“起活路”也要牵真牛下田，进行犁田、插秧等示范动作，人们在田边载歌载舞，欢庆春耕开始。这种春耕仪式起源于牛耕时代，以真牛鞭春，是一种古朴的鞭春牛仪式。

鞭春牛长盛的原因

从无牛到有牛，充分体现了牛在人们心目中的地位越来越重要，以及牛与广大劳动人民的生活越来越紧密。当然，“鞭春牛”之所以经久不衰，是有着深刻的历史和社会原因的。

第一，中国自古以来就是一个以农业为基础的国家，农业是国民经济的命脉。不误农时、及时耕作是中国传统农业的基本观点，所以人们都把象征着农耕开始的立春节当作一件大事来对待，而鞭春牛正是吹响了立春时节的号角，寄托着广大农民祈求丰收的愿望。鞭春牛仪式，得以使广大农民投入农忙季节当中，以便去创造赖以生存的物质生活资料。

第二，正如《尚书·大传》中所言：“春出也，言万物所出也。”立春不仅是农业生产的开始，同时也是人类自身繁衍的重要时节。从猿类过渡到人后，人类的生理机能还是有着高潮与低谷之分，如冬季人体往往处于低潮，死亡率高，而春季则精力旺盛，是求偶、交合的季节。可见，选择在立春时节“鞭春牛”是与人类自身的繁衍密切相关的，将其与娱乐性活动结合起来，更是延长了“鞭春牛”活动的寿命。

第三，历代封建统治者也非常重视“鞭春牛”活动。农业的丰歉不仅关系到政府税收的多少，与社会政治的稳定也有很大的关系。有的朝代甚至还由政府部门出面，组织策划相关的活动。清朝乾隆年间，把立春鞭土牛列为国家庆典。乾隆《协纪辨方书·公规·春牛经》记载：“造春牛芒神，用冬至辰日，以岁德方取水土成造，用桑柘木为胎骨。牛身高四尺，像四时，头至尾椿长八尺，像四节。每年六月，由钦天监预定来岁春牛芒神式样，于冬至后辰日，诸州县依形色取水土制之。”从这种角度来说，统治阶级的提倡对鞭春牛活动的传播也起了推波助澜的作用。

总之，鞭春牛是一个古老的节日风俗，它可以动员人们及时投入春耕生产当中去，表达了人们希望通过春牛祈求风调雨顺、人寿年丰的美好愿望。

延伸阅读

清代“鞭春牛”习俗

清代北京的“鞭春牛”活动由顺天府承办。立春前一天，顺天府府尹会将芒神、土牛安置在东直门外的彩棚中，并率领众属僚们在此迎春。清末的春牛已经由真牛、土牛发展成了纸牛，牛肚子里装满了五谷和小春牛。到了立春这一天，大兴和宛平县的县令会在午门外正中设案，恭候皇上、皇帝和皇太后。皇帝等人到来后，芒神、土牛等会由午门缓缓进入皇城，顺天府尹则绕土牛而走，边走边用五彩丝绸缠绕的春鞭鞭打土牛。这种统治阶级的“鞭春牛”活动体现了对于农业生产的重视，以及以此稳定政治、安抚民心的政治意图。

肖牛的神话传说

自远古时代开始，先民们就对牛有着一种莫名的爱戴与敬仰之情，到了农业社会时期，牛更被视为家中之宝。无论是在人们对大自然的认识不够而产生的神话当中，还是后人对于神话故事传说进行加工改造的过程当中，生肖之牛都占据着重要的位置。

在长期的历史发展过程当中，人类最大的困惑无外乎创世以及人类的起源问题了，然而在与创世和造人有关的神话故事当中都有牛的参与。

牛创世与牛造人

哈尼族地区流传最广、影响最深的较完整的一部神话史诗——《奥色密色》，对牛创世作出了充分展现：第一部分讲造天和造地，哈尼族人以牛的各部位做天地万物，类似盘古化生。牛的左眼做太阳，右眼做月亮，肋骨做梯田，牛牙做星星，牛肉做土地，牛角做打雷工具，牛舌做闪电，牛毛做树木花草，牛血做江河，牛肚做龙潭，牛肺做雾，牛心做地心，牛喘做风声，牛泪做雨

◆ 五牛图 唐 韩滉

水。又说，天王派九人造地，派三人造天，造天的人要吃牛腿，造地的人说不行，要以牛腿做支地的柱子；造地的人要吃牛皮，造天的人说不行，牛皮要拿来绷天。结果造天的人饿了，吃了牛心，大地就摇晃，从而会有地震的发生。造天造地之后，又讲到了人类的起源、洪水兄妹通婚以及种田、安家等各个环节。从上述内容可以看出，从开天辟地到人类诞生，再到农耕、定居，这一连串的发展是以牛创世作为根基的。

古柯尔克孜族当中有人与牛感生的神话。据唐代段成式《酉阳杂俎》中记载：“所生之窟，在曲曼山北，自谓上代有神，与牸牛交，于此窟。”柯尔克孜族还传说大地有七层，地底下有一位青年用犄角支撑着大地，一只犄角顶累了，就换另一只犄角，这时大地就顶动了，于是就发生了地震。直到现在，柯尔克孜族依然保留着一些与牛有关的习俗，如不杀牛、不以牛负重、牛死之后不扒皮并举行安葬仪式等。

金牛招财

“金”与“牛”之间自古以来就存在着千丝万缕的联系，古文中对于金牛的神话也着实不少。《太平御览》引《幽明录》云：“淮南牛渚津，水极深，无可算计。人见一金牛，形甚瑰壮，以金为鏁绊。”又引《交州记》云：“居凤山去郡四里，夷人从太守裴庠求市此山，云出金，既不许，寻有一妪行田，见金牛出，斫得鼻鏁，长丈余。人后往往见牛夜出，其色光耀数十里。”《异苑》称：“晋康帝建元中，有渔父垂钓，得一金锁，引锁尽，见金牛，急挽出，牛断，犹得锁，长二尺。”《吴地志》云：“昔有金牛粪金，村民皋伯与弟随之，牛穴此山而入，二人凿山以取之，人不止，山颓，兄弟皆死，遂以名之，亦曰金牛洞。”

“金”字是财富的象征，因此在神话中金牛还可以带来财运。《古今图书集成》引《湘中记》云：“长沙西南有金牛岩，汉武帝时，有一田父牵赤牛，告渔人欲渡。渔人曰：‘船小恐不胜牛。’田父曰：‘但相容，不重困于君船。于是人牛俱上，及半江，牛粪于船，田父曰：‘以此相赠。’既渡，渔人怒其污船，以桡拨粪弃水，欲尽，方觉是金。讶其神异，乃蹑之，但是人牛入岭，随至而掘之，莫能及也，今掘处尤存。”

以上神话传说，表达了人们通过牛的形象交得好运的美好心愿。

延伸阅读

神牛化树

据说周武王时期，雍州城南有一棵树，高达十多丈，周围一里多的土地也被树荫遮住。当地老百姓对这棵神树非常迷信，一年四时对它进行祭祀。有一次，周武王出城巡视，看到当地百姓不惜巨资供奉神树，认为劳民伤财，于是他对神树说：“神树呀！现在老百姓生活还很苦，你为什么让人民浪费这么多的祭物呢？”于是，他就派许多武士把这棵神树砍掉。谁知，就在这棵神树将要被砍倒的时候，突然流出了许多鲜红的血水，血水流到河里变成了一头神牛。神牛为了报复，经常兴风作浪，使附近一带经常发生水灾。周武王只好下令在神树原来所在之地造了一座青牛神庙，年年祭祀，那里的年景才逐渐好了起来。虽然这只是一则神话传说，但从中可以看出，在人们的心目中，牛是神力和财富的象征。

牛郎织女的文化内涵

在长期的农业社会当中，牛与劳动人民朝夕相处、相依为命，久而久之，人们对于和牛有关的话题也就越来越多，关于牛的传说故事也就逐渐丰富起来，其中最具影响力的就是牛郎织女的传说。

早在西周时期，就已经有了牛郎织女的影子。《诗经·谷风之什·大东》中说：“维天有汉，监亦有光。跂彼织女，终日七襄。虽则七襄，不成报章。睆彼牵牛，不以服箱。”这里的“牵牛”和“织女”还是两组单纯的星，与启明、长庚等一样，出现在同一诗篇里。

到了汉代，牛郎织女已经被作为爱情故事写入了诗篇，如《古诗十九首》中有一首《迢迢牵牛星》写到：“迢迢牵牛星，皎皎河汉女。纤纤擢素手，札札弄机杼。终日不成章，泣涕零如雨。河汉清且浅，相去复几许。盈盈一水间，脉脉不得语。”东汉应劭的《风俗通》中也有七夕之夜牛郎织女鹊桥相会的记载。此后，无论是史籍还是各种志怪传奇、笔记小说、诗词歌赋，都对这一故事有了更加详细生动的记载。如今民间最为流行的牛郎织女故事大致有两种形态：

◆ 牛郎织女图 清 黄山寿

一种是说：织女是天帝的第七个孙女，在天河东面织造云锦，牛郎在天河西面牧牛。牛郎和织女都很勤勉，天帝让他们喜结良缘，但他们婚后却只顾嬉乐，牛郎不再放牛，织女也不再织衣了。于是天帝震怒，将他们分隔于河的两岸，让乌鸦去告诉他们只准七天见一面。谁知乌鸦传错了话，说成是每年七月初七才能相会。

另一种说法在民间流传更广。据说牛郎和织女在天上相亲相爱，王母认为他们触犯了天条，把牛郎贬下凡尘继续放牛。一天，老牛告诉牛郎，织女和别的仙女要到河里洗澡，让他去取了织女的天衣藏起来，等织女找衣服的时候再还给她，并且向她求

◆ 《乞巧图》（局部） 清 丁观鹏

婚。牛郎照做了，娶得织女为妻。两人婚后男耕女织，生活美满，并且还生下一子一女。王母知道后，把织女捉回天上。当牛郎无计可施之际，老牛又告诉他：“我死后你披上牛皮就可以飞到天上去。” 老牛说完即死去，于是牛郎就披上牛皮挑着两个孩子追到天上。王母拔出发簪在织女身后一划，就成了天河，把这对夫妻隔开了。牛郎和织女每日隔河相望，泪流如雨。后来王母被他们的爱情感动，允许他们每年的七月初七相会一次，派喜鹊为他们搭桥。

无疑，牛在这一传说当中起着至关重要的作用，没有牛的指点，牛郎不可能与织女结成伉俪；没有牛的舍身献皮，牛郎也不可能追到天上，更不用说后来一年一度的鹊桥相会了。人们之所以赋予牛如此神奇的本领，是和远古时期的牛神崇拜以及牛在长期的农业社会中起到的重大作用分不开的。

在古人看来，牛是通神之物，担负着沟通天地、人神的神圣使命。人们祈求通过牛可以使众神赐福人间，以保风调雨顺、五谷丰登、天下太平。所以古代祭祖、祭鬼神、祭大地、祭星，都会用到牛。

进入男耕女织的农业社会之后，原始的图腾信仰逐渐衰微，“牛郎织女”的神话中又融注了农业社会时期人们朴素的人生理想和情感。清代郑板桥在《范县署中寄舍弟墨第四书》中言：“尝笑唐人《七夕》诗，咏牛郎织女，皆作会别可怜之语，殊失命名本旨。织女，衣之源也；牵牛，食之本也。在天星为最贵，天顾重之，而人反不重乎！其务本勤民，呈象昭昭可见矣。”农业社会当中，男耕女织、丰衣足食，夫妻和睦相处、膝下儿女双全，这便是农家百姓的最大愿望，而“牛郎织女”的传说反映的正是这种自给自足的小农经济的理想模式。

延伸阅读

诗词中的“牛郎织女”

除了最早的《迢迢牵牛星》之外，后代诗词中还有许多以“牛郎织女”为题材的经典作品，其中最具代表性的要数北宋秦少游的《鹊桥仙》了。其中写道：“纤云弄巧，飞星传恨，银汉迢迢暗渡。金风玉露一相逢，便胜却人间无数。柔情似水，佳期如梦，忍顾鹊桥归路。两情若是久长时，又岂在朝朝暮暮！”此外，杜甫的《牵牛织女》、杜牧的《秋夕》、曹玉的《燕歌行》、王涣的《怅惘词》、温庭筠的《洞户》、李商隐的《碧娥》等都是对牛郎织女这对怨偶未能长相依的深情咏叹，这些感伤和咏叹，又给“牛郎织女”的传说增添了无限的美丽和哀愁。

肖牛崇信的发展

在人类发展历史上，由于牛对于人们生活的重要性，人们奉牛为神，为牛立节日，进行相关的祭祀和娱乐活动，形成了诸多肖牛崇拜信仰。

牛作为民间的保护神，源于远古时期的图腾信仰。北魏郦道元的《水经注·渭水注》引《列异传》称牛王本为南山大樟，被人盗伐，“树断，化为牛入水，故秦为立祠”。后来，逐渐人格化，演变为牛首人身，又讹为伯牛。《古今图书集成·神异典》卷五四引《蓼花州闲录》记载：“明中原来者，云北方有牛王庙，画牛百于壁，而牛王居其中间，牛王为何人?乃冉伯牛也。”近代民间供的牛栏神也是拟人化的神灵。

随着动物神信仰的淡化，鬼神观念的发展演变，在牛王信仰的基础上，又出现了一种“牛头鬼”的形象。“牛头鬼”的说法有两种传说：一种来源于神农，据《外书》：“神农牛首”；一种来源于佛教影响，佛教信仰阎王，他有判官、走卒。据《五苦章句经》中记载：“狱卒名阿傍，牛头人手，两脚牛蹄，力壮排山，持钢铁

◆ 牛王庙神牛雕塑

钗。”后来为道教吸收，成为牛头马面，或牛头鬼，归泰山神统辖。

由于牛的种类以及牛的生活区域不同，各个地区对于肖牛的崇信也是多种多样。云南大理七里桥葭蓬村白族村民世代以黄牛为本主，每年二月二十三日祭祀黄牛，该村也不猎杀、役使黄牛，禁食牛肉。拉祜族认为牛有灵魂，牛生病后要敲击牛槽，或者迁徙，严重者请巫师替牛招魂，即在大门口或牛跌伤的地方杀鸡、做粑粑，念道：“牛魂回家吧，外边风雨大，没处躲，有老虎，家有吃的，有牛栏，你顺着路回来吧。”

人们相信牛有灵性，便衍生出一种牛魂石信仰。黎族每到七月或十月牛节，人们就会把家藏的牛魂石取出来，用酒洗石，人们认为经过牛魂石泡的酒是福酒，喝了福酒，既有助于人的健康，又有助于牛群发展。

在游牧民族中，还有一种崇拜牛乳房的风俗流传。在蒙古包入口内，有男女座席之分，其中妇女座席的上方，必挂一个母牛的乳房。后来东蒙地区流行用羊毛织编牛乳房，然后镶一块布，挂在蒙古包内，由人们定期祭祀。在蒙古族人民看来，牛的乳房不仅是母牛的标记，也是产乳的地方，必须拜祭才能丰产乳汁，否则将危及牧民们的生活。

牛神崇信的不断发展，逐渐加深了人们对于丑牛的感情，各种各样的牛王节也在不同的地区逐渐流传开来。汉族人民大多崇拜牛王。湖北地区以八月十五日为牛王生辰日，当天必须要剥芋头做羹吃，名为“牛羹”，有的地区直接喂牛吃芋头。四川地区以十月一日为牛王神生日，人们做糯米粑粑，粘在牛角上，当天不让牛做活，黄昏时牵牛转弯，晚上让牛在水田边照身影。壮族称牛王节为“牛魂节、脱轭节、开秧节”等，在四月八日、五月七日、六月六日、七月七日等都有相关活动。壮族人民每年四月八日在牛栏设祭台，打扫牛栏，撒石灰，垫干草，让牛休息一天，并会把牛拉到河里洗澡，或者以艾叶洗牛身，能除虱、压惊和定魂，同时杀鸡，做五色饭，全家围桌共餐，并牵牛转桌一周，给牛吃五色饭、甜酒、绿豆粥、鸡蛋汤，小孩还把红纸挂在牛角上，向牛祝福。

从图腾崇拜到动物之神，再到兽首人身，最后是牛王的人格化以及形形色色的牛王节的出现，人们对于肖牛的崇信越来越深，对丑牛的感情越来越深厚，反映出牛在人们心目中的崇高地位。

延伸阅读

牛王的由来

传说，牛本是玉帝的太子。玉帝看见地上的人类天天劳动，十分辛劳，就让太子下凡传圣旨：“一天吃一顿饭，洗三次脸。”太子却说：“一天吃三顿饭，洗一次脸。”于是人间粮食短缺，怨气冲天，玉帝一查问，方知是太子假传圣旨，气愤之极，令太子下凡为牛，帮助生产粮食。由于水牛是四月八日下凡的，人们为了感谢耕牛，就在四月八日这一天为牛过生日。另一种传说认为牛是牛魔王变的，故事同上，但有一点不同：不是太子，而是牛魔王假传圣旨，玉帝惩罚他，把他变成耕牛，从而有祭牛王之俗。

礼俗中的肖牛文化

生肖之牛被人们看作日常礼俗当中不可或缺的灵物，从人降生，到取名、满月、成年、结婚、做寿甚至葬礼，都与生肖之牛有着千丝万缕的联系，可见人们对于肖牛文化的重视。

牛的硕大有神的双眼、饶有风趣的牛角以及踏实肯干的精神都给人们留下了美好的印象。同时，生肖牛文化也逐渐渗入人们的生活礼俗当中，无论是哪一年龄阶段的人们，都与肖牛文化有着千丝万缕的联系。

牛年生人和以牛取名

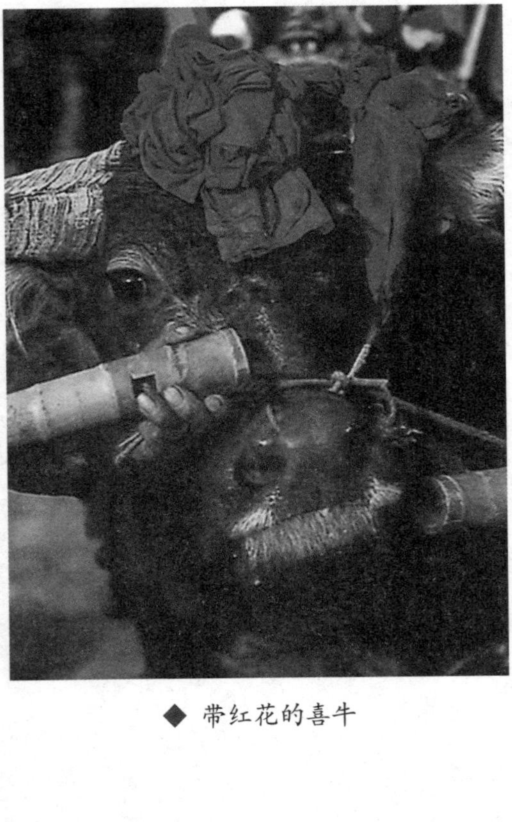

◆ 带红花的喜牛

民间信仰认为，牛年勾绞星占宫时，做事应小心谨慎，三思而后行；太阴星照临时，阴盛阳衰，须正道而行，以保一岁平安。当然这种说法是不科学的，随着社会的发展也逐渐被人们所忽视。小孩出生后一般会起两个名字，一是大名或是学名，二是小名或是乳名。小孩乳名多以贱称，讲究土、俗、怪、丑，其用意是鬼不理、好养活。牛年以牛命名的大有人在，如叫“小牛”“大牛”“牛大”“牛二”等的人比比皆是。

“牛人”满月与牛年生日

有的地方在小孩出生后，会从小孩鼻子中隔处穿一孔，满月时戴上小环，就像穿牛鼻子似的，俗称“鼻拘”。 据说上牛鼻拘后，不可随便取下，只能在新婚之夜由新娘（新郎）取下，用红布包好，在枕下放三天，最后放在箱子内保存。鼻拘多以金银所制，由自家亲戚好友在孩子满月前到各家去凑份子，象征百家钱，以求吉利。

在中国西北宁夏地区，小孩过生日时流行一种跳喜牛舞的风俗。喜牛舞又称“保子舞”，当地人逢生子大庆，就请人来跳，其中四人扮二牛，四人伴牛舞。舞前，乐队先吹唢呐，敲锣打鼓，主人点鞭炮，迎接舞队，称为“清牛板”。扮牛者入院后，主人把香火举至牛头前，把小孩用红布包好，放在牛背上，表演者说吉语、祝词，然后跳舞。这种礼俗是希望小孩像牛一样，健壮无比，快快成长。

老年人在牛年过寿当然也离不开牛。陕西留坝地区把老年人比喻成牛、牛王，并称老年人过生日为“赶牛王会”。广西、广东瑶族老人过生日尤其过六十大寿时，长婿必须以青冈木、牛尾木为架，以野牛筋编成一把椅子，俗称“牛筋椅”，作为祝寿之礼。他们认为牛筋干了以后坚硬不坏，一旦老人坐之，牛筋的性质也就会传给老人，使其健康、长寿。

牛骨汤和婚仪之牛

旧时汉族姑娘出嫁时，必备一头披红挂彩的牛，由新郎牵着走在迎亲队伍的前头，这是开路或引导。据说牛是天神的化身，由牛开路可冲走一切拦路之物，起到避邪驱灾的作用。在江浙一带，也有类似的习俗：如果两位新娘在同一天出嫁，并且走的是同一条路，后走者就要牵一头牛，牛角上扎红布，插红花，认为牛踏过的路，是新开辟的路，对后走的新娘无害，有压重、喜庆之意。

在云南宁蒗、永胜等县居住的普米族人，到十三岁要举行成年礼。仪式在火塘边举行，由母亲或舅父主持，主人煮一锅牛骨头汤，除给成年人喝外，也以此汤招待亲朋好友，认为该汤“贴骨至亲”，团结兴旺。

葬礼中的椎牛

椎牛是葬礼中一种常见的礼俗。据《溪蛮丛笑》记载：“八寨，人死，亦有哭泣，椎牛，敲铜鼓，名曰闹尸。”椎牛有专门的椎牛场，通常选在村外的广场上，中间立一根彩花柱，高十米左右，上面披红挂绿，拴有神牛。椎牛以击鼓为号：第一次击鼓，巫师口吞圣水，向神牛喷淋，据说是洗去神牛身上的不洁之物；第二次击鼓，主人要包上头帕，扎好绑腿，捆好腰带，手持弓箭，带领十几位青年，作为椎牛的“标手”，他们必须画面、文身、袒胸露背，手提长矛。主人须在住宅外立几排木桩，每排三四根，其上削成牛角形树蚜，称为“牛角桩”，以此显示家庭富有，人丁兴旺；第三次鸣鼓后，主人的舅舅首先刺牛（象征性的），其他青年也依次刺牛。牛倒地之后，进行牛卜，牛头向主人家方向为吉兆。

延伸阅读

苗族婚仪中的抢牛尾习俗

在贵州西北的苗族聚集地区，举行婚礼时有抢牛尾的习俗。婚礼前，女家要请几位男青年为力士，把牛牵到举行婚礼处，以竹篾绊住牛脚，男家也请几位青年当卫士，陪同新郎到举办婚礼处。当新郎即将抵达时，新娘火速用刀把牛尾砍下来（多为象征之物），新郎则猛扑向新娘，抢夺牛尾，此时新娘的卫士们向前阻挡，保护牛尾，新郎则设法抢到牛尾，如果在女方父母抵达前抢下牛尾，就按时举行婚礼，否则婚礼告吹，人们不欢而散。在人们心目当中，牛尾代表着吉祥和顺利，人们藉此表达渴望一帆风顺的愿望。

肖牛的象征意义

牛在人类发展的历史上起到了不可磨灭的作用，牛有温良恭顺的习性和踏实肯干的精神，在人们心目中有着美好的印象，牛也因此被人们赋予了丰富的象征意义。

人们在长期的农业社会中丰衣足食，除了先祖们的勤劳与智慧之外，在很大程度上也得益于对牛的使用。如今，人类社会越来越发达，人们的生活也不再是男耕女织，然而人们依然记得丑牛的功劳，牛在长期的历史文化发展中早已被赋予了丰富的象征意义。

吉祥的象征

早在原始社会，人们就视丑牛为吉祥之物，并把牛当作神来崇拜。在古代，人们认为牛具有神性，可以使人与天地鬼神之间相互沟通，因此在遇到征伐、田猎、天时、祭祀、农耕、疾病、婚丧等重大事件时，往往以牛的肩胛骨进行占卜，以征求鬼神的意见。据宋人朱辅《溪蛮丛笑》记载：“牛客多行于桃源路洞中占军事胜负及疾病祈禳，皆以牛用，名例牛。”直到现在，羌族、蒙古族、纳西族和彝族等都还保留着用牛骨占卜的习俗，他们认为以牛骨特别是祭祀用的牛骨占卜特别灵验。以牛肩胛骨来预测未知事件显然缺乏科学根据，然而这却从另一个侧面反映出先人们赋予牛的超乎寻常的意义，这些牛肩胛骨还留下了极其珍贵的文字资料，对于研究古代人们的生活情景、思想、风俗等都有很大的作用。

力量的象征

在人类历史上的很长一段时期里，人

◆ 祭祀狩猎涂朱牛骨

◆ 铜牛塑像，实干和力量的象征

类的力量是无法与变幻莫测的自然界抗衡的，人类发展初期生命会受到大自然的灾害甚至各种动物的威胁，然而丑牛在人类发展历史上给人类的生活带来了翻天覆地的变化。人们以牛来耕地、负重、做交通工具甚至抵御大自然中那些凶猛动物的侵袭等。渐渐地，牛成了人类力量的载体，象征着雄壮、威武、凶猛的牛尤其是公牛在古代的岩画、铜牌以及民间斗牛中都有体现。有些地区还喜欢以牛角、牛头作为装饰，祈求用牛的强壮与力量禳灾避邪，青海地区“公牛会”上的男子至今仍以牛角为饰，这是对“牛是力量的象征”的进一步拓展。

踏实与奉献的象征

在人们的意识里，牛总是给人一种勤勤恳恳、任劳任怨的印象，我们夸人，也总是说像老黄牛一样。黄牛不在于蛮力、没有目标，而在于找准方向后的坚持不懈，在于坚强与耐力。除了踏实肯干之外，丑牛还乐于奉献。《左传》中记载一个“孺子牛”的典故：春秋时，齐景公与儿子嬉戏，景公叨着绳子当牛，让儿子牵着走。这个千古传颂的“爱子”故事后来成为人们赞誉的美德。鲁迅先生说过：“牛吃的是草，挤的是奶”。鲁迅先生始终是以牛为榜样，他在《自嘲》中写道：“横眉冷对千夫指，俯首甘为孺子牛”。这句名言使孺子牛的精神得到升华和拓展，而后人们用“孺子牛”来比喻心甘情愿为人民大众服务、无私奉献的人。

无论如何，生肖之牛的象征意义都是人们在长期的历史发展过程当中所赋予的，有着深刻的历史文化内涵，这些丑牛所独有的象征意义无疑是对生肖牛文化的极大丰富和延伸。

延伸阅读

古代以牛肩胛骨占卜的方法

西安龙山文化与甘肃威皇娘娘台齐家文化中牛骨的占卜方法，是把艾团沾在牛肩胛骨的表面，然后点燃进行烧烤，之后牛骨背面会出现裂纹，古人称之为“兆”，卜者根据“兆”的形状来判断吉凶。商代时的占卜方法与此略有不同：卜者先在牛肩胛骨上钻凿，然后灼烧，根据裂纹占卜，卜者会把所占卜的事和吉凶情况以及是否应验等刻在兆纹旁。此后出现的占卜中，除了灼烧以产生裂纹外，也有以骨板的纹理直接判断吉凶的。人们以牛肩胛骨作为占卜之物，是相信牛具有灵性，可以贯通天地，反映了牛在人们心目中的重要地位。

历史悠久的牛舞

牛舞是仿照牛的形象而出现的一种舞蹈形式，是舞蹈艺术当中一种独具特色的形式。牛舞的发展有着很深的历史文化渊源，或是出于早期先人们的猎牛活动，或是一种图腾崇拜的表达方式，或是与后世斗牛的发展密切相关。

以牛的形象出现的舞蹈历史极其悠久，甚至可以追溯到远古时期的神话当中，传说蚩尤所跳的舞就具有牛舞的性质。蚩尤是九黎族的首领，其形象是铜头铁额，人身牛蹄，头上还有一对牛角。蚩尤部落起源于长江中游地区，势力强大，但后被黄帝部落打败。古代河北、山西一带民间祭蚩尤神，在仪式中跳蚩尤舞。他们三三两两，头戴牛角，相抵而舞，这明显是对蚩尤作战时场景的模仿，反映了人们对于蚩尤祖先的眷恋。南方广西马山县的瑶族，每年也都祭祖先蚩尤公，跳蚩尤舞，形式与此相仿。

在各地出土的岩画当中也有不少牛舞的题材，其中以云南沧源的岩画最为突出：沧源第一地点二区右下方，绘有五个人，其下有二人持弓箭射牛，上有一人持盾牌，另一人手拿一大棒，做出去打猎的动作。左边一人一手持牛角，一手持短杖，这是一种猎牛舞，持牛角者吹牛角号的人，即领舞者。沧源第六地点四区上部，绘有一位原始人，右手持一个大牛角，左手上举，双腿微曲，双脚向外做跳舞状，其对面为牛，这也是

◆ 东汉斗牛画像石

◆ 古代壁画牛图腾

“猎牛舞”或“头牛舞”的一种。

在云南广南出土的铜鼓上，还有一种椎牛的舞蹈。椎牛又称“剽牛”“砍牛”，是在宗教祭祀过程中跳的一种祭祀舞蹈。活动形式为：在一根柱子上拴上一头牛，一羽人为牛而舞，另一羽人则在用斧砍牛。至今在彝族、独龙族、佤族、傣族、景颇族等民族当中还保留着椎牛舞的风俗。如独龙族过年时，全寨男女都集中于广场，立一木桩，在木桩上拴一牛，由主祭人以镖枪刺牛腹，牛倒地，进行占卜，其他人争先恐后而上去割取牛肉，首先由一长者背一块牛肉绕场跳舞，其他人在背后跟随，俗称“跳牛锅庄舞”。如今的椎牛活动大多采用的是牛的象征物而非真牛。

贵州水族的斗角舞也是一种牛舞，常在宗教祭典、节庆和丧葬时演出。斗角舞一般由五把芦笙、五支莽筒伴奏，吹芦笙者还要边奏边舞。芦笙中最小的一把，声音最洪亮，称为“公芦笙”，整个舞蹈由它领舞。舞蹈的唯一道具是竹篾制作的“牛头”，它是先用竹篾编成斗笠式样，然后再把木削的牛角安放在斗笠的两侧，后部拴上鸡毛裙，披以彩色绸布装饰。表演时，小芦笙前导领舞，大中型芦笙、莽筒跟随在后，同时由二人各戴“牛头”道具作半蹲式边斗边舞，五位头插雉尾、腰拴白鸡毛花裙子的姑娘做舞伴配舞。舞蹈随着笙调的缓急展现各种舞姿，充分显示了水族人民热情奔放和粗犷豪爽的性格。

在四川凉山彝族地区，办丧事时必丧事红办，为死者送行，还跳一种“瓦治黑”，即牦牛尾巴舞，这种舞蹈流行于白彝范围之内。跳舞时，每个人都披一个白色的牦牛尾巴，上边为长方形牦牛皮，有两根皮带，拴于脖子上，牦牛尾巴沿背部垂下来，跳起舞姿，如同牦牛飞舞，颇有古风。

延伸阅读

云南纳西族牛舞舞谱

云南纳西族的牛舞是以舞谱的形式流传下来的，有着悠久的历史。舞谱共分为九个段落：第一，跳胜利神白牛时，颠步、上步交替跳；第二，跳黑额白牦牛时，握举斜托掌的磨角顶角；第三，跳胜利神白牦牛时，向前边三步，用角往外顶三次，朝内顶三次；第四，跳白额黑犏牛时，磨角顶角，握举斜托掌，举板铃摇四次，抬腿踩脚四步；第五，跳白额黑犏牛舞，分手抬腿跳，举板铃一摇，向前走三步，右边顶脚三次；第六，跳神的白牦牛舞，左脚跳二步，右脚跳二步，向前走四步，朝四个方向各顶角四次，做一次原地自转；第七，跳白额黑犏牛舞，举板铃摇一次，前进三步，向左顶三次角，向右顶三次角；第八，跳胜利神的白牦牛时，四方各走一步，四方各顶一次角，快速原地自转一周；第九，像恒神的白牦牛那样跳一下，把鬼的黑犏牛压下去。

意蕴深厚的牛角饰

在中国古代，牛角作为一种别具特色的装饰之物非常普及和流行，不仅在器物装饰、建筑装饰领域里可以看到牛角的影子，就连人们穿衣打扮时也会以牛角作为饰物，可见牛角在人们心目中有着特殊的意义。

十二生肖在艺术作品中的体现大多仅限于剪纸、绘画和雕刻等形式，很少可以在装饰中看到，而生肖之牛尤其是牛角却是一种重要的装饰物品，在器物装饰、建筑装饰甚至人体装饰上都有淋漓尽致的体现。

器物装饰

牛在古代人们的心目当中是吉祥的象征，因而以牛角制器物或是以牛角形、牛角纹装饰器物也就是理所当然的了。牛角因其中空，且成上小下大的喇叭状，故可吹出声来。因此，远古先民往往用它作为号角传递信息，发号施令，并认为它能战胜妖魔鬼怪。传说黄帝与蚩尤大战时，就是靠了牛角号的帮助才得以战胜蚩尤的。后来经过长时间的发展，牛角号就逐渐成了一种专门的乐器。

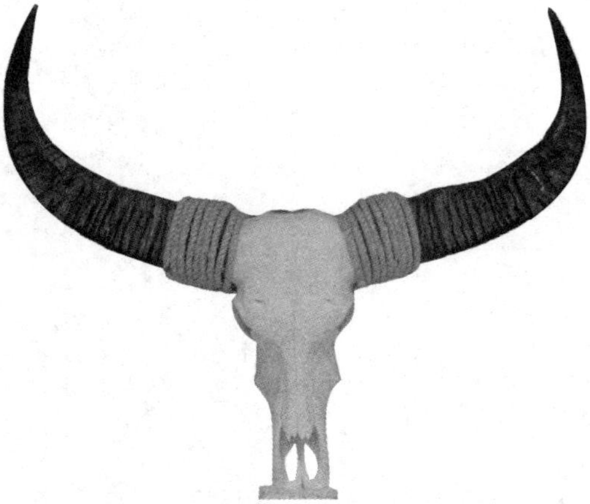

◆ 苗族图腾黑水牛角壁饰

另外，古人还常常以牛角之器进行狩猎。在云南沧源第一地点工区的岩画上绘有一组猎牛舞，其上有五位舞者，下面二人手持弓箭，欲向右方射击，中间一位形象模糊，上面一人一手持盾，另一手拿大棒，做出欲打之状。最左边一位则一手持大牛角，一手执短棒，双手平举而舞。其中持牛角者既是领舞者，又是狩猎的指挥，靠挥动牛角以把握猎物的方向以及捕猎的节奏。如今，中国的苗族、瑶族、土家族等还都以牛角作为法器。

建筑装饰

在远古时代，人们会常常把兽头、兽骨、兽角等挂于门上以做装饰，而水牛角、黄牛角、牦牛角等牛角样式就是其中最常见的装饰之一。藏族人民至今在每次杀牛以后，还会把牛角挂于门上，牛角的多少象征着猎人们捕猎能力的高低。贵州剑河、久仰等地居民多在粮仓上装一对牛角，认为这样可以避邪，保护谷仓的安全。黎族家庭会把牛角拴在木杆顶端，然后插在房前、屋后，或者房子一侧，作为避邪的灵物。西藏珞巴族喜欢把牛角挂在房墙上，以祈为家庭带来吉祥、安康。

◆ 佤族以牛为吉祥物，祭牛头表示对神灵的虔诚

苗族人民认为牛和龙之间有着密切的关系，因此常常把水牛角作为龙角，苗族蜡染、绘画、刺绣、挑花、剪纸图案中的龙形象都是水牛的角。许多地方的苗族村寨中还设有铜鼓坪，每逢重大节日，人们便聚集到坪上敲铜鼓跳舞。坪中心立一杆，在接近杆顶的上部有一对大水牛角(以木料制成)，两边横向挑出，铜鼓便吊在这牛角上，有示富贵、吉祥之意。

人体装饰

爱美之心，古已有之。商代妇好墓出土的玉人头上就有牛角相饰；长沙子弹库出土的帛画神像上也安有锋利的牛角；唐代壁画上还绘有妇女以牛角为头饰的生动画面。可见，把牛角作为头饰由来已久，并在许多地区被保存了下来。黎族流行文身，而文身的形象即为牛角，他们认为牛角在身可以起到护身避邪的作用；水族有一种人扮牛的斗角舞，其头上皆为牛头形的道具；贵州雷山、台江地区的苗族妇女头上多佩戴巨大的、华美的牛银角，既可避邪，同时又是家庭富裕的象征；陕西民间在为老人做寿时还流行一种“牛鼻梁鞋”，这种鞋由布做成，但是前面突出一梁，形如牛鼻，其上有二角，鞋由孙女儿送给老人，祝愿老人像牛一样长命百岁、万寿无疆。

延伸阅读

黄帝以牛角号战蚩尤的传说

传说黄帝与蚩尤之间数次征战，互有胜负，最后黄帝以牛角号战胜了蚩尤。据《通典·乐典》记载：“蚩尤氏帅魑魅魍魉与黄帝战于涿鹿，帝命吹角作龙吟得御之。”蚩尤所率的魑魅是一种人面兽身的怪兽，魍魉也是长耳、独眼、黑身的怪兽，他们都能发出怪声来迷惑人，人听了这种声音，就会昏昏沉沉，甚至失去知觉、丧失斗志，致使黄帝屡败于蚩尤。后来，黄帝找到一个方法：吹牛角。在战场上，牛角发出一种龙吟般的声音，使蚩尤的魑魅魍魉心惊胆战，失去了战斗能力，黄帝终于打败了蚩尤，得以统领各部。也许正是由于这一神话历史传说，才激发了人们以牛角为乐器、以乐器为号的灵感。

第七讲

寅虎生威

生肖虎文化的发源地

从起初人与虎之间的接触，到对虎的痛恨和喜爱，再到把虎看成无所不能的山神和人类的祖先，最后形成丰富多彩的虎文化，这些都是生肖虎文化的重要内容。

人类很早就有对虎的原始图腾式的崇拜。长沙市南沱大塘遗址中出土的距今七千年的土陶器上，已经有了人面虎头的“长獠牙人面纹”；距今六千五百年的河南濮阳市西水坡原始墓葬中，也有蚌壳堆塑的虎形象与龙相对，并且龙居右、虎居左，按照古代以左为上的习俗，虎在当时的地位是比龙要高的。

在古代，甘肃的陇东和陕西省是西方部族长期的聚居地，又是向东方迁徙的出发地。有关学者认为，发源于中国西部甘肃、青海地区的古羌族（即古戎狄族）是最早开始崇信虎的部族，后来这些部族从西部陆续迁往内地，进入陕、晋地区，又进入中原。在部族之间的角逐中，古羌族逐渐成为在中原融合其他部族的重要力量。以古羌族为首的部族的原生图腾或熊或虎，后古羌族的体系壮大，图腾也逐步衍生，但多数仍属于熊虎类。他们在政治上逐渐与中原相分离，并且实力日益强大，有的甚至可以与中原政权相抗争，后来的匈奴就是戎狄部族中较为强大的一支。

◆ 虎纹瓦当

春秋时期，甘肃陇东和陕西西部大多成了戎狄各个部落的活动区域。关中临潼地区是姬姓骊戎，关中东部有大荔戎，陕北有白狄。山西虽有很多西周的封国，但晋东南有赤狄、白狄，晋南有长狄，晋中太原地区有犬戎，晋北有林戎、山戎。河北的北部有山戎、无终戎，冀西有白狄中山国，冀南有白狄肥、鼓国。河南有西方部族的国家申国、缯国和卢戎，洛阳地区也分布着陆浑戎等部族。东方苏北和皖北地区虽然不属于西方部

◆ 内蒙古阴山群虎岩画

族，但徐夷、淮夷等部族也有崇虎的习俗。湖北、湖南有崇虎的巴族，四川、云南地区有古羌人后裔——崇虎的彝族、白族、纳西族等。

西周的国姓“周姬”也是西方部族的后裔，40多个封国中有一半仍留在戎狄之中。西周时期西方部族中虽然有的崇羊、崇牛，而崇虎部族的势力依然是最大的。

在中国历史上几次大的战乱中，如西汉末王莽之乱、西晋永嘉之乱、唐代安史之乱、北宋汴京陷落等，这些战乱迫使大量的中原人纷纷南迁到江浙地区和闽、赣、粤、桂等省，他们不仅带去了中原文化，也带去了虎文化。当然，元朝末年的战乱、明朝靖难之役等，也造成了大部分地区文化的破坏。但原初少数民族聚集的山西省，战火殃及较少，因此保留下来的传统文化也比较多。明朝山西省居民向北京、河北、山东、河南、安徽和陕西等省的迁移，在恢复这些地区农业生产的同时，对于恢复传统文化也起到了一定的作用，同时也带去了他们传统的虎文化。

内蒙古西部近代的虎文化是清朝晚期甘肃、陕西、山西走西口的移民为内蒙古西部地区带去的，而山东、河北闯关东的移民则为东北三省带去了虎文化。

从横向来看，山西省和陕西省是虎文化保留最为丰富的地区，其次是山东、苏北、湖北地区。四川和鄂西、湘西、云南地区的虎文化，也是古羌人和古代巴人的虎文化在其后裔民族中遗存的结果。从纵向来看，自东汉时期虎神从神坛上下来后，便逐渐渗透到民俗文化当中。中原战乱数度南迁的移民和明清移民，对于传播和发展民俗中的虎文化，都发挥了很大的作用。

延伸阅读

虎为人祖的传说

虎与人之间的关系，可以追溯到几百万年之前。据科学家的考证，人最初是像动物一样，生活在大自然中的草地上或是森林中的，但是人类在大自然中的捕食能力并不是太强，有时甚至需要以腐尸为生，因此常常营养不良，进化也很慢。后来人们就跟在虎的后面，当虎吃掉猎物的肉后，人类就用石器砸开虎吃剩的骨头，敲骨吸髓，从而获得了丰富的营养，身体才逐渐强壮起来，智力也有了大幅度的提高，才逐渐在大自然的生存竞争中占了上风。因此，人们认为，是虎为人类带来了新的生命，并把虎看作是人类的祖先。这种观点实质上是母系氏族社会的产物，是母性崇拜的变形。

虎为威猛聪明的象征

在中国人心目中，虎天生就具有一种王者风范，是十二生肖中最凶猛的动物。尽管虎有时也成为暴政的象征，但从生肖之虎的习性以及民间传说当中，人们也会赞美虎威风凛凛、气定神闲、雄踞山林的威武形象。

有诗句赞美老虎说：“身披虎甲背神弓，霸王金冠谁可摘。”小说中也有这样的描写：“身披虎皮袄，脚踏豹纹靴，端的是威风凛凛，杀气腾腾。”虎象征压倒一切、所向无敌的威力，虎象征着权力、热情和大胆。中国人自古就喜欢虎，虎是强壮、威武的象征，也是代表吉祥与平安的瑞兽；同时，虎又是兽中之王，代表威严、权力和荣耀。

威猛阳刚的象征

虎在十二生肖中位居第三，与十二地支中的“寅”相配。甲骨文最初的“寅”字如箭矢状，依《说文》中说，“寅”字表明，春之将至，阳气上升，虽然上有冻土，可一定能破土而出。“寅”字配虎，正表明虎的威猛阳刚之气威不可挫。

对于虎的威武凶猛，人们早有认识。李时珍在《本草纲目》中说，虎在夜间“一目放光，一目看物，声吼如雷，风从而生，百兽震恐”。虎乃兽中之王，雄健无比，凶猛异常，长啸时山鸣谷应，奔跑时狂风阵阵，自有其王者气象。虎额头上的斑纹又恰似“王”字，似乎百兽之王的虎是天意所命，虎的权威更加不容置疑。远古原始人类在与自然界的虎长期的生死搏斗中，认识到虎是一种难以战胜的力量，由敬畏恐惧而生崇拜，希望自己是虎或者虎的后裔，能得到虎祖的佑护，虎就自然成为了远古先民的图

◆ 二祖调心图 北宋 石恪

腾之一。

由于虎之威猛雄健，常被民间视为阳刚的象征。人们认为虎是代表吞噬鬼怪的纯阳之力，有遏阻消灭魔鬼的能力，能够保佑安宁。因此民间常常用虎来作镇邪的门神或者镇宅的守护神，还被作为护墓神兽。古代墓葬中多应用虎纹，如汉代墓室中的画像石、画像砖上常有奔虎图或二虎争璧图，在石棺刻绘上常见虎头图或虎口吞人图一类题材。民间还认为喝虎皮汤可以摆脱鬼怪的纠缠，戴虎爪能够辟邪，虎身上不同的部分可以作为预防疾病的护身符，在小孩子额头用雄黄酒涂写“王”字可以借虎御恶，保佑平安。这些民间风俗实际上来源于远古的虎神崇拜。

《山海经》中有许多类似虎的神：把守昆仑之墟的开明兽“身大类虎”，有九个头，长着人的面孔；掌管黄帝下都宫殿的陆吾，样子是“状虎身而九尾，人面而虎爪”；管理天帝园圃——槐江之山的神英招“马身而人面，虎文而鸟翼，拘于四海”。在《山海经》的图谱上，英招神被画成长有翅膀的虎。民间风俗中显现的虎文化现象蕴含着上古虎图腾崇拜的深刻内涵。

聪明智慧的象征

虎能够在山林中称王，除了倚仗它的凶猛之外，也离不开它的智慧。据民间传说，熊曾与虎比斗打架，争夺森林之王的宝座。最初它们不分上下，后来熊越斗越勇，虎却没了力气，提出暂停。熊要显示豪气，当即同意。老虎觅食进餐，然后卧在草丛中养精蓄锐。熊力大无穷，多少有点瞧不起老虎，它见老虎走了，闲着没事，就去拔周围的大树，清理比武争斗的场地。老虎吃饱睡足，又来相斗。熊坦然应战，愈发凶猛，斗不多时，老虎又感到腹空力乏，再一次提出停战，熊还是满不在乎地答应了。于是老虎再去进餐、养神，熊依旧不停地拔大树。如此这般，熊终于精疲力尽，老虎却吃饱睡足，精力充沛。最后，熊惨败在了老虎的手下。

据传说，虎生三子，必有一彪。彪在虎子中最为凶恶，甚至以同胞兄弟为食。所以母虎处处防范彪，以免彪将其他虎子吃掉。遇上过河，母虎会先将彪带过去，然后返回来背另外一只小虎过河。到对岸后放下小虎，再将彪带回来放下，背另一只小虎过河，最后再把彪带过河，使彪不能单独与其他小虎在一起。这叫“母虎防彪”，可见老虎是一种很聪明的动物。

延伸阅读

猫为虎师

虎有“森林之王”之称，据说虎的一身本领全是猫教的。老虎师从于猫，猫把扑跳抓的本事统统教给了虎，虎却起了歹意，暗想：“除掉猫，便可在世上称王。”于是虎趁猫不注意，冷不防地向猫扑过去。没想到猫多了个心眼，留了一手上房爬树的本事没教虎。猫见虎忘恩负义，翻了脸，便一转身躲过虎，爬上一棵又高又大的树。虎爬不上树，只好回到山野中去称王了。

战争中的虎文化

在人类与虎的长期接触当中，逐渐认识到虎是一种凶猛强大的动物，是人类所畏惧和不可战胜的力量。久而久之，人们便把虎与战争联系了起来，幻想在战争中能像虎一样战无不胜，虎也因此而渗透到战争的各个层面当中。

在人类社会发展过程当中，战争是非常频繁的，人们幻想能够在战争中击败自己的对手。同时人们发现，虎是百兽之王，它可以傲视群雄，令一切禽兽畏惧。于是人类把战争与虎联系了起来，视虎为战神，无论是战争中的旗帜、将兵、马车，还是兵符、兵器等都打上了虎的烙印。

虎旗

在中国古代部队行军时，往往左翼部队打青龙旗，右翼打白虎旗，前头部队打朱雀旗，殿后打玄武旗，这四面旗帜“如鸟之翔，如蛇之毒，龙腾虎奋，无能敌此四物”。在给皇帝传达诏令的战车上，要插绘有白虎的幡旗，古人以白虎象征威猛，故有时也为督战之用。因驺虞（白虎黑文)为仁兽，故解兵罢战时用驺虎幡。

虎将

古代将领在战场上勇猛杀敌，如猛虎一般，因此常被冠以虎贲、虎士、虎臣、虎将的职位和称号，是一种极高的赞誉。曹操曾赞许褚为“虎侯”，别号又称“虎癡”。唐王曾赞薛仁贵为“骁将”，将他喻为勇猛的虎将。

“诗仙”李白的《永王东巡歌之七》写道：“战舰森森罗虎士，征帆一一引龙驹。”《赠张相镐之一》中也说：“虎将如雷霆，总戎向东进。”李商隐的《韩碑》亦有：“行军司马智且勇，十四万众如虎貔。”这些都是诗人们借虎的威猛对威武军士的赞颂。

◆ 秦朝阳陵虎符

抗日战争中，空军“飞虎队”曾令侵华日军闻风丧胆；解放战争中，也往往授予能攻善守的部队以“猛虎团”“猛虎连”的称号。

虎器

古代帝王授予臣属兵权和调发军队的信物称为“虎符”。虎符分为两半，国王授予将帅领兵出征的权力时，只赋予他一半，战斗结束国王收回兵权时，将帅便将这一半虎符退还。两半虎符要正好合拢，若是榨槽不对，便证明有假。

古代还有一种铜牌，又称“护心镜”，往往是将领级别的象征。在河南偃师二里头遗址中发现的夏代铜牌，由青铜铸成，正面微鼓，用许多碎小的长方形绿松石片镶嵌成兽面，以虎纹居多。铜牌往往置于胸部或腰间，既是身份的显示，也可以在战场上抵御箭矢。此外，二里头遗址中还有胸甲、剑、戈、矛、钺以及战盔、盾牌等军事装备，其上也大多以虎头纹装饰。

陕西长安张家坡挖掘的春秋战国时期的“车马”，历经数千年，虽然木质的车具已经朽坏，车上漆绘的猛虎和夔龙也混入泥土，但马头上的虎头马冠和车上青铜虎构件却依然保留着。这些车马曾是帝王、诸侯、贵族们乘坐的交通工具，也曾经驰骋在战场上，最后才成为了帝王、诸侯的陪葬品。

秦朝有“辟恶车”，车上载有“桃弓苇矢，所以祓除不祥”。所谓“桃弓苇矢”，正是神荼、郁垒在度朔山桃树下捉恶鬼的工具，这工具上便绘有神虎的形象。汉代有“重毂”车，车上“左画青龙，右圄白虎，系轴头”，也为作战之用。

此外，作战时的军帐有“虎帐”“虎幄”之称，武器有虎头刀、虎头钺、虎蹲弩、虎蹲炮、虎囊弹之分，就连许多重要的关隘也都冠上了虎的名号，如河南荥阳的汜水镇取名“虎牢关”、河北冀东长城的北口称为“虎北口”、湖北麻城东北有“虎头关”之称等。

可以想见，在当年鏖战的疆场上，虎旗飞扬，虎车滚滚，军士们头戴虎头盔，手执虎头盾牌，刀光剑影，战声震天，场面是何等的壮观。

延伸阅读

“虎人”作战与“虎马”作战

鲁庄公十年(公元前687年)，齐鲁长勺之战齐军大败，而后齐军又联合宋国，采取南北夹击的办法再次进攻鲁国。鲁庄公从鲁国南面的雩门偷偷派出小部队，蒙着虎皮首先突进宋营，宋军以为鲁国有猛虎出战，吓得斗志殆尽。鲁军趁机率大军大败宋军，齐军也只得撤军回国。

僖公二十八年（公元前632年），晋侯与楚国战于城濮。楚国联合了陈国和蔡国的军队，声势浩大。晋军主将胥臣则以虎皮蒙马，进攻陈、蔡联军。陈、蔡两军见身蒙虎皮的战马突至，惊恐万状，纷纷奔往楚军的驻地，致使楚军右师溃败，而晋军则大获全胜。由此可见，虎在古代的军事战争中占据着非常重要的位置。

传说故事中的虎形象

虎主管生育、象征幸福以及寓意邪恶、凶猛的双重面孔，在民间故事和文学作品中也都有体现。一方面，虎是喜神，与幸福、婚育相连，给人们带来欢乐；另一方面，虎也是凶神，在饥饿时会袭击家畜甚至致人死伤，因此也涌现出了许多打虎的英雄。

中国人一向都有崇拜虎的文化，人们视虎为灵兽、神兽，赋予虎很多神奇色彩。据《三辅黄图》称，“苍龙、白虎、朱雀、玄武，天之四灵，以正四方。”自然，古人也创造流传下大量关于老虎的故事传说。

虎变人的传说

在古代传说中，有老虎变媳妇的故事：唐朝开元年间，有个姓崔的书生进京赶考，路过襄阳卧佛寺时，天色暗下来，他只好借宿寺中。因赶考心切，崔生夜里睡不着觉，便踱到房外赏月观星。忽然，一只老虎跃入寺中，崔生大吃一惊，但又不敢呼叫，便悄悄躲在暗中。那虎蜕下皮，变成一个美貌的妇人。崔生回房后，美妇人来敲门，述说了自己的来历，要给崔生作媳妇。崔生假意答应，哄着美妇睡着，然后走出房外，在井台找到了蜕下来的虎皮，将它扔到井中。妇人醒来后，奔出屋寻找虎皮，却哪里也找不到。没有虎皮，妇人不能变回虎，只好随崔生而去。崔生进京赶考，金榜题名，被授予县尉，后又升为县尹。崔生带着美妇人生活了六年，妇人为他生了两个孩子。县尹任满，崔生携妇回家，又路过襄阳卧佛寺。他想，这妇人已经跟随了他六年，又有了孩子，不会再有异心，就将数年前发现妇人由虎变人的经过说了出来。妇人听说虎皮扔在井里，非常高兴，便让崔生把虎皮捞出来。她看到虎皮虽略有损坏，但基本完好，便取过来披在身上，化作老虎，大吼一声，回过头看了看两个孩子，然后跃墙而走，转眼就

◆ 卞庄子刺虎图 宋 佚名

不见了。

老虎与美貌的妇人相连，在现代人看来，确实是十分大胆的想象。在中国的民间传说中，有很多娶仙女或狐狸为妻的故事，却很少见到娶老虎为妻。但是，传说必然是某种观念的反映，神话和民俗中都把虎看作人类的女始祖，主管生育的喜神，崔生在伴老虎而眠时，他心中的虎也许就是这种形象。

打虎英雄的传说

虎除了象征幸福、主管生育的一面外，还有凶猛残暴、屠戮生灵的一面，历代古籍中多有“虎祸”“虎害”的文字记载。自古以来人与虎的关系经常处于高度紧张之中，流传下来许多人虎之战的悲壮故事，也造就了为数不少的打虎英雄。

《汉书》中载有“李广射虎”的故事：“广出猎，见草中石，以为虎而射之，中石没矢，视之，石也。他日射之，终不能入矣。广所居郡，闻有虎，常自射之。及居右北平，射虎，虎腾伤广，广亦射杀之。”当然，打虎英雄中最为人津津乐道的还是武松，《水浒传》中记载，武松在回家探兄的路上，途经景阳岗，在山下喝了十八碗美酒，夜上景阳岗，赤手空拳击毙白额吊睛猛虎，为民除害。

《水浒传》中还有一个“李逵杀虎”的故事：李逵回家看望老母，要把老母接往梁山，途经山中，老母口渴，李逵将她暂时安顿在山神庙中，自往山涧取水。待他回来时，其母已经不见，地上布满血迹。李逵沿着血迹追踪下去，直到老虎洞穴，发现三只小虎正在噬咬老母残躯，手起斧落将它们尽数杀死，然后藏身在老虎洞中，等母虎回穴，将其砍死，然后出洞，埋伏在暗处等公虎回来，也将其杀死。李逵杀了大小老虎五头，总算报了杀母之仇。

在古代，虎强人弱，所以人为保身、为除害奋力斗虎堪称壮举。如今，人类在与虎的较量之中占尽优势，为了牟取暴利或是取乐而大量猎杀老虎，往日威风凛凛的猛虎几遭灭顶之灾。如果作为威猛气势和阳刚精神象征的虎在自然界中不存在了，而人们就只能在典籍、书画当中追忆生肖之虎的王者之风了。

延伸阅读

“虎侯”许褚救曹操

《三国演义》中，西凉马超与曹操大战，在潼关大败曹兵，曹操割须弃袍才得以逃命。就在曹操引军渡渭河时，忽报马超追到，曹操大惊失色，部下纷纷争船逃跑。曹营大将许褚背着曹操上船，独奋神威，“将两腿夹舵摇撼，一手使篙撑船，一手举鞍遮护曹操。”马超回营后见到韩遂，说：“几乎捉到曹操！有一将奋勇负曹操下船去了，不知何人？”韩遂告诉马超，曹操帐前的侍卫叫作“虎卫军”，由骁将典韦、许褚统领。典韦已经死了，救曹操的一定是许褚，此人勇猛过人，人皆称为“虎痴”。马超对“虎痴”的名号印象很深，并有敬畏之意。后来，马超与许褚对垒，称许褚为“虎侯”。从此，曹营对许褚也以“虎侯”相称。“虎侯”“虎痴”从名号上表现了人的威风和勇武。

龙虎并称的文化意义

中华民族自古龙虎相称，龙与虎作为两种相辅相成、刚柔相济、阴阳调和的文化观念，早已渗入中国政治、军事、医学、艺术等各个方面。龙与虎之间既有区别，又有联系，龙虎相称反映了中华民族龙虎文化的深厚渊源。

中国很多词语都是将龙和虎两者联系在一起的，如虎踞龙盘、藏龙卧虎、龙潭虎穴、龙争虎斗、生龙活虎等。龙虎并称也确实有着悠久的历史，兵书《六韬》中有“龙韬”“虎韬”；中医有龙虎针法；书法中有“龙虎篆”；科举发“龙虎榜”；汉代《太山镜铭》中有“驾蛟龙，乘浮云，白虎引兮直上天，受长命，寿万年”，龙虎成为接引升仙的使者；山东汉画像石刻记载“上有龙虎衔利来，百鸟共持至钱财”，龙虎又成了财神；《周易·乾卦》中更以龙虎喻乾坤、天地、阴阳和男女，龙飞在天，虎行于地，龙虎结合成为了万事万物的代名词。龙虎文化已经广泛地影响到了中华民族生产、生活的各个层面，并逐渐形成了一个相对完整的龙虎文化体系。

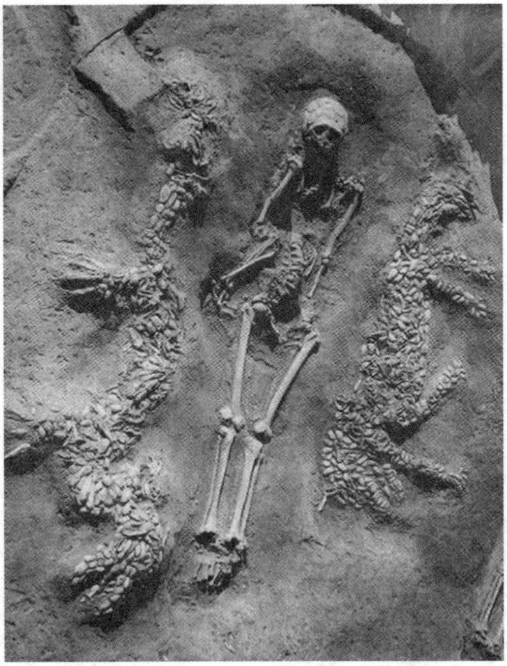

◆ 河南濮阳西水坡仰韶文化遗址出土的蚌壳龙虎图

考古发掘的文物当中也往往龙虎并举。河南濮阳西水坡仰韶文化遗址出土了距今约6000余年的“中华第一龙”，而与此相对应的则是虎的造型。这表明，早在远古时候龙虎就已经成了密不可分的兄弟，相互间有着亲密而平等的关系。另外据科学家研究发现，墓葬中龙虎图像的位置与其北上方由人的腿骨摆成的北斗星象也是互相呼应的，反映了当时人们的天文观念与宗教信仰。天文学中“四象”（东方苍龙、西方白虎、南方朱雀、北方玄武）的出现也可以从龙与虎的交融当中找出线索：西部民族的虎图腾崇拜随着民族、文化的交融与传播，融入华夏文化，与东方苍龙搭配，成为天象体系中的西方白虎神，而南方朱雀和北方玄武则是由前两者发展而来的，白虎神后又演化为使万物凋零、一片箫杀的秋神蓐收，与春神勾芒相对，这也为古代分一年为春、秋两季的历法提供了依据。

然而，龙与虎本为不同民族的图腾。虎原本是中国远古西部民族古戎狄（古羌人）的图腾崇拜物，现今古羌人的后裔大多分布于川、滇等地，彝族、白族、土家族、纳西族、拉祜族、傈僳族依旧不同程度地保留着崇虎的信仰和习俗。虎族在历史上是一个大族，其足迹不仅分布在江淮地区，而且在湖南、四川均有发现。商周时期青铜器上的主体纹饰也是虎头纹，龙纹和夔凤纹多作为虎头纹的配置，形成虎显龙隐的格局。后来随着民族的迁徙与融合，以虎为代表的西部民族文化和以龙为代表的中原民族文化也相互交织在一起，久而久之，形成了统一的华夏民族，虎文化也成为华夏文化当中重要的一部分。

龙虎间的地位随着历史的发展而发生了变化。虎毕竟是人间实有的动物，人们对虎的恐惧感有余而神秘感不足，而对神秘莫测的龙，人们由于无法认识而愈加感到敬畏，以致自然界中无法解释的自然现象（雷鸣电闪、狂风骤雨等）都归结为龙的神威。又由于龙飞在天，腾云驾雾，地位更显神圣，威力更显无穷。历代帝王为了给自己增添神圣的光环，就更需要借助于龙的神威。于是，历代统治者们便与天上的龙接上族缘，以显示自己是受命于天，具有无上权威。自秦始皇以后，皇帝们都自诩是“真龙天子”，其子孙也就是 “龙子龙孙”。皇帝的玉玺在秦朝时用龙虎纽，到汉代则变成了龙形纽；皇宫门楣上作为守护神的龙虎到唐代以后也逐渐由双龙取代；皇上登基称为“龙飞”，臣子跪拜君王称为“虎拜”。这些情况说明，没有被涂抹上辉煌重彩而被帝王攀亲的虎，逐渐与升入皇族的龙分道扬镳而居于象征皇权、至高无上的龙之下了，并且渐渐地转到了民间而成为民间的吉祥物。

虎的形象经过千百年来民间智慧的再创造，逐渐去除了凶残暴烈的一面，变得活泼可爱，虎虎有生气，成为了人们的好伙伴、好朋友。

延伸阅读

龙虎同为天地守护之神

古人往往把北极星看作天帝的居所，把龙虎星象看作天帝的守护神，这一认识被人间帝王所效法利用。《史记·项羽本纪》中范增对项羽议论刘邦说：“吾令人望其气，皆为龙虎，成五采，此天子气也。”《南史·梁武帝本纪》中萧衍说：“君龙行虎步，相不可言，天下方乱，安之者其在君乎！”相传道家炼龙虎大丹时，要有龙虎守在一旁，所谓“龙虎交合而大丹成焉”，直到现在，龙虎仍是道教的护法神。

虎食人的寓意

老虎以人为食的形象出现在早期的文字记载当中，甚至中国古代的玉器、铜器等文饰艺术当中也经常有这一形象出现。这些奇异神秘的虎食人形象并不是简单地对于“虎以人为食”的描绘，而是另有其意，其中蕴含深刻的文化历史背景。

古籍《山海经》中保存了大量中国古代神话故事，里面已经有了“虎食人”的记载，如《山海经·南次二经》中说浮玉山有一种兽，“其状如虎而牛尾，其音如吠犬，其名曰彘，是食人。”《中次二经》中又说蔓渠山有兽，“其名曰马腹，其状如人面虎身，其音如婴儿，是食人。”这是两种能食人的虎状怪兽，一个亦虎亦牛，一个亦虎亦人。

另外，在中国古代的玉器、铜器等文饰艺术形象当中，也常常见到一个重复出现的主题：虎食人。战国虎食人玉佩为双面雕青白玉，中呈环状，一虎伏于人身上，准备撕咬。这种虎食人纹早已是商周青铜器上常用的装饰纹样，基本形状有两类，一虎单食一人和两虎共食一人。前者以商代虎食人卣最为典型，其造型为一只猛虎和一个人相互拥抱，虎作直立坐式，以二足和尾部撑体，面部狰狞，双耳竖直，巨口大张，利齿毕露，两眼圆瞪，前爪搂在一怪人腰际，作张口欲吞状。怪人浓眉大眼，丰鼻阔口，长发披颈，双臂搭在虎的前肢上，手抚虎肩，双腿屈膝，脚踩虎爪，脸朝左侧，头伸进大张着的虎口中，呈扑伏状与虎紧紧拥抱。这是青铜器中容器与雕塑完美结合的艺术杰作。中国国家博物馆藏有一龙虎尊，肩部有三条蜿蜒状蟠龙浮雕，腹部以三道突起的勾云纹为分界，将尊腹分成三部分。每一部分均饰

◆ 虎食人卣

虎食人图案一组，高浮雕虎头居中，左、右两侧各有虎身，弓颈沉腰，粗尾上卷，前后肢屈曲呈伏地欲跃状，张口露齿，虎口下有一怪人，呈蹲坐姿式，双手平举齐肩，人头已被含噬在虎口中，人手足皆作兽爪形，没有衣冠，让人感到神秘莫测。后者有殷墟妇好墓出土铜械上两虎共食一人头的纹饰，而举世闻名的后母戊方鼎耳亦有双虎共食一人头的浮雕，均为两只立虎相对，张开大口，两虎大口之间是一个人头。

“虎食人”究竟有何寓意呢？专家学者曾对这类图形的含义颇感费解，人们众说纷纭，各持已见。有人根据《吕氏春秋·先识》：“周鼎著饕餮，有首无身，食人未咽，害及已身”记载，认为这应是饕餮食人。有人认为，虎与人是神兽与巫师的形象，巫师通过神兽与鬼神沟通。有人说，人虎相拥是表示虎与人交媾。有人则认为，虎是东夷某方氏族的图腾，虎食人则表示把俘虏献给图腾神。持这种图腾说的还有人认为，虎图腾表示以虎神为图腾的人，受到虎神的保护。还有一种说法，这是虎神食恶鬼，意在驱邪求吉。持此见解的人说这正是虎食鬼图，虎所食的人虽有人形，但形象狞厉，浑身布满怪纹；或者作赤裸人形，手足似兽爪。由此可知，虎食之人都是似人非人的鬼魅。这种虎食人形象与《王充·订鬼篇》所引《山海经》佚文中“恶害之鬼”的记述有关。

《山海经》云：“沧海之中，有度朔三山，上有大桃木，其屈蟠三千里，其枝间东北曰鬼门，万鬼所出入地。上有二神人，一曰神荼，一曰郁垒，主阅领万鬼。恶害之鬼，执以苇索，而以食虎。”神荼、郁垒所居之山乃是一座鬼山，他们把守在“万鬼所出入”的鬼门，将为非作歹的恶鬼，用芦苇索子捆起来送去喂虎。青铜器上虎口之下的似人非人的怪物当就是“恶害之鬼”。东汉应邵《风俗通义》云：“虎者，阳物，百兽之长也；能执搏挫锐，噬食鬼魅。”这些说法表现了古人借虎的神秘威慑力量去驱恶镇邪的观念，而青铜器上所塑造的虎食鬼魅形象，即是上述观念的形象化表现。

延伸阅读

饕餮的含义

“饕餮”一词，经常出现在一些文章当中。饕餮究竟有何含义呢？饕餮是传说中的一种贪吃的怪物，它最大特点就是能吃。饕餮是一种想象中的神秘怪兽，古代钟鼎彝器上多刻其头部形状以为装饰。《吕氏春秋》上“周鼎著饕餮”的记载。《神异经·西南荒经》载：“西南方有人焉，身多毛，头上戴豕，贪如狼恶，好自积财，而不食人谷，彊者夺老弱者，畏羣而击单，名曰饕餮。”饕餮性好食，故立于鼎盖。后人常常用“饕餮”比喻贪得无厌者。贪食曰饕，故美食家俗称“老饕”；贪财曰餮。在现代餐饮业中，饕被引申为“会吃”，“饕民”一词便是那些爱吃、会吃的食客的专属美称，而不少美食者也欣然自称“饕民”。“饕盛宴”则指有很多好吃的宴席，“饕视觉”意为视觉上有极大的享受。类似的词语有：饕餮大餐、饕餮美食、饕餮之夜、文化饕餮等。

奉虎为祖的习俗

由于虎的形象和习性的特殊性，人们也常常把虎视为自己的先祖，这在传说以及一些少数民族的传统当中都有体现。奉虎为祖不仅体现了人们渴望得到虎的保佑的心理，同时也反映了对于虎的畏惧和崇敬。

人类从何而来？生命是否可以永远延续？如果可以，又是通过什么方式？这些问题，或许从远古以来便一直困扰着人类。通过对自然的观察和思索，古人给出了种种答案，虎就是其中之一。在古人眼中，生和死只是生命过程的不同形态，从生到死，从死到生的转化，必须通过某种途径。虎凶猛擅杀，似乎正适合担任这个角色。从古代墓葬、出土文物、神话传说和各地民俗来看，虎与生命的诞生及生死之间的相互转化具有十分密切的关系，虎甚至是人类的祖先。

◆ 西王母画像石

母虎女神西王母

虎与生死的这种关系在女神西王母的身上得到了最集中的体现。西王母是中国古代神话传说中的大神，住在昆仑山的北面。在古人心目当中，昆仑山充满了神秘和神圣之感，同为死亡之山和再生之山。昆仑是“囫囵”或“葫芦”的谐音，指天地开辟之前的混沌状态，其外圆而中空，象征着孕育万物的子宫。《山海经》中称西王母是镇守昆仑山九门的“开明兽”，即所谓的母虎之神。除了主生之外，《山海经》中还记载西王母主杀，“司天之厉及五残”，“厉”指疟疾，“五残”又名“五锋星”，它的出现预示五方毁败、诸臣遭杀戮。

有些专家认为，西王母只是远古时期崇拜虎、豹等猫科动物的部落首领或部族的名号而已。一方面，虎从风、从地、从阴，形体与葫芦相似，类似人的怀孕母体，被视为女性的象征自然也在情理之中，而把虎视为人类的始祖也是在母系氏族社会时期产生的。另一方面，虎又有着凶猛、惨恶的本性，这和女神西王母的性格也是有相同之处的。

从此可以看出，人们对于虎的感情比较复杂，既有对于虎凶狠自然属性的清醒认识，又在心理和感情方面将虎与人的关系拉近，反映了人们对待虎的矛盾心理。

明代李长卿《松霞馆赘言》中有一段话，阐述了虎与人生的关系："人生于寅，有生则有杀，杀人者，虎也；又寅者，畏也，可畏莫若虎，故寅属虎。"这里并不是单纯指虎吃人、虎杀人的行为，而是表达了古人对于生死相依、死生转化的生命过程的认识。

少数民族奉虎为祖

古代巴人奉信廪君死后魂魄所变的虎。《后汉书·南蛮西南夷传》记载："廪君死，魂魄世为白虎。巴氏以虎饮人血，遂以人祀焉。"廪君传说是远古时期五姓部落酋领，被认为是古巴人廪君之后的土家族至今仍然保存着以虎为祖，相信其先祖廪君死后魂魄化虎之说。他们称廪君为虎君，奉之为祖神。鄂西长阳、恩施、建始、巴东、五峰等地，均建有寺庙敬奉。

彝族由以虎为图腾的伏羲氏部落发展而来，彝族人民对虎有着莫名的感情。居住于云南巍山、南涧一带的彝族还自称虎族。他们把男子称为"罗颇"，把女子称为"罗罗摩"，而"罗颇""罗罗摩"正是他们分别对于公虎、母虎的别称。此外，他们的历法也是以虎打头，还有的地名也是以虎命名。

云南纳西族人民把古老的象形文字东巴经文中《虎的历史》看作自己民族的历史。他们把虎看作贤能的象征，认为出行要选在虎日才能得到虎神的庇佑。虎日出生的子女也特别受到人们的重视。纳西族还以虎作为门神，以确保全家人的吉祥、平安。

云南的白族也将虎奉为祖先，自称为虎男虎女，并供奉白虎为神，甚至认为人被虎食还可以成仙。分布于湖北、湖南以及四川等地的土家族也对白虎有着特殊的偏好，神话中有始祖神虎儿娃的传说，也有白虎星君神灵的传说；还认为白虎有两种，一种是行堂白虎，凶神恶煞，还会破门而入，须加逐赶，另一种是坐堂白虎，居于厅堂的中间，须加敬礼。

云南的傈僳族还有人虎成婚的传说，他们打猎不打虎，并且认为本族有神虎护佑，虎也不会伤害其族人。

以上文字可见，人与虎的认同，是以虎为人祖、人虎同祖、人虎有血缘关系为前提的。

延伸阅读

历法中的"虎历"

虎在十二生肖中位居第三，在中国使用了4000余年的夏历中，虎月就居于"岁首"，史称"夏建寅"。在中国的一些少数民族地区，往往还把虎看作他们文化传承的祖先神，其中彝族中人和虎的关系最为突出。彝族的"虎历"源远流长，是在远古羌戎"虎历"的基础上建立起来的符号系统。这种"虎历"是一种一年分为十个月的历法，用以纪日的十二属相也是以虎首为贵，因此称这种历法为"虎历"。"虎历"中对于虎形象的突出，充分体现了虎在彝族人生活中所占据的重要位置。

习俗中的肖虎文化

虎虽然生性凶猛、可怕，但模样却对人有着很深的吸引力，着实可爱。随着人们生产与生活方式的转变，人们在大自然中与虎接触的机会也越来越少，久而久之，人们对于虎的恐惧之情也逐步减弱。肖虎文化丰富多彩，已经渗入了人们休闲和娱乐以及生活习俗的各个方面。

中国汉代时已有除夕画虎于门的风俗，后来画虎辟邪镇宅的民俗在民间成为传统。虎的形象在经历了漫长时光，经过丰富的文化填充之后，由繁化简地符号化了：驱邪与祈福，这就是虎形象的民俗含蕴。古人常以虎的兽面形装饰在器物上，民间把虎看成儿童的保护神，让孩子穿虎头鞋，戴虎头帽，睡虎头枕，虎的形象被塑造得既威武又笨拙可爱，寓意孩子能长得虎头虎脑、健壮活泼。

象人斗虎

在古代，有一种象人斗虎的游艺活动，由人扮演的虎与人相斗。这种游艺活动在汉代就已经非常普遍，汉代墓室的画像上就有反映：象人头戴面具，狰狞凶恶，虎为真实的动物形象，奔腾跳跃，与人展开生死搏斗。据《尚书》记载，用人表演兽类的方式早在4000年前的虞舜时期就已出现，时称“百兽率舞”。秦汉时期，戴着面具的象人已进入百戏表演当中。据东汉张衡的《西京赋》记述，象人头戴面具在清扬激越的鼓瑟声与长歌声中戏舞虎豹。

唐代以后，象人斗虎逐渐由舞狮所取代，但在南方客家人居住的地区，依然保留

◆ 赵公镇宅 清代绵竹年画

着由象人斗虎发展而来的舞虎习俗。中国台湾地区在庆祝庙宇落成或是妈祖诞辰时，也要举行舞虎的活动。其它如民间的“跳大虫”表演以及“舞虎灯”等都是对象人舞虎的继承和发展。

虎门神

人们认为虎的威猛是一切恶人恶鬼所畏惧的，因此就常常将虎作为门神以看守门户、趋避邪祟。每到除夕，人们便在桃木板上写上象征虎神的神荼、郁垒的名字，或画上虎头挂于居室门外，表示镇压恶鬼的神户在此守卫，一切妖邪和恶鬼休想进门。春节期间，华北地区喜欢在房屋正厅悬挂《镇宅神虎图》，图上往往有诗曰：“神虎下高山，降魔到人间。善家买了去，四季保平安。”或曰：“虎是兽中王，除邪到下方，贵府请了去，万事大吉昌。”这些都表达了人们祈求得到虎神保佑的美好愿望。

虎衣与虎玩具

民间往往把五月视为毒月、恶月、凶月，认为五月正值多雨，瘟病滋蔓，是毒虫四出、邪恶聚集的季节，对人尤其对抵抗力弱的小孩不利。虎为百兽之王，百虫鬼魅都要躲避老虎，所以妇女们每到五月便会给孩子们制作许多与虎有关的辟邪之物，如虎肚兜、虎头帽、虎头鞋等。虎肚兜上多绣五毒图案，正中部位则绣一怒目圆睁的老虎，颇有神威。虎头鞋鞋头绣一虎头，重点突出“王”字。民间认为这样可以使小孩壮胆辟邪、健康成长，也寓意小孩长命百岁。虎头帽的形制与虎头鞋相似，孩子脚穿虎头鞋、头戴虎头帽，通体虎虎有生气，百病百害皆会回避。这些虎形的衣服既倾注了母亲对孩子的情与爱，又寄予了母亲希望孩子能够健康成长的美好愿望。

端午节期间，民间还盛行给孩子们做布老虎。布老虎的形式多种多样，有单头虎、双头虎、四头虎以及子母虎、枕头虎等，布老虎的造型往往头大、眼大、嘴大、身小，以此来突出老虎勇猛威严的神态，同时比例失调的虎造型又可以显示出孩子般的天真和稚气来，很讨孩子们的喜欢。家长制作这些布老虎，希望自己的孩子能够像老虎一样勇敢强健，也祈求老虎能够成为孩子的保护神，保护孩子的健康和安全。

延伸阅读

生肖之虎育儿的习俗

汉族当中许多育儿习俗与虎有关，如用虎骨水给新生婴儿沐浴，据说可保婴儿一生无病；穿虎头鞋以祈求孩子幸福健康、长命百岁。陕西省西府等地有送布老虎的育儿风俗，婴儿过满月时，舅家要送去一只黄布做的小老虎，以祝愿孩子将来像老虎一样威武强健，进大门时要把布老虎的尾巴折断一截丢在门外，以祝愿孩子在成长过程中无灾无难。山西各地则流行送老虎枕头的习俗，每逢孩子过生日时，舅舅家要送外甥一对老虎头，既可以枕着睡眠，又可以当作玩具，还表示吉祥的祝福。

舞虎的古老传统

远古时期的人们认为，模仿所崇拜的对象就会获得强大的力量，会得到所崇信对象的保护。因此，原初对于生肖之虎的崇拜，经过长时期的发展和转变，形成了有着深刻历史文化底蕴的舞虎文化。

舞虎是中华民族一项古老的传统，至今依然存在于中华大地上的各个地方，最具代表性的要数客家的舞虎。据客家《涂氏宗纪》记载："祖堂梁栋之上虎啸图，远看虎虎生威。年节极乐……族中长辈礼帽新衣，迎接贺岁舞虎。爆竹引路，将虎引至祖堂，虎头舞动，虎皮缠身。"

◆ 天师镇宅　清代桃花坞年画

客家原来多是古代中原河洛地区的汉族人，因避中原频繁的战乱而南迁到江南闽、赣、粤等地。在《古氏南迁》一书中，记着舞虎的内容："祖上自中原南迁，越南海而入桂，历尽艰辛，艰难谁知？千里奔波，粮尽物耗，独有传世物虎头，雨淋日晒，随众翻山越岭，舞虎觅食，斗虎擂台，谁能分真假焉！"这段不足百字的记载十分感人，可以想见，在当年战乱中，血火交兵，人民惨遭涂炭，家园财物化为灰烬。城乡人民为了避难，扶老携幼，离乡别土，蜂拥地向江南迁徙。在途中爬山越岭，风雨露宿，缺衣无食，靠沿途乞讨，仍然背着传世的木雕虎头，以舞虎觅食，可见他们的艰辛，又可见中原人对虎文化的信赖。

在广西柳江县的上坑村，有座古老的庙宇，石壁上画着舞虎人图画，迄今仍隐约可见。在沙坑镇还发现一幅2米长、0.5米宽的舞虎巨画，画中一人抓虎头，一人撑虎尾，虎头高高举起。据说，此画已有400余年的历史。江西省清江县大桥乡南上程村，姓程的祖先是北宋末年从河南嵩县迁来的，每年农历初八，村里举行游虎盛会，人们喜跳老虎舞。

西汉时民间有舞虎的活动，传说道教张天师的坐骑为虎。山西省霍州市陶唐峪镇南上程村至今还保留了舞虎的习俗。表演时，由两人扮虎。虎头用樟木雕成，以黄栀子染布做虎皮，竹笃做虎尾，一人扮社公，头戴面具，身穿袍衣，脚着草履，手持折扇。舞时社公在先，老虎在后，随社公折扇的上下扇动的节奏，边舞边走。虎时而跳跃，时而翻滚，时而伏卧，并以锣鼓镲打击乐伴奏。其貌时而凶猛异常，忽而缩首敛脚……路过新婚或生孩子的人家，窜人户内，将石子、泥沙撮撒在床上，以示吉利。南上程村的程姓祖先是北宋末年从河南西部迁来的，距今已有800余年的历史，说明宋代民间还有舞虎的习俗。

江西省清江县也保留有舞虎的传统，这与道教有一定的关系。中国传统的道教在江西省很盛，省内贵溪县的龙虎山便是道教的圣地。赣江中流清江县的合皂山是道家第三十六福地，福地是所谓“神仙所居之处”，“上帝命真人治之，其间多得道之所”。

其实，客家的舞虎并非都与道教有关，如广西的涂家将虎啸图画于祖堂的梁栋上，年节族人的长辈迎接贺岁的舞虎，还要在祖堂中表演，以致将舞虎画于古庙中。这说明中原人对古老的民族传统文化的执著精神，一如虔诚的尊祖那样，维护着传统的虎文化。

台湾与大陆的人民同宗、同祖，有共同的民族文化。台湾的开发也是大陆人民一代代渡海创业的结果，大陆的移民也把虎文化带到了台湾。如鹿港新庙建成时，举行庆祝仪式，由人戴面具扮土地公，由人戴虎头面具扮虎。传说土地公是山神，收服了山中的老虎为坐骑。表演形式与江西清江大桥乡客家舞虎相似，只是清江称“社公”，鹿港称“土地公”。

台湾北港庆祝妈祖诞辰时，有盛大的游行出巡绕境。队伍前由虎爷开路，坐在轿子里，轿夫身穿虎皮衣，成了“虎抬虎”，在鞭炮声中，造成虎爷的威势。

延伸阅读

山东东营的“虎斗牛”传统

“虎斗牛”作为山东省东营市的一项民间传统习俗，至今已流传几百年，在黄河口地区名气颇大，现已载入《中国民间舞蹈·山东卷》，并入选东营市首批非物质文化遗产名录。据记载，“虎斗牛”原初只是两人在街上戴上虎头、穿上虎衣在街上打斗的形式，后来经过表演者的不断改进，演变成了以耕牛救主为主要故事情节的民间舞蹈，并正式得名“虎斗牛”。据了解，“虎斗牛”舞蹈由“饿虎寻食”“虎猴相戏”“牧童放牛”和“耕牛救主”四部分组成，演出时间大约为40分钟，一般需要8名演员。舞蹈演出了老虎的凶残与威猛，耕牛的沉稳与勇敢，表现出不畏强暴、勇于抗争的主题。至今，每逢传统节日时，“虎斗牛”在当地依然非常红火，人们一听到“虎斗牛”特有的锣鼓声，就会围拢过来，争相观看。

第八讲

卯兔弄月

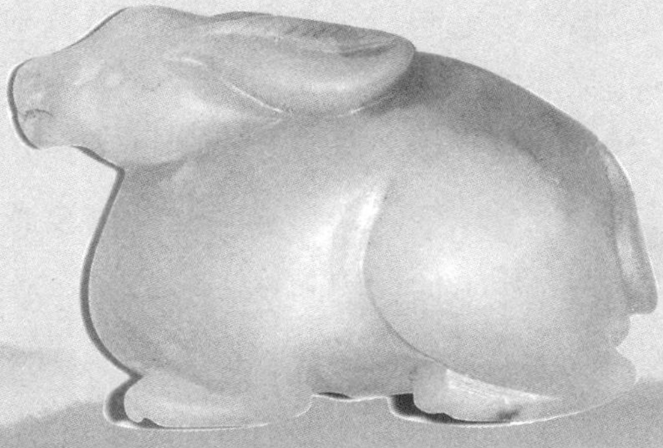

肖兔与其他生肖的关系

肖兔与其他十一种生肖之间有着千丝万缕的联系，有的有着相同或是相近的属性，有的则是相反，从彼此的比较中既可以看出它们之间存在的差别，又有着许多共同点包含在其中。

一切生物都处在一定的生物链条之中，彼此间相互影响、相互制约以维持大自然的平衡，生肖之兔与其它生肖动物之间也不例外，存在着这样或那样的联系。

无论是在形象上还是生活习性上，兔与鼠之间都非常相似，传说中的“飞兔”还直接被人们称作“飞鼠”。某些生物学家经过研究认为鼠兔同源，二者之间是亲缘关系，至今有的兔子还被划分到“鼠兔”一科当中，可见兔鼠之间关系的密切。

兔与牛都是人类的朋友，是善良的化身。在早期出土的汉画像石中，有兔与牛同处于一个画面上的作品，看来兔与牛共处有着很深的文化渊源。旧时在中国湖北南漳、长阳一带以农历八月十五为牛王生日，这一天要诵经，而诵经的时间是在卯时。当地人认为卯属兔，“兔”与“透”谐音，经要诵透，才能确保牛能够膘肥体健。这一天又恰巧是中秋节，月中之兔与地上之牛遥相辉映，是兔和牛共同的好日子。

兔和虎两极相对，分别是软与强的代表。人们通常所知的是月中有兔，然而却还有月中有虎的说法：屈原《天问》中有一句“而顾菟在腹”，一种说法认为“菟”即

◆ 梧桐双兔图 清 冷枚

“兔”，月中有兔，而还有认为“顾菟”即“於菟”，在楚国方言中指“虎”。兔与虎差别很大，然而却在这里变得模糊不清。北京民间工艺中还有一种泥塑“兔儿爷”，绘一兔骑于虎背，想象也够大胆奇特。

兔何以能够居于龙之间，在前面已有论述，一个在天上或是水中，而一个在地上，人们设想二者比赛并且兔能够取胜大概是基于对身躯弱小者的同情吧。

兔与蛇的生活范围都极为广泛，不同的习性反而让人们觉得两者可以相互补充。另外，“蛇盘兔，必定富”等迷信观念也加紧了两者之间的进一步联系。

善于奔跑是兔与马的共同特点，而事实上兔的速度甚至还要比马快上好几倍。人们希望马能够像兔一样疾速，于是便有了以兔为马的观念，如飞兔、赤兔等皆是兔命名的。

兔与羊一样，都是善良的象征。瑶族民间有羊与兔同在月亮之上的传说：英雄雅拉把一幅绣有白羊白兔的大锦射到了月亮上，谁知白羊白兔从锦中走出，而且活蹦乱跳。后来，雅拉也上了月亮，在月中守护着可爱的白羊、白兔。

兔的狡猾、机灵与生肖之猴相对应，在人们的印象之中，似乎兔还要比猴子聪明几分。另外，“兔寄明月”的传统以及猴王孙悟空的形象，在一定程度上还都受到了印度文化的影响，这也使兔在中国传统文化中的地位得到了进一步加强。

兔与鸡之间也有着很深的文化渊源。兔是月亮的象征，而鸡是唤太阳升起的号手，二者相互对立。然而月如水，兔与月有关，就又与水扯上了关系，另据《日简》记载：“酉，水也，鸡也。”由此，兔与鸡之间又有了相同的地方。算数当中常常出现的“鸡兔同笼”问题大概也有着特殊文化背景吧。

兔与狗自古以来就是冤家对头，自然界中狗攻击兔时，兔全无还击之力，但是在生肖文化中，兔与狗倒是合得来的两个属相，婚配上亦有“青兔黄狗古来有，万贯家财足百斗”的说法。

由于生活习性的不同，兔与猪之间似乎并没有什么必然的联系。兔与猪在某些地区的旧观念中也被认为是相合的，旧时青海河湟地区的婚俗以猪、兔、羊为相合便是一例。

可见，在十二生肖的集体当中，兔子是左右逢源、广结善缘的一位，这也同时体现了人们对于生肖之兔的好感。

延伸阅读

民间“蛇盘兔”信仰

在现实环境当中，蛇与兔之间并无太大的联系，甚至连“面儿”也并不是常见，然而在民间传统文化当中，蛇与兔之间却有着千丝万缕的联系。在古代，人们在选择墓地时，以能够发现蛇兔相会的地点为最佳选择。认为如果葬地有蛇盘兔，不但可以给家族带来更多财富，还可以使人口增长。为了得到这种墓地，人们甚至不惜争地盗葬，连年诉讼。在中国民间婚俗中，把男属蛇、女属兔的婚配看作最理想的婚姻。山西、陕西的剪纸和花灯中，至今仍有把蛇与兔安排在一起的造型，也称为“蛇盘兔”，并认为“蛇盘兔，必定富”，把蛇盘兔看作难得的吉兆。

生肖之兔的媒介作用

月亮是团圆的象征，而玉兔又是月亮的象征，玉兔便成了游子与家人沟通的媒介；玉兔在月宫中捣药，皎洁的月光照亮了有情人相会之路，玉兔又成了情人之间的媒介。生肖之兔之所以能够作为媒介，是人们对于肖兔美好形象所汇聚出来的结晶。

晋人张华在《博物志》里谈到兔子因为看到月亮而怀孕。兔子会因为看到月亮而受孕，原因在于月亮里本来就生活着一只兔子。八月十五的中秋之夜，是月亮最清晰明亮的一天，兔子们也总是选择这一天聚集在深山茂林里，集体仰望兔王，以获得子嗣。如果这个夜晚天气不够晴朗，月亮不够明晰，那么次年兔子的数量就会骤减。这个传奇故事表明，人们认为兔与月亮有着很深的渊源，因而玉兔传情也成为思亲和结缘的象征。

◆ 嫦娥执桂图（局部）明 唐寅

中秋赏月，玉兔寄情

中秋节是中国最重要的传统节日之一，与春节、端午节共同构成中国民间三大节日。周代就有秋分祭月的习俗，到北宋定为八月十五日。宋代吴自牧《梦粱录》卷四称：“八月十五日中秋节，此日三秋恰半，故谓之中秋。此夜月色倍明于常时，又谓之月夕。”每逢中秋夜，人们常要赏月祭月拜月。

中秋节的晚上，全家老幼团聚在庭院里，分食月饼和西瓜等水果，边吃边赏月，看月亮上的暗影哪个像嫦娥，哪个像玉兔和蟾蜍，这种活动俗称“愿月”。拜月的方式各不相同，江苏吴县的拜月是向空中遥拜，广东有些地方是向偶像拜祭，京津一带则是向“月光纸”或“月光马子”祭拜。“月光纸”或“月光马子”是月神的图像，有人身兔脸的，也有神像下卧着玉兔的，还有印着桂树，树下玉兔直立执杵捣药的。画面上写着“太阴星君”或“广寒宫”等字样。中秋之夜的圆月象征着美满团圆，人们在中秋节分吃月饼和西瓜，是想感染月亮、蟾蜍和玉兔旺盛的生殖力和死而复生的活力。

历代都有人中秋感怀写诗赋词，少不了提到玉兔，词中的“玉兔”指代月亮。唐代白居易《中秋月》诗：“万里清光不可思，添愁益恨绕天涯。谁人陇外久征戍？何处庭前新别离？失宠故姬归院夜，没蕃老将上楼时。照他几许人肠断，玉兔银蟾远不知。”南宋辛弃疾《满江红·中秋》：“美景良辰，算只是，可人风月。况素节，扬辉长是，十分清澈。着意登楼瞻玉兔，何人张幕遮银阙？倩蜚廉，得得为吹开，凭谁说？弦与望，从圆缺。今与昨，何区别？羡夜来手把，桂花堪折。安得便登天柱上，从容陪伴酬佳节。更如今，不听麈谈清，愁如发。”这两首诗词堪称“玉兔寄情”经典之作。

一年之初，兔引偷青路

闽南、广东等地，有未婚女子在元宵夜到别人家菜地里偷拔青菜的习俗，叫作“偷青”。广东化州地区有首歌谣：“天青青，月明明，玉兔引路去偷青，偷了生葱人聪明，偷了生菜招财灵。”闽南地区的民谚：“偷得葱，嫁好公；偷得菜，嫁好婿。”描述了偷青的情景和目的。偷菜只是象征性地拔两三棵，所以被偷者并不介意。所偷的菜主要是葱、芹和生菜，取的是葱与聪，芹与勤，生菜与生财的谐音，希望自己以后能够嫁一个聪明、勤劳的丈夫，婚后家业兴旺、生活幸福。

从偷青的本义来说，偷青所取象的主要是“青”与“生”，即春天旺盛的生命力。春季来临，万物复苏，青年男女纷纷来到田野里，在元宵夜偷青，在正月里跳月，在清明前后踏青，以祛除冬天的沉闷与死寂，感染春天盎然的生机和活力，感染大自然的生殖力。姑娘去意中人家的菜地里偷青，小伙子也借口防止青菜被偷来到菜地里。以偷青为契机，一对对有情人在元宵夜相会于月下。玉兔就是他们的引路人，玉兔是月亮的象征，因而媒人或红娘也称为“月下老人”或“月老”。

延伸阅读

兔的闺中怨妇象征

由于玉兔捣药的孤苦形象，人们往往会将闺中的怨妇和玉兔联系起来。汉代的窦玄长得状貌绝异，被皇帝看中，让他和原配妻子离异，再将公主嫁给他。窦妻悲怨不已，但又无法与皇帝抗争，只好作《古怨歌》给丈夫，诗云：“茕茕白兔，东走西顾。衣不如新，人不如故。”把自己比作了孤苦伶仃、无依无靠的白兔。元代马致远在杂剧《汉宫秋》中描写汉元帝对王昭君的思念时也说：“呀，俺向着这迥野悲凉，草已添黄，兔起早迎霜。犬腿起毛苍……”借着秋天四野茫茫、一片萧瑟的悲凉气氛表达了对于梦中之人的怀念。

月中长生的兔

千百年来华夏子孙一直相信月中有兔。兔是如何进入月宫的？月中之兔为何能够长生？有关这些问题的回答，关系着生肖兔文化在人们生活中的地位和影响，关系着民俗传统文化的进一步发展和完善。

在关于兔的传统文化当中，人们印象最深刻的恐怕要属月中之兔的传说了。月中之兔的由来就要从兔入月宫说起。

相传后羿射落九日后，在西王母那里求得长生不老药。吃了这种药，人可以升天变为神仙。有一天，羿外出打猎，他的妻子嫦娥出于好奇，悄悄吞吃了长生不老药，变得身轻如燕，飘飘悠悠升上天空。临飞之前，嫦娥养的一只小白兔跳到她的怀中。嫦娥抱着白兔，一直飞到月亮上的广寒宫。广寒宫玉洁冰清，飞入月宫的白兔便叫玉兔，它那雪白的毛，长长的耳朵，红红的眼睛，像广寒宫一样，给人以阴柔之美。

这个传说表现了人们对于太阳酷热、暴躁和凶恶的深恶痛绝，而与之相对的月亮的清凉、温柔、善良则成为了人们向往和追求的地方。由此也可以看出远古时期人们的生存生产状况：人类刚刚诞生时寿命很短，为了维持自身的繁衍，不得不重视自身的生产，因而崇拜具有旺盛生命力的月亮。兔自身多产，又与能够死而复生的月亮相联系，被看作月亮的象征，受到人们的崇拜，启发了人们对自身生殖力和长生的祈求。这样，兔能够入选十二生肖也就不足为怪了。

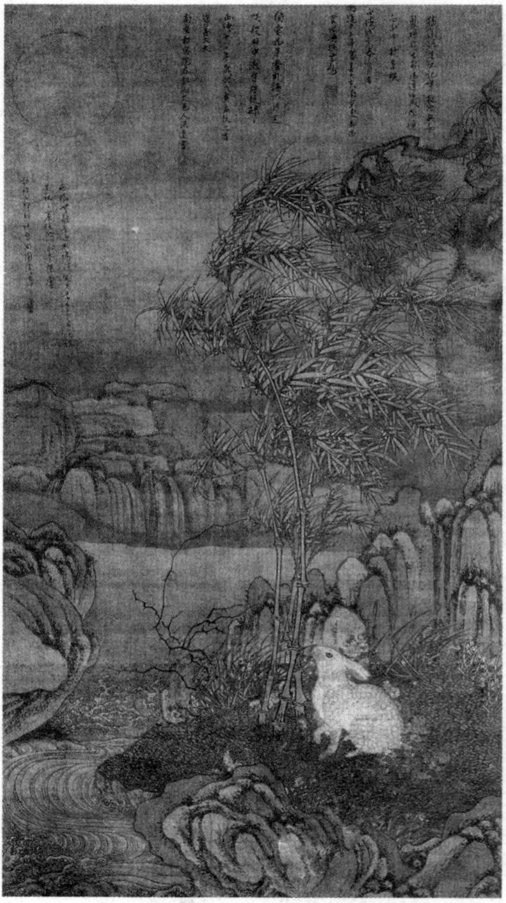

◆ 蟾宫月兔图 明 陶成

兔在古代也称“兔子”，这或许与它的生活习性有很大关系。兔生育前要掘洞，在洞中生子，生下小兔后要以土培在小兔身上，并封上洞口。看到这种情况，人们认为兔与大地母亲的关系特别紧密，就把兔称作“土子”，意为“土地的子女”。而月亮在古代也被看作地精，《周易·说卦》认为弯月与牛角相似，象征地母。兔与月的关系或许就建立在这个基础上。在古人眼中，土地是万物之母，受到人们的崇拜，兔为土子，当然应该进入生肖。

兔子在古代还称“吐子”，王充《论衡·奇怪篇》说：雌兔生产时，小兔“从口而出”。实际上，兔子和别的哺乳动物一样，都是胎生。雌兔有时会咬食自己生的小兔，这是雌兔在分娩之后的特殊举动。人们看到这种情况，以为小兔是从母兔口中生育，就把兔子称为“吐子”。

无独有偶，月亮的盈亏变化在古代也曾当作怀孕产子，广西壮族的神话《太阳、月亮和星星》说：太阳是父亲，月亮是母亲，星星是它们的孩子。太阳每天吃星星，并把生命的种子传给月亮；月亮每天都吸收星星的营养，每个月都怀孕生子，新月一天天变圆，星星一天天变稀，是月亮在吸收了星星的营养后肚子里的胎儿逐渐长大所致；到满月时胎儿孕育成熟，逐渐产出，星星就是月亮的孩子，星星越生越多，月亮也一天天变小，直到初一时完全消失，又开始新一轮循环。

“玉兔捣药”是我们非常熟悉的传说，然而，玉兔“捣”的是什么？汉乐府诗中有回答：“白兔长跪捣药蛤蟆丸”。蛤蟆就是蟾蜍或青蛙，是与兔同时进入月宫的。蛙是冬眠动物，冬天在土中僵卧，春天醒来，在先民眼中，这就是死而复生。蛙又是女性的象征，在原始人眼里，蛙多产的圆腹象征女性子宫，蛙弯曲的双腿类似女性产子姿态，所以女阴又称“蛙口”，女娲又称“女蛙”，越南一些地方供奉的女娲像就是蛙腿姿势。在先民的混融与互渗思维中，相似的形状具有相似的功能，因而兔与蛙便在“生育”的基础上联系起来，一起进入月亮，共同捣制长生不老的灵药，成为月亮的象征。由此看来，兔能够进入生肖，不但与月有关，也借助了蟾蜍的魔力。

延伸阅读

诗词中的“月兔”

经过长期的发展，玉兔早已成为了“月亮”的代名词，月中嫦娥与捣药玉兔的故事感动了一代代文人墨客。唐代李白在《把酒问月》诗中写道：“白兔捣药秋复春，姮娥孤栖与谁邻？”宋代王安石《信都公白兔》中说：“水晶为宫玉为田，嫦娥编素洗朱铅。宫中老兔非日浴，天使洁白宜婵娟。”唐代李贺在《梦天》诗中把兔子与蟾蜍共同带进了月亮：“老兔寒蟾泣天色，云楼半白壁斜白。”古人的优美诗句，实质上也受到了生肖兔文化的深远影响，另一方面又对生肖兔文化的发展起到了推波助澜的作用。

工艺美术中的肖兔文化

长期以来，人们都把玉兔作为从月宫仙境中下凡的神物来看待。因此在人间，兔被视为吉祥之物，无论是在哪朝哪代的工艺美术当中，都有玉兔形象的出现，从中也可看出生肖兔文化对于工艺美术发展产生的重大影响。

早在中国商周时期，玉器的刻制就已经达到了相当成熟的水平。河南安阳殷墟妇好墓出土的玉器多达700余件，且种类繁多、形态各异，其中的玉兔佩饰颇为引人注目，玉兔一般都作匍匐状，似在拱身觅食，也有以约三分之一圆的弧度，雕出兔子的奔跑动作。以玉雕兔，恰如其分地表现出了白兔的纯洁、温良特征。古人使用玉兔佩饰意在辟邪，也具有兔神图腾的祯祥意义。

◆ 宋代螺细月宫六兔铜镜

在商周青铜器上写实的兔纹形象尤为罕见，河南洛阳北瑶出土西周兔纹觯，铜觯颈部饰兔纹一周，兔作半蹲踞状，似有所寻，兔耳斜竖，大眼短尾，很是写实。在出土文物中，兔形青铜器最少，陕西神木李家畔出土有战国时期的四件伏兔，云南晋宁石寨、山西汉墓出土的立兔铜杖头，则是几件极为精美的艺术品，兔乍起高大长耳，瞪着圆眼向前方，后腿微收，似乎一旦危险来临，即刻蹬腿逃跑，真是活脱脱的一副机敏警觉形象。

兔在汉代画像石中频频出现，大多依附西王母、嫦娥神话出现，持杵捣药的神兔形象居多，亦有作为凡兔昂头竖耳奔跑的形象。汉代铜镜上亦可见兔纹，汉代彩绘壁画中有立兔、奔兔形象。陕西咸阳出土北周画像石上的奔兔，以阴刻凹凿技法刻成，兔形修长，兔下方有流云四朵，兔颈上飘带飞逸，表现的是白兔轻捷而疾驰的奔跃状态，堪称画像石上兔形象的佳作。敦煌壁画中也有兔的形象，最为著名的是藻井壁画上中心装饰图案三连兔，充满着一种神秘色彩，画有三只追逐循环奔跑的兔子。三只兔子本应有六只耳朵，而图中却只有三只耳，作者运用“共用形”的艺术手法，巧妙地表现出三兔共耳纹。这种追逐循环的奔兔为何出现在飞天藻井图案中心，它究竟表达什么寓意，仍然是个不解之谜。

在唐代石刻中，兔的形象常常见到，唐代李嗣本墓志盖盈顶十二生肖之兔纹，杨执一墓志石刻十二生肖之兔图，李景由墓志石料十二生肖之兔，尉迟敬德墓志石刻十二生肖之兔，乾陵永泰公主墓石刻之兔，李延祯墓志盖十二生肖之兔，以及五代南唐王氏墓志石刻兔纹和宋人杨氏墓志石刻兔纹，等等。兔的形象各异多姿：有疾速奔驰的兔，有缩身蹲踞的兔，有后腿扬起、回首瞻顾的兔……隋唐时期，十二生肖图十分流行，还出现了拟人化形态的生肖俑。湖南湘阴隋大业六年墓出土的生肖俑，其中兔俑作兔首人身，着长袍，拱双手。唐代生肖兔俑亦多次发掘出土，基本上与隋代生肖俑造型相似，所不同的是唐代兔俑显得纤长苗条，兔耳偏大而斜耸，亦兔亦人，形象生动。

兔还是历代画家喜爱画的题材，名家辈出，佳作连篇。北宋画兔名家崔白，据《宣和画谱》载，当时御府收藏有他的七幅兔画，今存有《双鸟戏兔图》，画老兔歇息坡上，一对寿带鸟在树上朝兔鸣叫，兔回首作逗趣状，神态活灵活现。其弟崔意亦喜欢画兔，自成一家。无名氏《山花墨兔》一改兔的缩首团曲样子，而作后肢屈地，引颈仰视状，白兔作墨兔，亦较罕见。明代画兔名家陶成有《菊花双兔》，徐霖有《菊石野兔》，清代沈栓有《雪梅群兔》，马企周有《山兔》，民间艺人亦以兔入画，山西大同窗画《萝卜双兔》，描绘了农村园圃的乐趣，萝卜收罢，园田寂静，一红耳霜毛白兔，一黑身白爪乌兔，跃跃而来，伏地美滋滋地吃萝卜，极富情趣，充满天然气息。

延伸阅读

京城工艺“兔儿爷”

兔儿爷是生活在北方地区的人们在中秋节送给孩子们的民间工艺，源于北京，传于天津。据清代《燕京岁时记》中记载：“每届中秋，市人之巧者用黄土抟成蟾兔形象以出售，谓之兔儿爷。”最早的兔儿爷玩具是仿月宫上玉兔捣药的形象，人身兔面，嘴为三瓣，两颊粉红，一双长耳朵，左手端捣药钵，右手持药杵，脚穿厚底靴，十分惹人喜爱。后来，兔儿爷演变成戏曲与生活中的各色人物。与兔儿爷相伴的有兔奶奶，模仿妇女形象，神态安详。每到中秋节，家家户户都忙着逛庙会给孩子们买兔儿爷，为团圆节作准备。

中国传统文化中的肖兔

兔走乌飞，时光飞逝。在中国传统文化当中，生肖之兔始终占有着重要的位置，其强大的生命力也始终影响着人们的意识与观念，从而形成了许多源远流长的文化现象。

在中国传统文化中到处留有生肖之兔的影子。早在中国封建社会之初的商代，人们就通过对兔的观察了解，创造了兔的象形字，后来逐渐发展演变成了今天的“兔”字。汉字中有不少都与兔有关，如免、娩、冤、逸等。

免的原义是“兔逃逸”，《说文解字·兔部》注：“兔不获于人，则谓之免。”后来经过引申，凡躲过、避开了灾难等不利的事都可以称为“免”。

“娩”字原初是指兔的生育，《尔雅·释兽》上说“兔子曰娩”，后来经过发展才用“分娩”来专指人的生育。可见，在人出生之初，就遇到了一种与兔相关的文化现象，而且每过十二年都要遇到一个兔年，属兔的人更是终身与兔生肖相伴了。

人们有时会对自己遇到的某些事情感到冤屈，“冤”字以“兔”为主要部分，说到“冤”，就需要谈谈“冤”与“兔”的关系。东汉许慎的《说文解字》将“冤”解释为：“冤，屈也，从兔从冖，兔在冖下不得走，益屈折也。”“冖”是“覆盖”的意思，如此看来，“冤”的本意是指被罩住的兔子，不能自由奔走、自由行动，又由被覆盖住的兔联系到人，于是就有了某人某事“冤枉”的说法。

“逸”字“从辵，从兔”。原意是“兔谩訑善逃失也”，有放纵、快速等意思，由放纵又产生了安乐、闲而不劳等含义，今天我们常用的“安逸”一词，就有这层意思。

中国与兔有关的成语典故也很多：守株待兔、兔死狗烹、狡兔三窟、兔死狐悲、

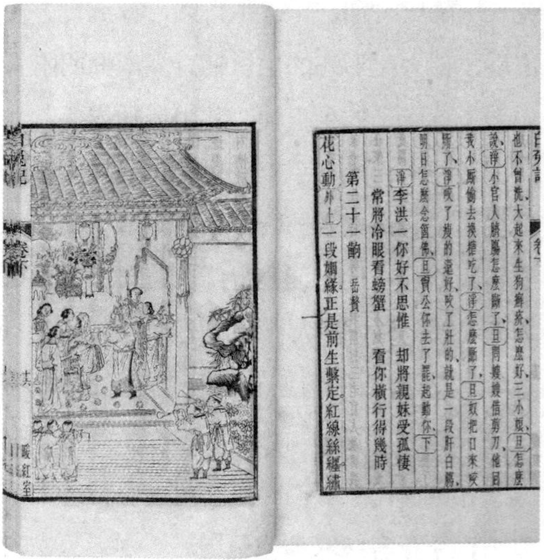

◆《白兔记》书影

动如脱兔、龟毛兔角、兔起鹘落，等等。成语“狡兔三窟”用狡猾的兔子有多处洞穴来比喻人要多些掩蔽措施和应变办法，用以保护自己。它来自《战国策》的名篇《冯谖客孟尝君》。齐国国相孟尝君门下有个食客名叫冯谖，被孟尝君派往薛地收债。冯谖问孟尝君，收债之后买些什么东西回来？主人答道：“你看我缺少什么就买什么好了。”冯谖到了薛地，看到欠债者都是贫苦庄户，立即以孟尝君名义宣布债款一笔勾销，将各户的债务契约烧掉了。孟尝君见到冯谖后，问他给自己买了什么，冯谖说：“你财宝马匹美女应有尽有，我只替你买了‘仁义’回来。”当孟尝君知道事情原委后，又气又怒，但是已无法挽回，十分无奈。后来，齐国国君废除了孟尝君相位，他只好退居薛地生活。薛地百姓听说孟尝君来此的消息，扶老携幼走出数十里路去夹道欢迎孟尝君。此时他才恍然大悟，冯谖为他买的仁义价值所在，连连感谢冯谖。冯谖说：“狡兔三窟，仅得免其死耳。今有一窟，未得高枕而卧也。”意思是狡兔三窟才免去死亡危险，你只有一处安身之所，不能高枕无忧啊！

除了成语典故之外，兔居月宫、玉兔捣药等与兔有关的神话传说也都一代代流传下来。在中国古典戏剧中，也有兔的角色。12世纪的江南流行四大南戏，其中与月亮和兔子有关的就有两出：《拜月亭》《白兔记》。《拜月亭》正是拜月习俗为戏线的爱情故事；《白兔记》则是由一只白兔引出了一个家庭大团圆。《白兔记》剧取材于民间传说：刘知远家贫，外出投军，妻李三娘在嫌贫爱富的娘家受尽歧视和折磨，生下一子托人送往刘知远处抚养。十余年后，刘已显贵，其子射猎，追踪一白兔而得见李三娘，于是苦尽甘来，一家团圆。

中国长时期以来都是一个以农业为主的国家，所以先人们对于兔的感情态度很少有经济方面的因素在里面。生活中人们对于兔活泼、可爱的形象的喜欢，以及对于兔的胆小、豁嘴等的讨厌，只是出于兔的外表与习性的考虑，还有与人们内心已有观念的符合度。所以，在中国传统文化当中，人们对于生肖之兔的好恶，主要是由兔所代表的象征意义来决定的。

延伸阅读

古代人的猎兔活动

猎兔是秦汉以来达官显贵们的娱乐活动。范蠡说过“狡兔死，走狗烹”，从中反映了古人利用狗来捕捉野兔。战国时期，中原地区的人们也逐渐学会了骑马，猎兔的活动比以前更便捷了，猎兔的娱乐性质也更加突出。秦朝宰相李斯被赵高诬陷获死罪，出狱赴刑时，对他的儿子说：“吾欲与若复牵黄犬俱出上蔡东门逐狡兔，岂可得乎？”快要死了，还想着昔日猎兔的乐事，猎兔固然可以作为乐事的代表，但此时李斯最深的体会，大约是猎兔时的自由，而那自由他早已失去，在政治斗争的围场中，他成了赵高的猎物。

民间肖兔崇信

也许是由于肖兔身躯的弱小以及本性的善良和温和，才普遍受到了人们的喜欢。虽然不像其它生肖动物一样影响力那么大，但是无论是在图腾崇拜还是人们的传统节日甚至生活禁忌当中，依然都有生肖之兔的影子。

野兔在先民们的生活当中并没有产生什么重大的影响，而且野兔被人们驯养成家兔的时间也并不早，所以生肖之兔的崇信并不如十二生肖之中其它动物那样普及，即便是这样，在民间习俗中对于生肖之兔的崇信也是多种多样的。

兔图腾与兔神

在中国历史上，华夏民族的图腾崇信中很少有兔图腾，以兔为神也较晚才出现。道教“六十甲子太岁星君”即“本命元辰星君”当中有五位是属兔人的保护神，依次是：丁卯太岁沈兴大将军、己卯太岁龙仲大将军、辛卯太岁范宁大将军、癸卯太岁皮时大将军、乙卯太岁万清大将军。这五位大将皆为兔的模样，或穿宽袖长袍，或顶盔贯甲。在佛教经典中兔是作为神兽出现的，如伐折罗神将的坐骑是兔；东海金山有净道窟，窟中有一兔。

◆ 元宵节兔灯

在中国一些少数民族当中，可以找到一些以兔为图腾或以兔为神的例子。德昂族的寨旗大多是由原始的图腾演变而来的，兔是其中之一。傈僳族的氏族图腾多达50余种，其中就有兔图腾。碧箩雪山上的傈僳族有24个姓氏，是为图腾姓氏，其中有兔。纳西族中的摩梭人也曾经以兔为图腾。

虽然兔作为图腾或是神仙的地位并不算高，但兔子名列仙班的历史却很悠久，在很早的时候，兔就居于天上，与众神平起平坐。在河南密县出土的汉墓门洞的画像石上，就刻有兔与仙人一起在天上奏乐的画面：二仙人、二仙兔、一飞马、一熊。其中两仙兔跽坐，各以右前爪执管状乐器，举于唇边，吹奏乐曲。

兔的相关风俗

古代汉族有“挂兔头”的岁时习俗，流行于全国许多地区。每年农历正月初一，人们用面兔头，以竹筒盛雪水，与年幡面具同挂在门额上，以示镇邪驱灾。另外还有赠兔画的育儿风俗，画中有六个小孩围着一张桌子，桌上站一手持兔子吉祥图的人，祝受赠的孩子将来生活安宁，步步高升。

正月十五的元宵节也称“灯节”，其中的兔灯就是动物造型灯中的佼佼者，深受孩子们的喜爱。山东有些地方以豆面捏灯，称为“面灯”。这些面灯往往由孩子的姥姥或是母亲制作，他们按照家庭的属相为每人捏制一个，其中自然少不了兔灯。到了晚上，全家一起点燃，表示合家团圆，其中也有消病驱灾、祈求人口兴旺的寓意。

由于“玉兔捣药”传说的缘故，人们常常把兔看作“月精”“月魄”，兔也因此与中秋祭月联系了起来，常常受到民间的供奉。明人纪坤《花王阁剩稿》记载：“京中秋节多以泥抟兔形，衣冠踞坐如人状，儿女祀而拜之。”这记述的是兔儿爷。到了清代，兔儿爷的功能已由祭月转变为儿童的中秋节玩具。

明清时期，在中秋月饼上绘兔已经非常普遍。明末彭蕴章在《幽州上风俗》中写道：“月宫饼，制就银蟾紫府影，一双蟾兔满人间。悔煞嫦娥窃药年，奔入广寒归不得，空劳至杵驻丹颜。”清代富察敦荣在《燕京岁时记》中说：“至供月饼，到处皆有，大者尺余，上绘月宫、蟾兔之形。”

兔的禁忌风俗

在中国许多地方都存在着孕妇不能吃兔肉的禁忌。人们认为，孕妇吃了兔肉，胎儿就会像兔子一样长成三瓣嘴。这种说法早在东汉王充《论衡·命义篇》中就已出现：“妊妇食兔，子生缺唇。”内蒙古西部地区的一些农村当中流传着“打狐狸、套兔子，一辈子穿不上好裤子”的说法，认为残害兔子这样的生灵就会交不到好运，得到应有的报应，来世还会转为所杀的生灵。

其实，这些说法都是毫无科学根据的，只是人们根据兔子的形象特点所主观臆想出来的结果，不足为信。

延伸阅读

兔神何以曾被赶出天庭

纳西族中的一个分支喇氏族认为虎是他们的祖先，而兔子也曾经是他们的神。传说天神格尔美创造了天地和万物，却还没有造人。天神格尔美要派一个神到地上去创造人类，众神害怕大地根基还不稳固，灾害又多，都不敢应声。格尔美只好点名指派，他对兔神说：“你在天上是最机灵的神，又能说会道，看来派你去创造人类是最合适的了。”兔子摇头摆耳，作出一副哭相说：“我这几天害眼病，什么东西都看不清，别说到大地上去造人，连吃饭睡觉都要别的神来照顾，还是派别的神去吧。”天神格尔美听了很生气，说：“看起来，你是个只会说大话的胆小鬼，你还有什么资格在天上做神，享受仙果、仙肴？你只配去吃草。”众神之王格尔美的话一一应验。从此之后，兔子就变成了胆小的食草动物。

第九讲

辰龙腾云

龙的原型探微

龙是十二生肖之中唯一虚拟出来的形象，是人们丰富的想象力和古老信仰的体现。正是由于龙形象的虚拟性，才有了千百年来人们对于龙原型的孜孜不倦的探讨。

生活当中，“龙”恐怕是人们最熟悉不过的字眼了，然而静下心来想一想“龙为何物？”却不见得有谁能够回答得上来。由于龙的形象的复杂性，人们对于“龙为何物”的问题便有了不同的答案。

龙为蛇说

在世间所有动物当中，蛇无疑是与龙最为接近的一个，著名学者闻一多先生在研究了龙的起源后得出如下结论：“龙的主干部分和基本形态是蛇。在当初众图腾林立的时代，蛇占据着最主要的位置，龙作为众图腾的合并与融化，实质上是蛇图腾的影响日益强大并且对于许多弱小单位进行兼并和同化的结果……大概在图腾未合并之前，所谓龙者，只是一种较大的蛇，这种蛇的名字即为龙。”还有学者认为龙很可能就是蛇中之蟒。学者何星亮在分析研究了考古学、历史学、民族学的资料以后得出结论：“古时往往龙蛇并称，而蟒蛇为蛇中之王，故古人以最大蛇——蟒来塑造龙的原型。”

◆ 苍龙瓦当拓片

当然，龙的原型肯定有一定的对于蛇神秘化的成分。从专家学者对于图腾的研究来看，原始近亲氏族当中有全部都以水中动物或是两栖动物为图腾的，而其中蛇氏族为最大。蛇氏族将蛇神秘化，就成为了龙。实质上，蛇氏族就是对于龙氏族的别称。

龙为鳄鱼说

有学者从反面论证，认为龙的原型不是蛇而是鳄鱼：“甲骨文中的‘龙’‘蛇’各有明确的不同形象，由此可知，龙并不是蛇。相比较而言，龙与鳄鱼却有着许多相同的特征——脸部粗糙不平、嘴窄而长、且有利齿，这些都是除鳄鱼之外其它动物形象所不具有的。”还有人研究，鳄鱼也常常在雷雨之前才会出现，并且也有秋天隐匿、春天复醒的冬眠习惯，这些都和龙的习性是极其相似的。

实际上，在一些少数民族的生肖当中，也常常以鱼代龙：维吾尔族的十二生肖与汉族的排列顺序相同，但龙的位置上是鱼；柯尔克孜族的生肖也是以鱼代龙。汉族有个成语叫做“鱼龙混杂”，看来人们真的是分不清楚何者为鱼、何者为龙了。

所谓“龙为鱼”，这里的鱼并不是明确地指代哪一个种类的鱼，而只是一种虚指，尤其指代那些具有鳞类或有鳞状花纹的水生动物。王充的《论衡·龙虚篇》即有说明：“龙为鳞虫之长”，“鳞虫”泛指有鳞的动物，“鳞虫之长”即为有鳞动物之首的意思，指龙的原型来源于体表覆有鳞片的鱼类、两栖类、爬行类的动物。

龙为松树说

有学者认为中国传说中的龙，原是树神的化身。中国人对于龙的崇拜，是树神崇拜的曲折反映，龙是树神，是植物之神。学者尹荣方还对于龙的原型具体到了松树、柏树等一类的树种，他认为：“龙的原型是‘松’‘柏’一类的乔木。后世之龙，作为一种动物，固然子虚乌有，但‘动物龙’的形象是如何产生的呢？它是我们的祖先在松的形象基础上加以想象发挥，塑造出来的一种神灵（树神）形象，不仅在外貌上，而且在属性等方面，龙与松都有着惊人的相似之处。”

从龙的具体形象来看，哪一种动物也不能够将龙完全替代，否则也就不能称其为“龙”了。龙的形象是多种动物共同组合的结果，在龙身上有着很多种动物的影子，这就是最具有代表性的“三停九似”的说法了。

据南宋罗原的《尔雅翼·释龙》记载，王符曰：“世俗常画马脊蛇身以为龙，实则有三停九似说。谓自首至膊，膊至腰，腰至尾，皆相停也；九似者，角似鹿，头似驼，眼似鬼（兔），项似蛇，腹似蜃，鳞似鱼，爪似鹰，掌似虎，耳似牛。头上有物如博山，名曰尺木。龙无尺木，不能升天。”在这里，龙已经演化成为一种集牛、马、虎、鹿、骆驼乃至蛇、鱼、兔、蜥蜴于一身的大合成动物了。

延伸阅读

鲤鱼跃龙门

龙门本是今山西河津县西北和陕西韩城县东北一带交界处的地名，黄河流经此处时，两岸峭壁对峙，犹如门户。相传这里原名为龙关，山的一半在河东，一半在河西，像控制河水的两扇大门，龙关由此又称“龙门”。黄河在龙门一带的落差较大，水流湍急，直泻而下，龙门以下的鱼类，要想游向黄河上游，很难过龙门这一关。但是每年暮春时节，仍有各个江河湖海里的鲤鱼蜂拥而至，逆流而上。据说鲤鱼越过龙门后，会有云雨相随，天火烧去鲤鱼的尾巴，鲤鱼就会变成龙，而没有跃过龙门的仍然是鱼的样子。“鲤鱼跃龙门”的传说从一个侧面也反映了龙和鱼之间也有一定的联系。

龙的观念及其演变

龙在华夏民族当中可谓家喻户晓、妇孺皆知，然而对于“龙的实质是什么”这一问题却莫衷一是。龙的实质问题不仅关系到人们对于龙的态度和龙的崇拜，同时对于“龙的观念”的形成也有着不可忽视的影响。

几乎每一个华夏儿女都有对于龙的崇拜观念，然而龙的实质究竟是什么？中华民族几千年来的“龙的观念”到底是怎样形成的？这些问题不仅是有关龙文化的核心问题，同时也决定着整个龙文化的发展方向和变化趋势。

任何一种文化现象和文化元素都是随着社会的发展而不断变化的，龙的观念也毫不例外。因此，应该将龙文化置于社会历史的变革浪潮之中，综合各种因素进行考察，以历史的、发展的眼光看问题，这样才有可能得出正确的答案。

据研究，龙文化早在中国的旧石器时代就已经出现，此后经过数千年的发展变化，人们对于龙文化的观念也在发生重大的转变，大致可以分为两个阶段：一是图腾的阶段，这一阶段，人们视龙为图腾，把龙看作自己的亲属和祖先；二是神的阶段，随着神灵观念的产生，人们又把龙奉为自己民族的神。当然，从图腾观念到神灵观念的过渡并不是简单的更替，神灵观念当中依然保留着原始图腾崇拜的影子，图腾中的部分文化元素被保留了下来。也正是基于龙作为图腾与神灵观念的模糊性、不明确性，才产生了人们千百年来对于龙的实质的各种各样的猜测。

其一，龙为神异动物，为四灵之一。《礼记・礼运》记载：“麟、凤、龟、龙，谓之四灵。”

其二，龙为鳞虫之长、善于变化的动物。《说文》卷十一下：“龙，鳞虫之长。能幽能明，能细能巨，能短能长。春分而登天，秋分而潜渊。”《论衡》卷二《无形篇》：“龙之为虫，一存一亡，一短一长。

◆ 古代玉龙佩

◆ 黄地红彩龙纹壶

龙之为性也，变化斯须，辄复非常。”《论衡》卷六《龙虚篇》：“人为倮虫之长，龙为鳞虫之长，俱为物长。谓龙升天，人复升天乎。龙与人同，独谓龙能升天者，谓龙神也。”“传言鳞虫三百，而龙为之长。龙为鳞虫之长，安得无体，何以言之。”

其三，龙为五方帝的神兽之一。《淮南子·天文训》：“东方木也，其帝太皞，其拴句芒，执规而治春；其神为岁星，其兽苍龙，其音角，其日甲乙……中央土也，其帝黄帝，其佐后土，执绳而制四方；其神为镇星，其兽黄龙，其音宫，其日戊己……”

其四，龙为掌管雨水的动物神。据《左传》记载：“桓公五年，凡祀，启蛰而郊，龙见而雩。”这里的龙就是被当作具有降雨神性的神来祭祀的。《山海经》中提到的应经和烛龙，也都具有执风雨的神性。

其实，人们对于龙文化的概念以及龙的观念有一个不断发展变化的过程。在最初图腾崇拜盛行的远古时代，龙只是某一部落的图腾，具有单纯的图腾意义。后来进入了以农耕为主的农业时代，游猎时代的图腾崇拜就逐渐衰落，龙也因此被赋予了新的意义，如成为主宰风云神电的神灵等，并且在地域范围上也有所扩大，成为许多民族部落所崇拜的对象。到了封建社会，龙又被用来为封建专制统治阶级服务，成为了政治和权力的象征。到现在，龙的概念更加泛化，成为了中国文化的象征。凡有中国人的地方，或凡受中华文化熏陶的地方，都有龙的踪迹。在中国文化覆盖的区域内，龙已经由一种自然性的动物上升到了一种人文性的动物了。

延伸阅读

人们观念中的龙与图腾的异同

人们观念当中的龙具有一些图腾的基本特征，如远古时代有以龙命名的社会组织；存在以龙作为祖先、以龙化身的信仰；存在以龙作为标志和象征的氏族，等等。除相同之处外，又与龙图腾有一些不同的地方：第一，龙有上天入水、变化无常的特性，而图腾一般无此神性；第二，传说龙主宰雨水，有行云播雨的神性，而图腾无此神职；第三，图腾一般是自然界的有生物或无生物，而龙却不是，它是人们创造的动物形象；第四，大多数中华民族都崇拜龙，而通常一种图腾只为一个或若干个氏族部落所崇奉。龙与图腾之间的相同和相异说明了龙可能由原始的图腾崇拜发展而来，但在社会历史的变化潮流当中不断进行填充和完善的结果。

考古中的早期龙形象

人们凭借丰富的想象力，以各种艺术的形式留住了龙在历史发展的长河中生动传神的影子。随着考古学的重大发展，那些早期生肖之龙的形象也都重见天日，成为了生肖龙文化当中一笔宝贵的财富。

要想探寻龙的起源，必须首先了解关于龙的早期形象是什么样子。最近几十年来，随着国家对于传统历史文化重视的加深，考古事业取得了突飞猛进的发展，对于作为中华民族象征的龙的探究也取得了不小的成就，对于早期的龙形象遗迹的发现也越来越多。目前所知较早的龙形象主要有辽宁阜新查海石块龙、河南濮阳西水坡蚌壳龙、湖北黄梅县焦墩卵石龙和内蒙古三星他拉玉龙四处遗址。

辽宁查海石块龙

辽宁阜新查海遗址中发现的石块堆塑龙属于距今已七八千年的兴隆洼文化，这也是目前所知年代最早的龙形象。大型石块堆塑龙位于查海遗址中心的南侧，龙身用大小均等的红褐色石块摆塑，全长近20米，龙身宽约2米，呈昂首张口、弯身弓背状。从遗址中的大型房屋建筑和密集的房址分布来看，当时人们已经开始了稳定的定居生活，并且饲养业也有了一定的规模，农业方式已经不单单是一种纯粹的“刀耕火种”，而有了“锄耕农业”的信息。从石块龙在聚落中的分布特点来看，龙在当时的社会中就已经具有了某种特殊的含义。

河南西水坡蚌壳龙

出土于河南濮阳西水坡遗址中的蚌壳

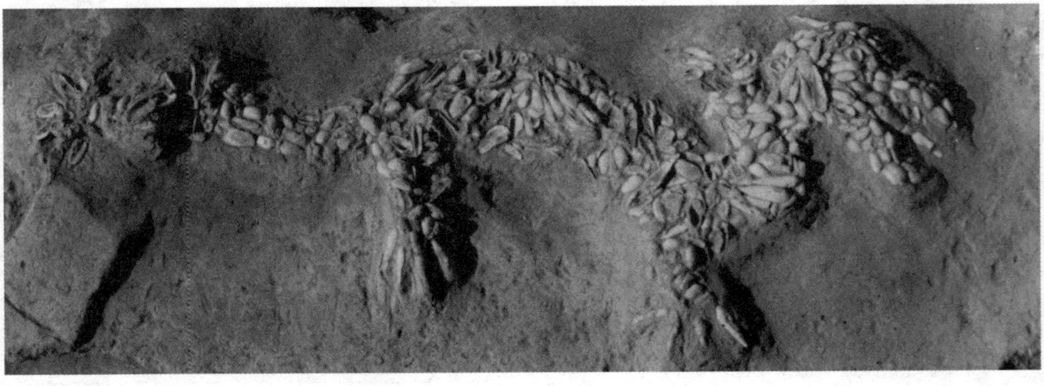

◆ 河南濮阳西水坡遗址中的蚌壳龙

龙，有着“华夏第一龙”的美称。从发掘资料来看，西水坡遗址可分为七个地层堆积：第一层属唐宋时期，第二层属东周时期，第三层属龙山文化时期，第四层以下为仰韶文化时期。其中，仰韶文化的遗存又可分为两个大的发展阶段：第四、五层为仰韶文化的第二阶段，亦即晚期阶段；第六、七层为仰韶文化的第一阶段，亦即早期阶段。蚌壳龙正是位于第四层与第五层之间，连同其它动物的蚌壳图案一起，共分三组：第一组的蚌壳龙图案摆在墓主骨架的右侧，头朝北，背朝西，身长1.78米，高0.67米。龙昂首、曲颈、弓身、长尾，前爪扒，后爪蹬，状似腾飞。第二组的蚌壳龙图案位于主墓坑南面的20米处，龙头朝南、背朝北，与头朝北、面朝西、背朝东的虎图案相联为一体。第三组蚌壳龙图案位于第二组蚌壳龙图案的南面，两者相距约25米。龙头朝东、背朝北、昂首、长颈、舒身、高足，背上骑一人，也是用蚌壳摆塑，两足跨在龙的背上，一手在前，一手在后，面部微侧，似在回首观望。据专家考证，这三组蚌壳龙图案距今已有5800年左右。

湖北焦墩卵石龙

在湖北黄梅县白湖乡张城村焦墩遗址中，保存着一条远古先民用卵石摆塑的巨龙。龙身长4.46米，高2.28米，宽0.3～0.65米，头朝正西，尾向正东，龙身呈波浪状，昂首直身，独角上扬。这是迄今为止发现最早的成熟龙，也是同时代最大者，对于研究鄂东乃至长江流域原始宗教、原始天文、原始艺术以及对龙的崇拜起源，都有着很高的价值。

内蒙古红山文化玉龙

内蒙古翁牛特旗文化馆内珍藏有一件龙玉器。此件龙玉器是一整块玉石的圆雕，龙体为墨绿色，体蜷曲，呈“C”字形。吻部前伸，略向上弯曲，鼻端截平，双眼突起呈梭形，额及颚底皆刻细密的方格网状纹。龙背有对穿的单孔，以绳系孔悬挂，龙的头尾恰好处于同一水平线上。据考证，这件龙玉器距今至少有5000年。

另外，有的学者还把距今7000余年渭河流域的鱼纹以及距今5500年渭水流域的鲵纹等也说成是龙的早期形象，这还有助于科学的进一步考证。

延伸阅读

二里头文化遗址中的龙形象

二里头文化遗址当中的陶器上刻有许多龙的形象，其中最形象生动的有两件：一件龙体呈弯曲游走状，线条纤细流畅。龙目为梭形，龙身有外卷的鳍或鬃毛类装饰，近头部有爪，爪有四趾，弯钩锋利。另一件透底器上用粗阴线表现的龙则一首双身，其额头饰菱形纹，鼻吻凸出，也是梭目圆睛，与绿松石龙颇为相近。龙身自颈部开始分为左右伸展的双身，龙身细线阴刻不规则菱形花纹和双曲线。阴线内涂有朱砂，眼眶内则涂成翠绿色。龙身上下还饰有勾云纹和龟纹，线条飘逸圆润。值得注意的是，上述龙形象大多饰于透底器上，这种器物造型奇异，广肩直腹平底，底部有中空的圆孔，因而它们不是容器，应该是古代的祭祀之器。

生肖之龙的象征意义

经过几千年的历史文化发展变迁，生肖之龙在人们的观念中早已脱离了自然动物的属性，而成为了一种具有人文属性的动物形象，在民俗文化中有着特殊的象征意义。

在中华大地上，如果龙的形象只是单纯地停留在普通的原始图腾崇拜或是动物神阶段，就不会在华夏民族中拥有如此巨大的影响力了。中华文化上下五千年，龙文化之所以能够长盛不衰，是因为其超越时空局限的象征意义。

◆ 清代康熙皇帝朝服像

男性的象征

生肖之龙与十二地支中的“辰”相对，而“辰”字的本意指“石崖下的男性生殖器或生殖神”，后来演变成为古代的一种重大的社祭，这种社祭正是由对男性生殖的祭祀发展而来的，也由此产生了象征着男性生殖的文化符号——“辰”。《周易》中也把“乾”作为男性的象征，而乾卦即是“龙卦”。从另一个角度来分析，龙的腾飞逾越、龙的灼灼逼人的气势，也确实与男性的血气方刚有某些吻合之处。

皇权的象征

由于对龙的形象不断神化，到了封建社会尤其在汉代以后，“龙”特别是“黄龙”已经成为了统治阶级的专有名词，成为帝王与王权的象征，与龙有关的各种称呼也都应时而现：皇帝的容貌称“龙颜”，身体称“龙体”；皇帝的衣服称“龙袍”，座位称“龙椅”，卧床称“龙榻”，车辇称“龙辇”；皇帝即位登基称“龙飞”，行走称“龙行虎步”，就连皇帝去世都称“龙驭宾天”。总之，凡是与皇帝相关的一切事物都与龙扯上了关系。统治者也常常利用龙在华夏民族中的地位与威望来维护自己在政治上的统治。帝王们常常宣称自己是“神龙在世”，是“真龙天子”，以此来博取人们的信任和支持。

成功的象征

似乎在中华儿女的生命意识里，龙向来就是“荣誉”“成功”和“杰出”的象征。“望子成龙”是中国人的传统观念，希望自己的孩子能够出人头地，成为“人中之龙”。还有人特意以“龙”为号，如《三国演义》中的诸葛亮便自号“卧龙先生”，希望自己的才能能够得到贤明君主的赏识。“龙门”被誉为通向富贵之门，因此中举又称“跳龙门”，而不中则叫“龙头点额”或“暴腮龙门”，白居易诗《醉别陈秀才》中有“五度龙门点额回”一句。

中华民族的象征

中国的龙形象是古人对于龙的存在形态的理想化、神秘化描述。它的“角似鹿、头似驼、眼似兔、项似蛇、腹似蜃、鳞似鱼、爪似鹰、掌似虎、耳似牛”，是集九种动物特征于一身的形象，在现实中是不曾存在过的。这种龙的形象是先民们用集体智慧创造出来的一种人性化的“动物”，反映着中华民族发展的历史和各民族大融合的过程。

千百年来，龙的形象早已深深地刻在了中华民族每一个炎黄子孙的心灵深处，已经深深根植于中华传统文化和民族心理之中，成为全体炎黄子孙的精神归依和感情纽带。华夏儿女也往往以自己是“龙的传人”而感到骄傲和自豪，世界上的友好人士都是以“东方巨龙”来指称中国，龙俨然成了中华民族的象征。在中国人的心目中，龙代表着吉祥如意、和谐长久，代表着风调雨顺、人寿年丰，代表着团结一致、生生不息。同时，龙的各个部位也都有着特定的寓意：突起的前额表示聪明智慧；鹿角表示社稷和长寿；牛耳寓意名列魁首……金鱼尾象征灵活；马齿象征勤劳和善良等。

总之，龙文化已经渗透到我们社会生活的方方面面，龙的象征意义也随着中华文化的发展而显得日益成熟和饱满，这在一定程度上也是对于生肖龙文化的极大丰富和发展。

延伸阅读

龙与中华民族渊源关系的传说

龙是如何与中华民族联系在一起的呢？这里有两个悠久的历史传说。传说一：黄帝在统一中原之前是以熊为部落图腾的。后来黄帝战败了蚩尤，统一了中原，为了使各部落之间能够紧密团结，具有凝聚力，黄帝就把本部落的图腾与其他部落的图腾相融合，成为一种能够代表中华民族共同崇拜的图腾形象——龙。传说二：相传古代有伏羲、祝融、神农、黄帝、唐尧、夏禹等十位贤明的帝王，其中九位帝王都是人头人身，唯独伏羲氏和女娲画在一起，并且两人都是人身、龙尾。传说伏羲与女娲结婚后生下人类，成了中华民族的始祖，于是，龙便与中华民族联系在了一起。无论是哪一种传说，都包涵了人们借龙表达各民族之间相互融合、团结凝聚的历史，以及对于先祖们的敬仰之情。

龙为水中之王

从龙的形象、龙的象征意义和龙的神话传说来看，龙都与水有着千丝万缕的联系。龙为水中之王，不仅主宰着云雨，沟通着天地，也影响了民间的习俗。

中国人认为，龙的神性可以用喜水、好飞、通天、善变、显灵、征瑞、兆祸、示威来概括。其中的好飞、通天和行雨，是天龙形成的决定性因素。

沟通天地的龙

沟通是世界或生命的存在方式，一切事物都起于阴阳的交互作用。古人很早就认识到天地交合化育万物的道理，老子说："道生一，一生二，二生三，三生万物。"一指混沌的气，二指气化的阴阳，三指天地阴阳的交合或沟通。天地通过什么进行沟通呢？恰恰是水。在原始人眼中，雨水就是天地之间最直接的沟通媒介。《管子》说，"水者，地之血气，如筋脉之流通者也。"而龙就是水的象征。龙的原型是鱼、蛙、蛇、虎、鳄、鹰等，人们在新石器时期彩陶上描绘这些动物的花纹，或许就是想借助龙沟通阴阳的特性，把蓬勃的生命力带给人间。

沟通重在继承性和可塑性，体现在龙的身上，即为龙变化不定的姿态：龙的原型多种多样，如鱼、蛇、鳄、蛙、虎、鹰，云、雷、电、雨、虹等都是它的原型；龙的体形能大能小，肤色分苍、赤、黄、白、黑等多种颜色；龙的生存空间自由，陆地、天空、海洋等都是它的家。龙的这些特征契合

◆ 起蛟图轴 明 汪肇

了水（即雨）无色、无味、无形的特点，满足了各种事物沟通的要求，体现了顺应与发展的生命愿望。

行云布雨的龙

清代刘献廷在《广阳杂记》卷一中引述李长卿《松霞馆赘言》的一段话，阐述了龙与水之间的关系：“辰者，三月之卦。”辰，现代时间为7—9时，此时正是神话传说中群龙行雨之时。无论是月份，还是时辰，“龙”和“雨”之间都是有联系的。

水对万事万物都起着至关重要的作用。水支撑着生命，无论动物、植物的发育生长都离不开水；水创造了文明，人们在河流中行船、捕鱼、旅行、运输，在河流中修筑大坝，引水灌溉，在河流两岸繁衍生息。然而水又是有害的，雨水过多会把陆地变为沼泽，甚至把文明变为废墟，使人类失去生命。于是人们便以想象中的龙来治理水。

远古以来，龙便与治水紧密关联。《淮南子·说林训》中称，“旱则修土龙。”即在旱情严重时，人们以泥土沙石做成土龙石龙加以祭祀，以为龙见到它便会兴云作雨。《论衡·乱龙篇》说：“夫土虎不能致风，土龙安能致雨。”说明上古时造土龙求雨十分普遍。宋代以来，几乎每个村庄都建有龙王庙，每逢水旱灾害，人们都要向龙王献牲求助，让它控制雨水，使人间风调雨顺，五谷丰登。

在古人看来，龙具有腾云驾雾、翻江倒海、呼风唤雨、气贯长虹的神通，充满了活力。龙能治水虽然只是神话传说，但它的确反映了人们驾驭自然力、改善生存环境的愿望。

遇水重生的龙

一场春雨后，低洼积水处即使并不与江河湖海相通，往往也能生出些小鱼来。先民们看到这种情况后或许会猜想，鱼的生命种子藏在土中，遇水便会苏醒过来，破土而出，或者叫作死而复生。在原始人的思维中，相似的形态具有相似的功能。龙身覆盖着鱼鳞，意味着龙是由鱼所化，具有像鱼那样旺盛的生命力，也能够遇水复生。

苗族的接龙风俗就表现出龙随水而归的特征。接龙仪式开始时，一个男青年手执木钩站在主人家的堂屋中央，祭司向男青年脸上泼水，男青年就会进入痴醉状态，之后会向大门外走去，寻找神龙住所。姑娘们跟随其后，会在男青年所指出的神龙住所之处用陶罐汲取清水，集中在一个土罐里。回去之后将盛水的土罐埋于地下，谓之神龙归位。

延伸阅读

“龙喝水”的说法及习俗

雨过天晴之后，天空中常常会出现美丽的彩虹，古人以为这是龙在喝水。古人想象，龙因为下雨而把身上贮存的水耗尽了，因此必须把头伸到河里以补充失去的水。旧时广西侗族、傈僳族及吴越地区的人们认为，龙在喝水（即彩虹出现）时不能指指点点，否则手就会变形或断掉。另外，辽宁红山文化遗址中出土的双龙首玉璜、河南殷墟妇好墓出土的双首虹霓纹、河南唐河县出土的西汉“龙形虹图”等，都是身如弓、两端为龙头的形象，形状与甲骨文中的“虹”字如出一辙。

民俗中的肖龙文化

龙在中华民族中的崇高地位，已经渗入了人民生活的各个领域，无论是人们的社会生活还是精神生活，生肖之龙都留下了深深的烙印，民间习俗中的肖龙文化也因此而绚丽多彩。

数千年来，龙的观念、龙的信仰早已深入人心，从不曾间断与衰退过，使得深入人们社会生活和精神生活当中的生肖龙文化有了一层更加深厚的文化意义。

龙节

一年四季当中，中华大地上不同的民族和地区的龙节不断：正月，云南的瑶族、哈尼族、基诺族有“祭龙节”，武昌有“祭龙会”，以长绳为龙进行拔河比赛。二月，汉族有龙节，俗称“龙抬头”，时间为农历二月初二。这天，妇女们会将彩纸、草节穿成串悬于门梁上，谓之“穿龙尾”，表示龙尾下垂、龙头向上之意。当天食饼称为“龙饼”，食面称为“龙须面”，食菜团称为“龙蛋”。三月，山东沿海祭祀海龙王，纳西族、土族举办龙王庙会，江浙一带为白龙王过生日。四月，山西大同有“雷音寺庙会”，云南中甸藏族有“祭龙王节”。五月，吴越地区有“分龙日”，可兆丰年。六月六日为传统的“晒龙袍日”，家家户户都把被褥衣服等拿出来暴晒，祈求消灾免祸。七月，湘西苗族举行“踩芦笙堂会”，纪念寨民为青龙找到了降雨宝珠；江苏无锡有“龙娘庙会”，认为小白龙会驾雨而归，看望亲娘；云南河口瑶族有“龙母上天节”，送龙母上天。八月，河口瑶族有“龙公节”，恭送龙公上天。安徽有“龙灯会”，扎制草龙，龙身插满长寿香，称为“活龙”。九月和十月，湘西苗族要举行隆重的“接龙节”，每家都要从洞中接回自己的“龙”，安放在自家堂屋或是寨子中央，青年男女还要对唱“龙歌”。进入腊月，云

◆ 舞龙

南哀牢山的哈尼族会在龙树下举行“祭龙会”，选村中最有威望的人为“龙头”，宰杀毛色纯正的“龙猪”，然后把桌子相连，“龙猪肉”放于其上，形成“长龙宴”，“龙头”率领人们唱歌、跳舞，送神归位。

舞龙

舞龙，又称“玩龙灯”“龙灯会”等，是广泛流传于民间的娱乐性活动。舞龙的品种多种多样，有竹龙、布龙、纱龙、纸龙、百叶龙、铁皮龙等。龙体内燃上蜡烛，就成了“龙灯”。宋代吴自牧的《梦粱录》中就有了关于龙灯的记载：“元宵之夜……草缚成龙，用青幕遮草上，密制灯烛万盏，望之蜿蜒如双龙之状。”

重庆铜梁过去有春舞青龙、夏舞赤龙、秋舞白龙、冬舞黑龙的规矩，现在舞的大多为彩色的龙。舞龙队伍每走到一家门口都会停下来，向主人点头问好，主人则放鞭炮欢迎，以糖果答谢。广东佛山也有舞龙的习俗，佛山彩龙往往以竹篾、铁丝做骨架，龙头、龙尾用纸糊，龙身蒙丝绸，并以剪纸、绒球等作为装饰，造型美观大方。

舞龙原初的用意是祈雨，发展到现在，已经成为人们表达喜庆的一种活动了。

招龙

贵州苗族认为每村每家都必须得到龙的庇护佐助，才能人畜平安兴旺，如果龙不在，人畜就会四肢无力，连庄稼也会歉收。每逢重大节日，苗族都会全村人出动进行招龙的仪式。招龙仪式以猪、酒、饭为供品，用两根杉木刻雕成两条木龙，用木炭画鳞点睛。祭祀开始先要喊龙，一人插上纸衣，登上山坳，撒几粒米，高声喊道：“龙起来，随我们喝酒吃肉去。”另一人吹起芦笙，边吹边往回走，引龙到祭坛附于木龙身上，将十二块肉、十二团饭置于木龙身上，众人虔诚礼拜祷告，请龙回来保佑一方平安。祭毕，人们聚集在一起跳芦笙歌舞，直到夜深才散。这种对龙神的信仰和崇拜，目的只有一个，就是祈福纳吉，希冀龙赐于人间风调雨顺、五谷丰登、国泰民安、富贵吉祥。

◆ 龙凤配年画

延伸阅读

“龙飞凤舞”的吉兆

凤和龙一样，都是人们想象出来的吉祥之物，并且常常龙凤相配：龙能行云布雨，以保五谷丰登、风调雨顺；凤为祥瑞之鸟，给人间带来幸福安宁。民间百姓好以龙凤象征吉祥如意，表现夫妻和美、互相爱慕：龙象征男性的坚强刚毅，凤象征女性的美貌与温柔，二者结合自然预示着婚姻的美满幸福。旧时民间办婚事，喜欢在被面上织就龙凤呈祥的图案。

龙舟竞渡的发展演变

赛龙舟是中国传统节日里的一项重要活动项目，同时也是生肖之龙文化中的一个重要方面。龙舟竞渡有着久远的发展历史，从龙舟文化的发展历程中也可以窥见生肖龙文化对于人们生活影响的轨迹。

龙舟竞渡是中国民间在端午节前后举行的一项重要休闲娱乐活动，它有着深刻的历史文化渊源。

春秋战国时期，龙舟竞渡就开始流行。浙江省鄞县出土的青铜器、长沙战国楚墓出土的帛画上都有划龙舟的形象；云南晋宁石寨山西汉墓出土的铜鼓上，也有羽人龙舟竞渡的纹饰，这些令人联想到古人在鄞地江河上及澜沧江上举行龙丹竞渡的壮观场面。

南北朝时，龙舟竞渡已成为全国性的节令活动，隋唐之际已经具有相当大的规模了。唐人张建封写有《竞渡歌》，咏叹湖南岳州端午龙舟竞渡的场面："两岸罗衣扑弄香，银钗照日如霜刃。鼓声三下红旗开，两龙跃出浮水来。擢影种波飞万剑，鼓声劈浪鸣千雷。鼓声渐急标物近，两龙忘标目如瞬。坡上人呼霹雳惊，竿头彩挂虹霓晕。前舱抢水已得标，后船失势空挥挠。"龙舟竞渡之日，万人欢腾、声传九霄。江岸上彩旗飘扬，鼓声喧天；江面上龙舟出水，破浪飞驰，竞争夺标，真是一派壮观景象。

唐代以后，龙舟竞渡成了天子和百姓都非常喜爱观赏的水上表演。北宋京城汴梁城金明池里由水军表演的一系列水上节目中，最为壮观、最为吸引人的就是龙舟竞渡夺标。为此，还专门建造了一个大龙船供观赏之用，龙船金碧辉煌，极为豪华

◆赛龙舟 清代

◆清代龙舟说唱

奢侈。皇帝莅临金明池，就是来看龙舟竞渡的，这在《东京梦华录》《武林旧事》等书中均有记载。

明、清两代，龙舟竞渡习俗最为盛行。据明人陆容《菽园杂记》记载，从明宣宗宣德年以来，每逢端午，皇上一行都要到宫内沼池看划龙船。明人张岱在《陶庵梦忆》中也记载了南京秦淮河、镇江金山寺、杭州西湖等地龙舟竞渡的盛观。

清宫沿袭明宫旧制，举行龙舟竞渡。清代《养吉斋丛录》中记载：乾隆皇帝在端午节至御园观龙舟竞渡，并召近臣王公同观，有“中流九龙舟，谁肯相参差”的诗句。清代民间龙舟竞渡更是如火如荼，清人顾禄在《清嘉录》中记其家乡苏州龙舟竞渡云：龙船，阊、胥两门，南北两濠及枫桥西路水滨皆有之，各占一色。四角枋柱，扬旌拽旗，中舱伏鼓手，两旁则桨十六，俗呼其人为划手。篙师执长钩，立船头昔，日当头篙。头亭之上，选端好小儿，装扮台阁故事，俗呼龙头太子。尾高丈许，牵彩绳，令小儿水嬉，有独占鳌头、童子拜观音、指日高升、杨妃春睡等戏。

龙舟竞渡发展到今天，不但没有衰落，反而愈来愈受到各地人们的喜爱，大有走出中国、走向世界之势。然而，从根本上来说，龙舟竞渡到底源于何因，人们却莫衷一是。民间传说龙舟竞渡是为了纪念屈原、伍子胥或是越王勾践等人的，然而从民俗文化的发展历史来看，龙舟竞渡应该源于古代吴越地区龙图腾氏族举行的图腾祭祀。

从远古开始，人们就相信龙能保佑人们平安、年丰岁稳，因此，人们以龙舟拟龙悦神、诱龙降雨的行为就产生了。龙舟竞渡是农耕文化的产物，是农事信仰的寄托。后来经过长时期的发展，龙舟竞渡就演变成了一种驱灾禳疫、祈福求祥的民俗。

延伸阅读

吴越地区赛龙舟习俗的由来

赛龙舟是中国吴越地区的传统习俗，但是对于赛龙舟起于何因民间说法不一：一说是效仿越王勾践操练水师，打败吴国军队；一说是为了纪念伍子胥和曹娥——伍子胥遭谗言被吴王夫差抛入钱塘江，小女曹娥救父投江；一说是为了纪念爱国诗人屈原——屈原遭谗言不被重用，自投汨罗江，人们争相划船营救。当然，这些只是民间的一些传说，据著名学者闻一多先生的说法是，远古时期人们把龙看作重要的图腾，认为把船刻成龙的模样就可以禳除灾害，久而久之，发展成为人们所熟知的赛龙舟。

二月二龙抬头

春天是万物复苏的季节，而生肖之龙又是中华民族的象征，二者相结合便形成了中国传统民俗文化中的重要节日——二月二“龙抬头”节日。二月二龙抬头日是随着生肖龙文化的发展而一步步完善起来的，在生肖龙文化中占据着非常重要的位置，值得探讨。

农历二月初二，俗称“龙抬头”，是中国传统的春龙节，又称“青龙节”“中和节”，是古代农业社会中祈求丰年的重要节日。

二月初二一般总处在惊蛰和春分之间，俗信兴云布雨的龙在惊蛰苏醒，至二月二日抬头，到春分登天。早春时节有无雨水，关系到年成，所以龙是否按时抬头登天布雨，自然是人们高度重视的大事。

◆ 二月二龙抬头

确认二月初二为龙抬头日，最早见于明人记载，其中还包括了龙抬头这天的各种民间习俗活动。如明人沈榜《宛署杂记》云：“都人呼二月二日为龙抬头，乡民用灰自门外蜿蜒布入宅厨，旋绕水缸，呼为引龙回。”明人刘侗、于奕正《帝京景物略》云：“二月二日龙抬头，煎元旦祭余饼，薰床炕，曰薰虫儿。谓引龙，虫不出也。”明人刘若愚《酌中志》亦云：“二月初二日，各宫门撤出所安彩妆，各家用黍面枣糕，以油煎之，或白面和稀摊为煎饼，名曰薰虫。”

这些记载都说到龙抬头日引龙薰虫的习俗。俗信龙为最大的灵物，是万灵之长，龙出则百虫伏藏。用草灰从门外水井蜿蜒布引，一路逶迤布引到宅厨，再旋转水缸，成一弯弯曲曲的灰龙，称“引龙入宅，乞龙降福”，这是希望司水的龙王能使当地风调雨顺，当年收成五谷丰登。惊蛰前后，蝎蛇各类虫子都蠢蠢欲动，用灰圈包围，可以镇压它们不让其肆行害人。用油煎饼则表示引龙出来对付虫子，以消虫去病。

清代龙抬头这天各种祭龙习俗也很多。清康熙年间《宛平县志》云："二月二日曰龙抬头，因荐韭之余，家各为荤素饼馅，以油烹而食之，曰薰虫儿，谓引龙以出，且使百虫伏羲也。"此是对于明代煎饼引龙习俗的继承。清人富察敦崇《燕京岁时记》云："二月二日，古之中和节也，今人呼为龙抬头，是日食饼者谓之龙麟饼，食面者谓之龙须面，闺中停止针线，恐伤龙目也。"清人让廉《春明岁时琐记》亦记此日饭食皆以龙名，如饼谓龙鳞，饭谓龙子，面条为龙须，水饺为龙牙等。人们希望龙出虫伏，龙抬头这天尽量用龙来称吃食，大概亦是想沾沾龙的光。

二月初二这一天，家家男子剃龙头。在民间有"有钱无钱，剃头过年"的说法。春节前剃头理发到了二月二，已经一个多月，正是需要剃头理发的时候。二月二龙抬头，是吉祥如意的日子，时间一长，就形成了二月二剃头的习俗。"二月二龙抬头，家家小孩剃毛头"也是这一原因，为取吉利，在剃头中间加"龙"字，叫剃"龙"头，以区别其他时间的剃头，还有些女孩选此日穿耳孔。另外，家长们选此日送孩子们入学读书，取其"占鳌（龙）头"之意，沾上龙抬头的光，学童便可学业有成。

"二月二，家家人家接女儿"。旧时，正月新娘不回门，媳妇不走娘家，正月不空房。因而正月出嫁的女儿不准回娘家。一个多月的时间，闺女想娘，娘想闺女，于是到了二月二，不仅已经出了正月，而且又是吉祥如意的日子，于是各家都接女儿回娘家。

"二月二，照房梁，蝎子、蜈蚣无处藏"。这天，人们用过年祭祀剩下来的蜡烛点着，照房梁和墙壁，以驱灭害虫。有的地方这一天清晨就以竿敲击屋梁，称"敲龙头"，好让龙别忘了抬头，亦有持杖敲灶台钻沿，称"震虫"。也有剪彩帛成串状让小孩佩戴在身上，称"小龙龟"，预兆健康发达。

"二月二，龙抬头，大囤满，小囤流。"人们用青灰画粮囤或粮仓，或在门前用青灰画大小不等的圆圈，象征大圆接小圆，祈祷丰收。皇帝在这一天亲率群臣躬耕籍田，举行春耕仪式，表示对农业的重视。

二月二，相传是土地公公的生日，称"土地诞"。旧时人们为给土地公公"暖寿"，有的地方有举办"土地会"的习俗：家家凑钱为土地神祝贺生日，到土地庙烧香祭祀，敲锣鼓，放鞭炮。

祈盼龙抬头下春雨、龙出而百虫蛰伏、吃龙食、敲龙头等一系列与二月二龙抬头日有关的习俗，都反映了人们引龙播雨、祈求丰收、祈福纳吉的美好祝愿。

延伸阅读

龙的等级

在中国人的信仰中，龙是分等级的。三爪龙是最低等的，爪数越多越稀有珍贵。中国龙是"水界之神"，《太上洞渊神咒经》中有"龙王品"，列有以方位为区分的"五帝龙王"，以海洋为区分的"四海龙王"，以天地万物为区分的54名龙王名字和62名神龙王名字。最尊贵的莫过于四海之主的四龙王。四海龙王分别为：东海青龙王、南海红龙王、西海白龙王以及北海黑龙王，并各自拥有不同的属性，各司其职，各为其能。

第十讲

巳蛇乘雾

蛇与龙的密切关系

蛇是人世间实实在在的动物，龙则是人们想象幻化出来的动物，然而蛇与龙之间不仅在形体上有着许多想象之处，就连在人类长期以来形成的对于蛇和龙的观念当中，二者也是有着千丝万缕的联系的。因此，将蛇称为“小龙”也就在情理之中了。

当人们问起在巳年出生的人的属相时，可能会得到三种不同的回答：一说是属蛇的，一说是属大虫的，而第三种则说是属“小龙”的。“小龙”正是对于“蛇”的别称。

龙蛇之间似乎从一开始就没有明确的界限。东汉《论衡·讲瑞篇》说：“龙或时似蛇，蛇或时似龙。”龙、蛇之变，仿佛自然而然。在古人对于地支和属相的理解当中，龙蛇就已经合为一体了。《三国志·管辂别传》中说：“蛇者协辰巳之位，乌者栖太阳之精……”世上本无龙，属相中古人以蛇为龙，也在情理之中。

刘鹗《老残游记·二集）遗稿第一回“元机旅店传龙语”中，更是将巳年出生的人分出了不同的龙，慧生道：“……以他们这种高人，何以取名又同江湖术士一样呢？既有了青龙子、黄龙子，一定又有白龙子、黑龙子、赤龙子了。这种道号实属讨厌。”老残道：“你说的甚是，我也是这么想。当初曾问过黄龙子，他说道：‘你说我名字俗，我也知道俗，但是我不知道为什么要雅？……我们当日，原不是拿这个当名字用。因为我是己巳年生的，青龙子是乙巳年生的，赤龙子是丁巳年生的，当年朋友随便呼唤着玩儿，不知不觉日子久了，人家也这么呼唤……”

这“黄龙子”“青龙子”“赤龙子”的称呼源于天干地支所配的阴阳五行色：甲乙属木，色青；乙巳为青蛇，称“青龙子”。丙丁

◆ 蛇雕。字为：蛇称小龙灵活机谨

◆ 曹操塑像

属火，色赤；丁巳为赤蛇，称“赤龙子”。戊己属土，色黄；己巳为黄蛇，称“黄龙子”。只因生于巳蛇之年，径以黄龙、青龙、赤龙为名号，连小龙之小也省略掉了。

曹操《龟虽寿》诗中有“腾蛇乘雾”，可见古人认为蛇有龙一样的灵异神功。

然而，蛇何以为“龙”？从原始图腾崇拜来看，蛇较之于龙，显然资历要老许多。在龙的形象还没有被创造出来的时候，很可能蛇已经成为原始崇拜的对象了。闻一多在所著的《伏羲考》中认为：“龙的主干部分和基本形态都取自于蛇。”显然，在众多图腾林立的时代里蛇图腾是最为强大的。

从感情层面来说，蛇与龙却恰恰相反：所谓“毒蛇猛兽”，蛇并非良善之物，故而讳言蛇，而对龙却情有独钟，因龙为神物，万众敬仰，视为“瑞兽”。

除了感情上的区别之外，发展到封建社会又对龙与蛇进行了地位上的区别，由此又可看出龙与蛇的不同之处来。东汉蔡邕的《琴操》记载：春秋时，晋文公逃亡，走投无路之际，介之推“割股以啖文公”。后来，晋文公得势，赏赐流亡时的从属，惟独介之推无份。介之推一气之下隐居山林，留下一首《龙蛇之歌》：“有龙矫矫，悲失其所；数蛇从之，周流天下。龙饥乏食，一蛇割股；龙返于渊，安其壤土。数蛇入穴，皆有宁宇；一蛇无穴，号于中野。”以龙喻君，以蛇喻己，形象贴切。

总之，无论是蛇与龙之间的相同点还是不同点，龙与蛇之间都有着密不可分的关系，也由此丰富了生肖文化，衍生了许多与蛇有关的民间习俗。

延伸阅读

“小龙”护航

沈括在《梦溪笔谈》卷二十当中也有对于“小龙”的记载：“彭蠡小龙显异至多，人人能道之，一事最著。熙宁中，王师南征，有军仗数十船，泛江而南。自离真州，即有一小蛇登船，船师识之，曰：‘此彭蠡小龙也，当是来护军仗耳。’主典者以洁器荐之。蛇伏其中，船乘便风，日棹数百里，未尝有波涛之恐，不日至洞庭……此龙当游舟揖间，与常蛇无辨，但蛇行必蜿蜒，而此乃直行，江人常以此辨之。”实际上被装在洁器里的“彭蠡小龙”就是蛇，只是由于船师梢夫以及主典者对于其能护航的迷信，蛇也就变成了“小龙”。

中国文字中的蛇

从最初的甲骨文、金文到后来的小篆，以及如今的隶书和楷书，中国的汉字历史从未间断过。文字作为承载历史信息的媒介，对于文化起源的探究有着重要的意义，其中就有着许多关于生肖之蛇的文化。

中国文字以象形居多，大多是古代的人们取诸物形体所造，其中隐含着不少关于肖蛇的信息。

“它”“虫”“巳”为“蛇”

“蛇”字本作“它”，“虫”旁是后人加上去的，曾是俗字。东汉许慎的《说文解字》当中释“它”为象形，“象弯曲垂尾形”。又说，“上古草居，患它，故相问：‘无它乎？’”原始时代，穴居野处，避免被蛇伤害是日常生活中的大事。人们见面，彼此相问“无它乎”（相当于“没蛇吧？”），以此来打招呼。

蛇在民间又称“长虫”，而“虫”字的古义正是指蛇。甲骨文“虫”字刻写为头部呈三角形的毒蛇。《说文》所载“虫”字，也为蝮蛇卧伏之状。

《说文》中对于地支的十二个用字也均有解说，然而涉及到属相的，以“巳”字最为典型：“四月阳气已出，阴气已藏，万物见，成文彰，故巳为它象形。”即是讲“巳”为蛇的象形字。宋代王应麟《困学纪闻》在谈十二生肖的起源问题时也提到：“《说文解字》亦谓巳为蛇，象形。”

“巴”“蜀”为蛇

“巴”字是“巳”中多一笔，然而这一笔是什么？专家考究乃是大象。俗语云“人心不足蛇吞象”，却真有“吞象之蛇”，《说文解字》中释：“虫也，或曰食象蛇，象形。”屈原《天问》中有一问：“一蛇吞象，厥大何如？”历代注家均引《山海经·海内南经》为答：“巴蛇食象，三岁而出其骨”。传说还讲，射日的后羿，

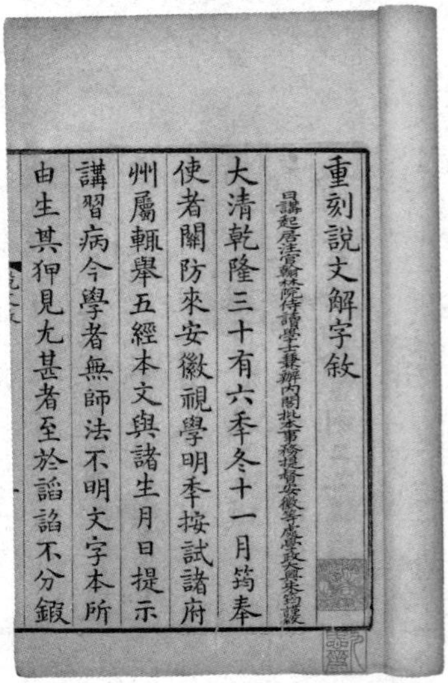

◆ 许慎《说文解字》书影

◆ 福建南平樟湖镇蛇王庙

在洞庭湖畔杀了巴蛇，巴蛇之骨如丘陵，便有了地名：巴陵。又有象骨山，相传巴蛇吞象，象骨成了大山。

清顺治年间刻本《离骚图》，更是绘出了巨蛇吞大象的具体情形，又解释道："南方有灵蛇，吞象三年，然后出其骨是也。蛇属巳，巴益以舌画者，象形也。"宋代人所撰《尔雅翼》中也说："巴者，食象之蛇，其字象蜿蜒之形。"

据《华阳国志·蜀志》中记载："蜀有五丁力士，能移山，举万钧……秦惠王知蜀王好色，许嫁五女于蜀。蜀遣五丁迎之。还到梓潼，见一大蛇入穴中。一人揽其尾掣之，不禁，至五人相助，大呼拽蛇，山崩时压杀五人及秦五女并将从，而山分为五岭。""蜀"中之"蛇"竟有如此神力，何等了得。"蜀"内有"虫"或许就是"长虫"（蛇）吧。

"闽"中有"蛇"

福建省的简称为"闽"，"闽"中间的"虫"表示蛇，"闽"为蛇之老窟。许慎《说文解字》中对于"闽"的解释为："东南越，蛇种"，"蛇种"是一种反映图腾崇拜的说法。早在商周时期，闽地先民就有蛇图腾崇拜的习俗，这种习俗可以追溯到古老的闽越文化。那个时候，闽越先祖生活在林木茂盛、溪流纵横的崇山峻岭中，与蛇结下了不解之缘。闽越先民们有着强烈的崇蛇习俗，奉蛇为神，"立庙祀之"。

明代初年，曾任福建官员的谢肃在其纪实之作《谒镇闽王庙》一诗的诗序中记录了闽人对于蛇的崇拜："王有二将，居左右，尝化青红二蛇，见香几间示灵显。闽人有祷即应。"福建闽南一带由于气候温和湿润，适宜各类蛇繁衍生息，这也为闽地对于蛇的崇拜提供了现实的基础。

福建南平樟湖镇每年农历七月七日前后都要举行蛇王节活动。镇中的蛇王庙是活动中心，庙内有三尊蛇神像——蛇王三兄弟，当地人称为"连公爷"。三兄弟身穿红袍，双脚踩着怪兽，他们的双眼一为仰视、一为俯视、一为平视，寓有洞察人间、驱祟造福之意。

延伸阅读

蛇吞鸡蛋

蛇吞象的事几乎没有人看到，但蛇吞鸡蛋在生活中偶尔能遇见。朱熹《楚辞集注》注巴蛇，记下流传于山民当中的故事：蛇吞人家鸡窝里的蛋，吞下肚后，便去缠树，使劲地绞呀缠呀，绞碎蛋壳，吐出蛋皮。苦于其扰的人们，就想出聪明的对策，削木为蛋，引蛇上当。吞鸡蛋吞出了甜头的蛇，吞下木蛋，照例去缠树较劲，直绞得蛇身破裂。

肖蛇的生活习性

在人们心目当中，蛇似乎是这世界上最神秘的动物，几乎没有其它任何一种动物给人类带来如此多的困惑。蛇之所以成为人们心目中矛盾的集合体，在于蛇本身的奇异莫测。

一提起蛇，人们自然而然地就会想到深山老林里的巨蟒、荒野小径上的毒蛇，以及它们绚丽的色彩、奇特的花纹，甚至爬行时的蜿蜒盘旋，还有吐信子时的嘶嘶作响等，这些都会给人一种说不出的阴冷和恐惧。然而，这些都是蛇的本能习性，也是蛇之所以具有诱惑力的根本所在。

蛇变温和蛇冬眠

蛇是“变温动物”，也称“外源温动物”，蛇体内仅能产生少量的热，因为没有完善的保温构造和调节能力，很容易丧失，必须从外界获得足够的热量来维持体温。蛇的体温与它所栖息的介质（如土壤、岩石、树干等）的温度直接相关。比如，蛇可以通过晒太阳，在温暖的石头上栖息等方式使自己的体温升高，也可以通过隐蔽于荫凉甚至水中使自己的体温下降。因为其适应温度的有限性，就决定了蛇冬眠的习性。

蛇往往在夏初至冬初进行摄食、交配和繁殖，在冬天则选择非常干燥的洞穴、树洞或是岩石缝隙进行冬眠。冬眠期间，蛇不吃不喝也不动，体内的新陈代谢降至最低水平，只依赖储存在体内的脂肪维持生命的最低需要。据有关数据表明，蛇在冬眠期间要消耗身体内的大部分脂肪，体重下降近50%，死亡率也高达三分之一。冬眠时，往往几十条甚至成百条蛇聚集在一起，这样可以使温度升高，减少水分的丧失，同时也有利于来年进

◆ 蛇冬眠

行交配繁殖。在一些热带地区，夏季气候炎热干燥，蛇这时也会进入休眠状态，称之为“夏眠”。

蛇蜕皮和蛇跳舞

蜕皮是蛇的一种重要的生理现象。包裹在蛇皮肤最外面的一层角质膜叫做“角质鳞”，它和鱼的鳞片不同，柔韧性比较好，不透水，并且不能随着身体的长大而长大，所以蛇每隔两到三个月就需要蜕一次皮。蛇蜕皮时，往往选择粗糙的地面或是坚硬的树枝，先把嘴边的皮在物体上摩擦掉，然后整个身体再从破裂的地方慢慢爬出来，趁新皮柔嫩时蛇再慢慢长大。

蛇还会跳舞。当两条蛇因为争夺地盘或是配偶而相斗时，它们不会厮杀，而是用战斗性的舞蹈来决定胜负。他们时分时合、忽高忽低，一会儿昂首怒目，一会儿互相扭结，当最后倒在地上时，上面的一条就是胜利者。此外，蛇还会跟着音乐的节奏摆动身体，嘴里吐着长长的信子，翩翩起舞。也许正是由于蛇对于音乐的良好感觉，人们才有了用蛇皮来制作二胡等乐器的习惯。

蛇食鼠、青蛙和蟾蜍

蛇是鼠的天敌。老鼠古灵精怪，然而却难在蛇的攻击范围之内逃脱。蛇在攻击鼠时，往往静止不动，张开大口，依靠自己强大的吸力而使一定距离之内的猎物难以挪动身体。吸食之后，蛇体内的粘液会使鼠慢慢窒息而死，最后再慢慢消化掉。

长久以来，蛇是青蛙、蟾蜍等动物的天敌早已成了人们的常识。青蛙为了不被捕食，所以有些青蛙会有保护色，甚至有毒，

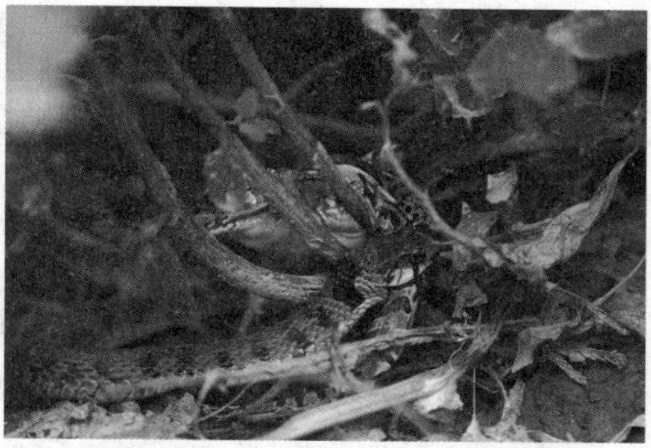

◆ 蛇吃青蛙

这都是为了求自保。青蛙有办法躲藏，蛇也有一套方法：它发现青蛙后，会慢慢接近，然后突然咬过去，青蛙在来不及逃的情况下就被吃了。

蛇的固有习性在人类看来都显得有些匪夷所思，这就使人们不自觉地为蛇附上了一种神秘的色彩，并且拥有了超强的智慧和能力，成为了人们崇拜和敬畏的对象。

延伸阅读

蛇的四种行走方式

第一，蜿蜒式。蛇将身体作水平波状弯曲，与粗糙的地面摩擦产生动力，从而推动身体前进，这种蜿蜒式的前进方式又被称为“波浪式”。第二，侧向式。蛇的前半部分身体抬高离开地面，而以后半部分作为支撑，向横侧方向作猛冲运动，而横冲出来的痕迹却是一条直线，蛇的这种侧向运动适宜于在疏松的沙土上前进。第三，直线式。蟒蛇一类的大蛇，往往会使宽大的腹部鳞片竖立起来，支持于地面，使身体呈一直线前进。第四，伸缩式。有时蛇会后端不动，而将身体的前端抬起，并尽力往前伸，直到接触到目标时，才会将身体的后端紧缩上去，这样交替伸缩的前进，是在洞穴之内的一种主要爬行方式。

奇异精怪的肖蛇

人类的观念中，蛇充满了神秘诡异的色彩，但同时蛇又是实实在在存在的，既绚烂多姿、美丽冷静，又透露着凶险邪恶。蛇与人之间若即若离的距离感以及蛇本身的特殊属性，都使人类对蛇产生了诸多敬畏和好奇，各种各样的灵异之蛇也应时而生。

蛇无足却能疾行如电；蛇身体虽然细小，却能瞬间致庞然大物于死地；蛇每隔两三个月便要蜕一次皮，如获新生；蛇在冬季幽潜隐匿、长眠不醒；蛇可以随着音乐翩翩起舞……等等，所有蛇的这些属性在古人眼中都充满了智慧和难解的奥秘。

在古人看来，蛇的这些能力很像玄妙的巫术：既然可以疾行如电，就可以充当人神之间的灵媒；既然可以蜕皮重生，也就意味着长生不老；身藏巨毒、致庞然大物于死地，也就与幽灵鬼怪乃至一切超自然之物颇有渊源……如此，蛇就自然而然地成为巫术中的重要角色，形形色色的灵蛇、神蛇、异蛇也应运而生。

巴蛇：即修蛇。《山海经·海内南经》说：“巴蛇食象，三岁而出其骨”，战国时期，屈原在《天问》中说：“一蛇吞象，厥大何如？”这个蛇就是巴蛇。由其吞象，可知其硕大无朋。

鸣蛇：《山海经·中次二经》说：“鲜山多金玉，无草木，鲜水出焉，而北流注于伊水。其中多鸣蛇，其状如蛇而四翼，其音如磬，见则其邑大旱。”

飞蛇：《山海经·中次十二经》说：“柴桑之山，其上多银、其下多碧……其兽多麋鹿，多白蛇飞蛇。”郭璞注：“即腾也，乘雾面飞者。”

钩蛇：《续博物志》中，先提山有钩蛇，长七、八丈，尾末有岐，在山涧水中，以尾钩岸上人牛食之。水旁瘴气特恶，气中有物，不见其形。其作有声，中木则折，中

◆《奇蛇传》书影，书中主要讲的是捉治奇蛇的方法

◆ 蛇长脚

人则害，名曰“鬼弹”。

人蛇：《格致镜原》卷九引陈鼎《蛇谱》说：“人蛇，长七尺，色如墨。蛇头蛇尾蛇身，尾长尺许；而人足人手，长三尺。人立而行，出则群相聚，遇人辄嘻笑，笑已即转噬，然行甚迟。闻其笑即速奔可脱。”

两头蛇：《酉阳杂俎》载：传说见两头蛇乃不祥之兆，楚人孙叔敖见之，自知必死，但为救后人，杀此蛇而埋之，最终竟未死。

唤人蛇：清人陈鼎在《蛇谱》中说：“唤人蛇长丈余，至数切，广西近交趾山中有之。伏草莽间，遇行旅过，辄大呼曰：‘何处来？哪里去？’只此六字，甚清楚，音同中州。不知而误应之，虽去隔数十里，蛇必至。至则腥风拥树，排挞而入，吞应者去，人莫能制也。”

量人蛇：清代梁绍壬《两般秋雨庵随笔》卷四载：“广东琼州有量人蛇，长六七尺，遇人辄竖起量人长短，然后噬之。土人言此蛇量人时鸣声曰‘我高’，人亦应声曰‘我高’，蛇即自坠而死。”

率然：《神异经·西荒经》载：“西方山中有蛇，头尾差大，有色五彩。人物触之者，中头则尾至，中腰则头尾并至，名曰率然。”

巨蛇：鲁迅《古小说钩沉》辑《玄中记》说：“昆仑西北有山，周回三万里，巨蛇绕之，得三周。蛇为长九万里。蛇居此山，饮食沧海。”

如此种种灵异精怪的传说，充分反映出中国人内心深处对蛇的畏惧惊恐之情。这种对于蛇的畏惧惊恐却在先民那里逐渐转变成对于蛇的崇拜，蛇据此而入选十二生肖也就不足为奇了。

延伸阅读

蛇长四脚

近年来在山东、浙江、四川等地经常有发现蛇长脚的事件。山东临沂市有市民发现一条蛇大约有1米长，有成人的拇指般粗细，头部呈三角形，貌似传说中的龙。这条蛇在距离蛇头30厘米处的蛇身两侧，对称地长着两只长约1厘米的脚，脚上5个向外分开的脚趾清晰可见。咨询专家，专家认为蛇本属于爬行类的四足动物，也就是说，蛇本来是长四只脚的，但是随着蛇类的进化，蛇的脚在逐渐退化，并进化成现在“无脚”的模样。但这条蛇却很“另类”，不仅长脚，而且还是两只脚。而根据“脚趾”的形状，推断出蛇长脚是一种几率非常小的返祖现象。

肖蛇为始祖之神

与人们对于鼠的崇拜和敬畏一样，人们畏蛇的心理也逐渐演变成了对蛇的崇拜。在长期的历史过程中，人们崇蛇的心理进一步发展，到最后，甚至对于始祖的认识也附上了肖蛇的色彩。

对于人类来说，蛇始终充满了一种神秘诡异的色彩，但是它又是实实在在的存在，这就更加重了人们对于蛇的畏惧和崇敬心理，从而导致了人蛇合一的人类始祖形象的出现。

◆ 伏羲女娲人首蛇身像

在中国神话之中，盘古是开天辟地的大神，《广博物志》卷九引三国时期徐整《五运历年纪》说："盘古之君，龙首蛇身"。可见，从一开始，人们就把蛇和天地之初的神联系了起来。

女娲炼五色石以补苍天，也是一位建造天地的神灵，并且还是一位生育人类的母亲。《帝王世纪》中称："女娲氏风姓也，承庖牺制度，人首蛇身。"王逸对屈原《楚辞・天问》中也称："传言女娲人头蛇身，一日七十化"。"七十"是表示多数，"化"指化育、化生，是说她每天要化育出许多东西，乃至包括神、人，表明女娲是一个生殖力极强的氏族首领。

女娲的兄长为伏羲，是"为百王先"的人王，位居"三皇五帝"中的首位。关于伏羲的出生，也有好多与蛇有关的记载：《路史・后纪》注引《宝椟记》曰："帝女游于华胥渊，感蛇而孕，十三年而生伏羲。"《拾遗记》亦说："神母游其上，有青蛇绕神母，久而方灭，既觉而有娠，历十二年而生伏羲。"无论伏羲是如何诞生的，它们的共同点就是都与蛇有关，伏羲因此也就成了人首蛇身，唐人司马贞《史记·补三皇五帝》中说：“伏羲蛇身人首，有圣德”。

考古出土的汉代画像之中就有伏羲女娲兄妹成婚以繁衍人类后代的图案。伏羲女娲皆为人首蛇身，头梳髻鬟，身着袍服，下身为蛇尾，紧紧缠在一起。有的画像之中伏羲女娲并未有蛇尾相交图案，但两旁各有一童男童女，男童牵伏羲之袖，女童牵女娲之袖，童男童女皆为蛇身。这是始祖伏羲女娲形象的进一步发展。山东费县的燧人氏画像，伏羲女娲只是把两人的蛇躯用手挽在一起，使其交合，自己却与这种交合活动脱离了关系。出土于新疆的唐代古墓中的伏羲女娲交合像，伏羲已经变成了留有八字须、双眼皮的美男子，女娲的脸上则显示出典型唐代妇女丰腴的特点来，但他们腰身以下依然是交合在一起的蛇躯。

“三皇”中的第二皇是炎帝，即有些史书记载的神农氏，相传为牛首蛇身或是龙首蛇身。黄帝是“三皇”中的第三皇，据《山海经·海外西经》记载：“轩辕之国……人面蛇身，尾交首上”，黄帝也是人面蛇身。

另外，除华夏部落之外，中华大地上还存在着东夷部落、苗蛮部落、北狄部落等，各个部落都有着自己的图腾崇拜，或崇龙、蛇，或崇牛、羊，或崇鸟、日，各不相同，然而各个部落中都曾有过对于蛇图腾的崇拜，随着各部落的相互交融和发展，蛇图腾也逐渐演变成了各部落共同崇拜的对象，这也是促成各个部落之间能够最后融积于华夏民族并把始祖赋予蛇形象的内在动因之一。

两汉至隋唐时期生活在东北地区东南部的高句丽民族，其文化里有女娲、有伏羲。吉林集安高句丽古迹分布了一万多座高句丽时代的古墓，古墓壁画有着丰富的内容，其中的四神崇拜、伏羲与女娲图、神农图、道家羽衣仙人图均体现了中原对高句丽文化的全面影响。其中伏羲像和女娲像极其精美，具有很高的艺术价值和研究价值。

可见，盘古、女娲这两位创天地、造人类的始祖，以及伏羲、炎帝和黄帝这三位至高无上的统治者，还有其他一些人类始祖的形象，都为人面蛇身造型，这就明显地反映出蛇在远古时期人们心目中的地位以及先祖们对于蛇的无上崇拜。

延伸阅读

蛇创世的传说

在中国佤族神话当中，蛇被看作创世的神祇。据说世界刚刚形成之时，形状变动不拘，忽而高山，忽而平原，忽而大海，万物都无法安静地生活。后来，蟾蜍说自己是神的使者，施法术把大地的形状固定下来，像它的脊背一样平坦。不久洪水暴发，吞没了大地，万物却没有高山躲避。这时，蛇出来命令大地变得像它的脊背一样凹凸不平。顿时，洪水退了，大地变得凹凸有致，有高山，有平原，有河流，有湖泊，万物各得其所。蛇创世的神话传说，无疑丰富了人们对于蛇为始祖的理解。

肖蛇的象征意义

虽然人们赋予蛇神秘、玄幻的色彩，但是在人们对于蛇的又恨又爱当中，蛇早已脱离了单纯动物形象的躯壳，而具有了特殊的象征意义。

蛇与人一样，同样是自然界中的生灵，然而蛇的某些属性却让人看了触目惊心、瑟瑟发抖：伸缩自如、崎岖盘旋的柔软身躯，时进时出的长信等。然而，蛇却并非为十恶不赦的代表，相反，在人们对蛇的长期崇信当中，蛇早已被人们赋予了象征好的一面的诸多意义。

青春永驻的象征

蜕皮是蛇独有的一种生理现象。几乎每年之中当蛇成长到一定阶段时，都会蜕去原来的旧皮而换上新皮。古人看蛇蜕皮之后如再生一般，以为这就是死而复生，而人在年老时却无法换掉满是皱纹的面孔，难以恢复青春的容颜，因此不免对蛇产生了羡慕之情。人们之所以把蛇选入十二生肖当中，也是将永生、将青春永驻的形象寄托于蛇身上的表现。

这其中还有一个传说：相传远古时期，人原本是每隔三年蜕一次皮的，这样也可以长生不老。然而蜕皮往往十分痛苦，致使人疼痛难忍。人们纷纷抱怨说："与其受蜕皮之苦，倒不如一死了之。"谁知这话被躲在草丛里的蛇听见了，便爬出来对人说："我能活五六十年，如果我蜕皮能长生，别说三年一次，一年三次都可以。你们害怕蜕皮之痛，就和我换换好了。"于是蛇就和人交换了身上的皮。从此，蛇每年都蜕两到三次的皮而获得了长生，人怕疼和蛇换了皮就只能活到五六十岁。因为怕苦怕痛而失去

◆ 蛇蜕的皮

了长生的机会，而只能把死而复生、青春永驻的理想寄托在了与人换皮的蛇上。

祥瑞的象征

虽然人们对于蛇的畏惧已经到了“一朝被蛇咬，十年怕草绳”的地步，然而在古人看来，蛇在更大程度上却是祥瑞的象征。

《诗经·小雅》中的《斯干》一诗写道：“下莞上簟，乃安斯寝。乃寝乃兴，乃占我梦。吉梦维何？维熊维罴，维虺维蛇。大人占之：维熊维罴，男子之祥；维虺维蛇，女子之祥。”这是一首在贵族宫室落成典礼上唱的赞歌。其中的“虺”即为蛇的一种，古人认为梦见“虺蛇”是一种吉祥的预兆，熊罴、虺蛇相对，前者被看作生男孩的预兆，而后者则是生女孩的预兆。

古人将美好的事物以“委蛇”来形容，这与蛇为祥瑞的象征不无关系。《诗经·召南·羔羊》云：“退食自公，委蛇委蛇”，郑玄笺云：“委蛇，委屈自得之貌。”朱熹也说：“委蛇，雍容自得之貌”，玄应也有“委蛇，德之美貌也”的解释，这些意思都是与祥瑞非常接近的。古人常形容女子为婵娟、柔长婀娜一类，大概也有此缘故吧。

两性交合的象征

古代的伏羲女娲人首蛇身像其实就是对于蛇的繁殖生育能力的崇拜，象征着阴阳匹配，男女交合，隐含了他们是人类的生育者。阴阳交合是一种有性生殖方式，它混合了双方的基因和染色体，使每个生物个体都有属于自己的特点，这是生物进化的一种极大飞跃。古人认为双头或者双身就是交合的象征，代表这旺盛的生命力，因此产生了对于双头同体或是双体同头动物的崇拜。其实，现实生活中的双头蛇是极少的，只是由于有些蛇头部和尾部的形状和花纹非常相似，不仔细分辨，就像长了两个头一般，人们往往就把这种蛇称之为“双头蛇”。

双头蛇作为两性交合的象征，自然也成就了不少美丽的爱情。在内蒙古的某些地区有一个风俗，如果一个小伙子看到雌雄两蛇相交，掏出手绢盖在两条蛇身上，这手绢就被赋予了特殊的魔力。此后，当这个小伙子遇到自己心爱的姑娘时，只要将手绢冲姑娘一挥，姑娘就会像着魔一样深深地爱上他，这也是蛇的两性交合的象征意义所在。

虽然这些象征意义大都只是人们的一厢情愿，却反映出人们对于蛇的复杂感情，反映了人们对于蛇的好奇心理以及期望从蛇那里得到希望和保佑的思想。

延伸阅读

蛇的消极象征

谈到蛇的消极象征意义，人们首先想到的是它的狠毒。在这些传说故事中，“农夫和蛇”的寓言深入人心，家喻户晓。在其他有关蛇的传说故事中，也有很多是关于蛇兴风作浪、危害人类等内容，这无疑更加深了人们对蛇的坏印象。人们用蛇来形容人的狠毒，如说某人“蛇蝎心肠”。蛇的第二个消极象征意义是阴险、冷漠。这大约与蛇是所谓的“冷血动物”有关。那些外表美丽、内心阴险狠毒的女人被称为“美女蛇”。蛇的第三个消极象征意义是莫测。蛇没有脚却可以爬行，又往往来无影去无踪，显得很神秘。神秘导致人们对蛇的崇拜，伴随着对蛇的神秘感的蛇禁忌是很多的，有的禁忌至今仍在流行。

传统文化中的肖蛇

人们对于蛇既畏惧又崇拜的矛盾心理，在中国民俗文化中得以充分体现。丰富多彩的蛇文化反映了蛇在人们的文化生活当中非常重要，体现了人们祈求得到平安和长寿的愿望。

从远古时期的图腾崇拜，到如今在人们生活中变得日益重要的习俗文化，蛇从来没有退出过历史的舞台，并且在人们观念当中占据着重要的位置，左右着人们的信仰，影响着人们的生活。

蛇祭与蛇忌

在中国的浙江、福建一带，人们往往把蛇分为家蛇和野蛇两种，家蛇又称为“苍龙、天龙、大仙、蛮家”等，人们认为家蛇是吉利的征兆，不可打杀，并且家蛇盘过的米等粮食可以取之不尽、用之不竭。宜兴地区在每年的二月二、清明节、重阳节、冬至、除夕等都要举行祭祀家蛇的活动，其中重阳节是最重要的，被认为是家蛇的生日。在祭祀家蛇的日子里，人们要用米粉做成盘绕的蛇，或做成人首蛇身的形象，放入笼屉中蒸，这就是米粉蛇。蛇的周围还要放很多象征蛇蛋的小米粉团，象征多子多孙。

同时也有许多对于蛇的禁忌。旧时汉族人忌见蛇交尾，认为这是大逆不道的行为。如果看见了，就须赶快拔掉一根头发，撕掉一颗纽扣，表示忏悔，并立刻走开。贵州苗族也把两蛇交尾视为不祥之兆，如果看见，进家前就要先进厕所或是请巫师念咒禳除，否则就会把灾难带进家门。海南黎族在插秧那天忌见蛇，认为不吉利，如果遇见了，回家之后就要在门楣上插上一束稻草，表示谢绝来访。

游蛇灯与赛蛇神

每年农历的正月初六至二十一日，福建南平市樟湖镇都要举行隆重的游蛇灯活动，家家户户都会参加，每夜一游。蛇灯由

◆ 石雕蛇

◆ 玩具蛇

蛇头、蛇身和蛇尾三部分组成，蛇头、蛇尾用竹篾扎成，外以彩纸裱糊，安装在长约四米的木板上，外贴鳞甲，造型古朴而夸张。蛇身由一长串灯板组成，灯板也是由竹篾扎制而成，每块灯板装三盏灯，灯上裱糊白纸，四周贴满花虫鸟鱼的图案，还写着许多吉祥的话语，灯内还插着蜡烛。一条蛇灯小的有30多块灯板，大的则有700多块，连接起来长达几百米，舞动起来流光溢彩，蔚为壮观。

赛蛇神活动一般在每年的农历七月七日举行。人们提前会把活蛇养在蓄蛇洞里，届时，人们举着过山旗，敲着清道锣，抬着活蛇王、蛇王塑像，拿着蛇王印，从蛇王庙出发游行。有人把蛇盘在脖子上，有人戏蛇于手臂，还有人戴枷锁装罪犯，认为可以消灾免病。游行队伍会走遍村落中的每一条街道，到江边以后就会把蛇放生。

蛇玩具与蛇形拳

喜欢蛇、崇拜蛇，自然少不了蛇玩具，常见的蛇玩具有竹蛇和马莲蛇。竹蛇由一节节竹竿连接而成，关节灵活，看起来既具有蛇的柔软性，又具有蛇的坚硬性。手持尾部手柄，竹蛇便会蜿蜒摇摆，左右探头，几可以假乱真。马莲蛇即为用马莲的叶子编的草蛇，马莲蛇的嘴可以由人来控制，只要轻轻一拉蛇身，蛇嘴就会闭合，也很有趣。

蛇全身灵活，如果它的头部受到攻击，尾部就会来救援；尾部受到攻击，头部就会来救援；腰部受到攻击，头部和尾部就会一起来救援。古代军事家认为，作战时全军各部就要像蛇一样相互照应，发挥整体效应，才能克敌制胜。中国传统武术中的太极拳就是源于“鹰蛇相搏”的启发，另外，八卦掌中的蛇形拳、形意拳中的蛇形拳、少林拳中的蛇拳等拳法，都有对于蛇的动作的参照。

无论是对于蛇的崇拜的蛇祭、游蛇灯和赛蛇神，还是用来强身健体的蛇形拳以及用于娱乐的蛇玩具，都是肖蛇文化在民俗中的具体展现，都是人们对于蛇的浓厚感情的表达。

延伸阅读

闽越人崇蛇的文化内涵

民俗专家学者往往从百越遗风、生殖崇拜两个方面来探讨以南平市樟湖镇为代表的闽人崇蛇仪式的文化内涵，认为“南平市樟湖镇崇蛇的历史文化积淀比较厚重，其文化内涵也比较深邃，是闽越人崇拜蛇的活生生的记载”。“将装有活蛇的蓄蛇瓮置于蛇王庙中供人朝拜和点燃蜡烛的竹蛇灯盛游全村的行动”是祈望人丁兴旺，而游行队伍中那些自称“罪人”的戴枷人“可能是无后，或者人丁不够兴旺，或者家人受到病魔或其他不祥的灾难的威胁，不能平安地繁衍后代，或者子女该嫁娶而未果者”，这些都还留有原始生殖崇拜的影子。

神话中的肖蛇文化

由于蛇令人匪夷所思的属性，以及人们赋予蛇的特殊象征意义，民间故事传说中就自然少不了生肖之蛇的参与。从丰富多彩的民间故事传说中可以看出肖蛇文化的精彩纷呈，同时也包含着人们对于蛇的复杂感情。

蛇是神话传说当中非常重要的一个角色，并且往往以蛇与人之间的关系为主线，大致可以分为以下几个方面：

蛇护主人

《水经注·浊漳水》中记载一个异蛇担生的故事：一个人在路上见到一条小蛇，带回家中饲养，并起名叫“担生”。担生长大以后吞食乡人，官府就把担生的主人抓了起来，囚在狱中。担生作法使主人逃走，并把整座城池都变成了湖泊，县官和狱吏们也都变成了鱼。

《搜神记》中也有一个故事：一位善良的老婆婆养了一条长角的小蛇。小蛇长大后吞食了县官的马，县官就惨无人道地杀害了老婆婆。蛇悲愤交加，呼风唤雨，让方圆四十里都变作了湖泊，唯有老婆婆的房子丝毫无损。

这两条蛇，或救主或复仇，反映了人们对于蛇的灵异的憧憬和想象，也是人们希望揭开蛇的神秘面纱的一种探求心理的反映。

人蛇通婚

“蛇郎蛇女”是在民间流传很广的神话故事。据《台东卑南族口传文学选》中记载：“大南村有一位漂亮少女，很多英俊的男孩向她求婚，她都不接受，因为她爱上了一条蛇。后来蛇向少女的父母提亲，把少女娶回家去。蛇的家在深山的一个湖里，他们生了很多鸟、蛇等动物，于是世界上就有了各种珍禽异兽。”鲁凯人的《蛇郎君》也属同一类型，只是最后说少女与蛇的子孙成为了人类的祖先，得到了人们一年一度的祭祀。故事中的蛇郎大都年轻、英俊、善良而又神通广大，是对现实生活中理想男子形象的写照。从其中也不难看出古人蛇图腾崇拜的遗迹，透露出人们对于蛇王的崇信心态。

蛇女嫁人故事当中影响最广泛的要数《白蛇传》了。这个故事有多种说法，其中最流行的是：南宋绍兴年间，杭州有个叫许仙的青年在清明那天去祭祖。祭毕，才走出庙门，天开始下雨。许仙在西湖遇到美丽的白娘子和使女小青，同舟避雨，与白娘子产生感情，而许仙也正是白娘子所要寻找的恩人。此后许仙与白娘子两情相悦，结成良

◆ 金山寺年画

缘。后来镇江金山寺的长老法海云游至此，告诉许仙，那白衣女子并非人而是蛇精，并教他令妖精显形之法。许仙照此行事，见了妻子原形之后惊吓过度，命在旦夕。为救丈夫性命，白娘子冒死去盗仙草，感动神仙，救活了许仙。此后，许仙又被法海掳走，扣留在金山寺，为夺回丈夫，白娘子和小青水漫金山。最终白娘子完成报恩愿望，被法海镇于雷峰塔下，而许仙则被法海相逼，皈依佛门……

这个故事里白娘子既温柔贤淑、至情至性，又侠义肝胆、善良勇敢，是众美的化身。以蛇为前身的白娘子已经成为了广大妇女勇于追求真爱和幸福生活的代表，因此数百年来，白娘子的传说经久未衰，得到了人们的普遍认可和喜爱。

人蛇之争

故事传说当中人与蛇之间并不总是和睦相处，也有许多人蛇发生冲突的时候。晋代干宝的《搜神记》中就有“李寄斩蛇”的故事：传说东越闽中地区有一蛇妖，每年八月百姓必须向此蛇妖进贡童女一名，以被享用。少女李寄自告奋勇前往，先以糯米饭引蛇出洞，又放犬咬蛇，再用剑斩蛇至死，这一机智勇敢的少女英雄形象在民间广为流传。此外，还有许多关于射蛇、斩蛇的故事，如后羿射杀修蛇、刘邦斩蛇起义、蒋武射蛇等。从这些故事当中可以看出，人逐渐认识到了自身力量的强大，人的自我意识逐步加强，并在人与蛇的对抗当中都取得了决定性的胜利。

这些故事当中，既有人与蛇的和谐相处，又有人与蛇之间的矛盾和冲突，这实质上也是人们对于蛇的既爱又恨的复杂感情的感性显现。

延伸阅读

“杯弓蛇影”的来历

据《晋书·乐广传》中记载：乐广有一个很要好的朋友，在乐广家喝过一次酒后就一病不起。乐广觉得很奇怪，就想问个究竟。朋友回答说：“上次在你家喝酒，刚要饮酒时，看到杯中有一条蛇，感到很恶心，喝下这杯酒后就病倒了。”乐广怎么也想不明白，酒杯中怎么会有蛇呢？原来，乐广客厅的墙上挂着一把角弓，朋友上次在杯中看到的正是角弓映射在水杯中的影子。乐广邀请朋友再来饮酒，他把这种情况演示给朋友看，朋友也顿时恍然大悟，不久病就痊愈了。从“杯弓蛇影”这个故事当中也可窥见人们对于蛇的畏惧心理。

第十一讲
午马行空

民间肖马崇信

由于马在人们生活中的重要性，从古至今，人们都对马怀有一种崇拜和尊敬的心理，无论是汉族还是少数民族，都对马有着各种各样的崇信，这些也成为肖马文化中一个非常重要的内容。

马的历史非常悠久，马作为六畜之首，对人们生活的各个方面都产生了重大而深远的影响。农业生产中，马为人们耕田种地；日常生活中，马帮助人们运输往来；行军打仗中，马和人们一起南征北战……总之，人们时时刻刻都离不开马，人们把马当作神一样来祭拜，形成了一些和马有关的习俗。

早在中国第一部诗歌总集《诗经》中就有这样一句话："吉日庚午，既差我马"。可见，因为马与十二地支中的午相对应，所以人们也就自然而然地把马看作午日的吉兆。

马神

马神，俗称"马王"，又称"马祖、马明王、马王爷、水草马明王"，是主掌和保佑六畜的神灵。早在以农业起家、重视农耕的周代，官方就规定了四时祭祀马神的制度。《周礼·夏官·校人》载，周代礼制春天祭祀马祖神，夏天祭祀先牧神，秋天祭祀马社神（关于马社的来历，向来有两种说法：一说马社是第一个骑马的人，一说马社就是住在马厩里的神，祭祀马社为了使马能安居其所），冬天则祭祀马步神。事实上，这春夏秋冬所祭之神都与马有关。

后来，民间祭祀马神的传统一直延续下

◆ 马王爷像

◆ 青瓷骑马乐俑

来，只是时间上有所差异，最多的是在六月二十三日，又称“马王节”，多在马王庙举行，亦有在马厩祭祀的。各地马王之像大都相似：赤面虬髯，四臂三目，身披铠甲，执刀持戟，狰狞可怖，大多题作“马王”，亦有题作“水草马明王”的。另外，在有些地区的马王神像下除有一马之外，还会有牛，这充分说明了马王是家畜的保护神，因此，虔诚地敬祀马王，祈求马王降福于人，保佑家畜膘壮无恙，正是人们祭祀马王的目的。

马上封侯

人们认为，马有生旺的作用，有捷足先登，马到成功之效。明清时期时，人们把马与猴在玉器上进行组合，这种玉器称为“马上封侯”。马上就是即刻，封侯指被封为侯爵。马上封侯，意思是即刻就要受封爵位，做大官。马上封侯，表达了人们对美好前程的追求和祝愿。

马婚

在中国的内蒙古地区，有骑马抢婚的习俗：男方骑马到女方，将新娘置于马上，女方家人找来亲戚好友故作争夺追赶，相传新郎抢得越猛，抓得越紧，婚姻就越幸福。有一首诗写道：“新郎一马着鞭先，舅氏昂然奋老拳。劫得美人归去后，笙歌华烛盛开筵。”描绘了骑马抢婚的热闹场面。

在青海地区的汉族婚俗中还有饮“回马酒”的仪式。婚礼中，女方宾客离开男家走一程后，一些青壮年勒马回头，向男家飞驰而来。到男家门口，男家将酒壶递上，来客在马上痛饮美酒后挥鞭策马离去，又行一程，再勒马返回，仍在马上痛饮一番后再次驰去，如此往返一、二次，其间马蹄奔腾，笑语欢声，颇有喜庆的气氛。

除此之外，还有相马、赛马以及马头琴和马头娘的故事，可见，马已深深地融入了人们生活的各个方面，马已不再单纯是一种动物，而是被人们赋予了一种灵性，包含了人们浓厚的感情在里面。

延伸阅读

“四臂三目”马王爷

旧时许多地方都有马神庙，以祭祀马神。相传马王爷是西汉大臣金日磾。金日磾于武帝时从昆邪王归汉，任马监。他为汉朝养马业作出了重大贡献，后被民间尊为神。马神庙中有马王爷像，像的旁边立有神马。马王爷的像有四臂三目，所以俗称“马王爷三只眼”。祭祀马王爷的日子是阴历六月二十三日。除了农民，马夫和骡马商也要祭祀，祭品通常用白羊。今北京广渠门内有马神庙，供奉着马王神像。

唐代马球和舞马

唐代是马球和舞马最为风行的时代，上至皇帝妃子、达官贵人，下至平民百姓，都以打马球和看舞马为时尚，这些娱乐活动的兴盛不仅显示了唐朝国力的强盛，同时也从侧面反映出肖马文化对于唐代人民生活的深远影响。

唐代无论是政治上还是军事上都是中国封建社会发展的一个至高点，统治者实行开明的民族政策，带有少数民族特色的马球和舞马也逐渐兴盛起来，并达到了高峰。

马球

马球，在中国古代的史籍上叫“击鞠”“击球”或“打球”。唐代是中国马球盛行的时期，上自皇帝，下至诸王大臣、文人武将，大多都以此为乐。1971年，陕西省博物馆在乾县发掘了唐章怀太子李贤墓，墓中陪葬的文物甚多；墓道两侧有50多幅完好的壁画，《打球图》就是其中的一幅。画面上有正在跑动的20余匹骏马，体态丰满，细尾扎结；骑马人头戴幞巾，脚穿长靴，手执鞠杖；一位骑枣红马的骑手跑在最前面，高举鞠杖，侧身向后击球：球在场中滚动，后面几个骑手驱马争抢。

唐朝之所以马球盛行，是和长期战争分不开的。唐太宗李世民改变了骑兵装具，成为轻骑兵，发挥了骑兵快速机动与远程奔袭的特长。这种特长符合大唐帝国地域辽阔、疆土广大的战略需要。因此，唐代自建国以来就重视骑兵部队的建设。有了马匹，还要训练骑术和马上砍杀技术，而马球运动就是训练骑术和马上砍杀技术的最好手段。唐代开展马球运动的目的就是为了军事训练，同时也是一种很好的娱乐活动。

“百马攒蹄近相映，欢声四合壮士呼”。无论是参加打球，还是观看比赛，马球运动都能使人精神振奋。唐代宫中盛行马球，从唐中宗到唐昭宗十六位皇帝都是马球迷。皇亲国戚、达官贵人、藩镇守将甚至还

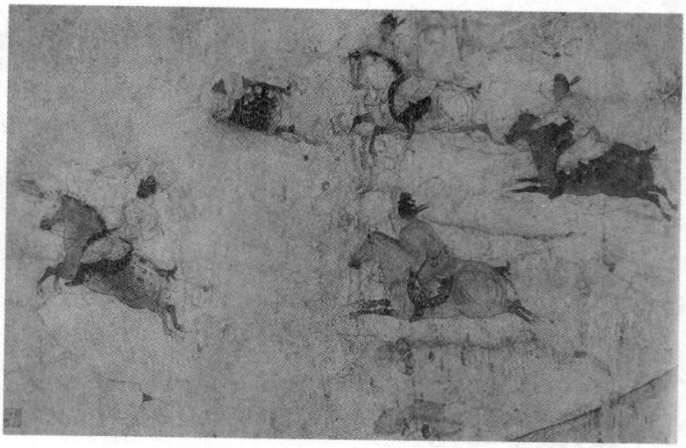

◆ 《马球图》唐代壁画

都辟有私人马球场。风俗相尚，连宫女也竞相以打马球为时髦，马球盛况可见一斑。

唐玄宗李隆基还是临淄王时，他的精湛绝伦的马球技艺就已享誉内外。李隆基当上皇帝以后，更是精选良马，醉心马球，不过身为一国之君，已很少亲自上场，只是常常观看宫中球队比赛，品尝那紧张较量中的竞争滋味。

唐宣宗李忱打马球的技艺不在唐玄宗之下，他经常活跃在球场上，手持鞠杖，乘马奔跃，运球于空中连击数下而马驰奔不止，迅若闪电奔雷，连左右神策军的马球高手，也无一不佩服皇帝高超精湛的球艺。唐僖宗李儇更是沉溺于马球而不问国事，他还得意洋洋地说："朕若应马球进士举，须为状元。"有一次，唐僖宗令陈敬暄等四人进行马球比赛，陈敬暄得了第一筹，当即被任命为西川节度使。

唐章怀太子李贤墓壁画《马球图》，是唐代君臣酷爱马球的最早形象资料。图绘二十多名骑手，都是左手执缰，右手持偃月形球杖，穿深浅两色窄袖袍，所骑之马皆结尾。最前面一人骑枣红马，回身反手击球，这是唐代著名的背身球击法。一人侧身回首看球，后面两人正骑马向前抢球，其余的人或行或止，或竞相争来，或举目观望。唐代出土的马球俑、马球纹铜镜，也都与文献资料互相印证。

舞马

唐代不仅马球盛行，而且舞马亦大盛，舞马规模之大、技艺之精，都是空前绝后的。唐人郑处晦《明皇杂录·舞马》记述唐玄宗命教舞马四百蹄，无不曲尽其妙，这些"衣以文绣，络以金银，饰其鬃俄，间杂珠玉"的舞马，训练有素，会随乐而舞。每逢千秋节，唐玄宗在兴庆宫勤政楼下举行舞马庆典，当乐队奏响《倾杯乐》曲，匹匹舞马"举趾翘尾，变态动容，皆在音律"。乐曲终罢，舞马还会衔杯跪拜，向唐玄宗行礼祝寿，劝人饮酒。

西安何家村出土的唐舞马衔杯纹仿皮囊式银壶，则把唐代舞马屈膝衔杯景象活灵活现地展示在人们面前，舞马肥臀体健，长鬃披重，颈系花结，绥带飘逸，只见马口衔酒杯，前腿斜撑，后腿蹲曲，马尾上摆，好像正合着音乐节拍，以优美的舞姿为皇帝献寿。这富有情趣的形象与文献记载相互印证，使人想起唐代舞马的盛况，真是妙不可言。

延伸阅读

昭陵六骏

唐太宗李世民一生爱马，对于自己南征北战时所骑的战马视同建立功勋的功臣一样珍爱。李世民生前指令将为自己立下战功的六匹马的形象制作成六块浮雕，立于自己死后的陵寝石屏上，这就是举世闻名的昭陵六骏。它们分别是特勒骠、青骓、什伐赤、飒露紫、拳毛騧和白蹄乌。这六匹骏马都有着自己的战争背景：特勒骠是李世民与刘武周的部将宋金刚决战时的坐骑；青骓是窦建德冲杀屡立战功的战马；什伐赤是大战王世充、窦建德时所骑的名驹；飒露紫是李世民与王世充会战洛阳邙山时的坐骑；拳毛騧是李世民与刘黑闼会战时所骑的战马；白蹄乌是战胜薛仁杲并将他俘获而归时所骑。

天马为龙的文化意义

在大多数人的思维和语言习惯中往往“龙马”并称，在此背后，不仅可以看到人们对于生肖之马的崇尚与赞美，同时也反映出生肖之马文化的博大精深。

在生肖之马产生之初，先民们就将其与阴阳五行扯上了关系。按照《春秋纬说题辞》的说法：“地精为马，十二月而生，应阴纪阳，以合功，故人驾马，任重致远以利天下。月度疾，故马善走。”这就是说，马是属地、属阴的。《易经》中马却与天、阳相对应，突出了马奔放不羁、昂扬超脱的特点。所以，在“马属阳还是属阴”的问题上，古人一直是矛盾的，与此相对应的是，公马所具有的高大、强健的特征被看成是男性的象征，而母马任重、善走等特点则被看作是女性的象征。如此，龙象征水而能沟通天地，马属午而能沟通阴阳，龙马便自然地走到了一起。

对于“龙马”的定义，《龙马记》中比较明确：“龙马者，天地之精，其为形也，马身而龙鳞，故谓之龙马。高八尺五寸，类骆有翼，蹈水不没，圣人在位，负图出于孟河之中焉。”《周礼·夏官》中也说：“马八尺以上为龙”。《吕氏春秋》中也有类似的说法：“马之美者，青龙之匹”。《礼记·礼运》中有“河出马图”，其注疏云：

◆ 人马图 元 赵麟

“龙而形象马，故云马图，是龙马负图而出。”这里是将龙、马混称。《隋书·经籍志》中《瑞应图》记载：“龙马者，神马也，河水之精。高八尺五寸，长颈，胳上有翼，旁有垂毛，鸣声九音，有明主则见。”《宋书·符瑞志》记载：“荣光出河，休气四塞，白云起，回风摇，乃有龙马衔甲，赤文绿色，临坛而止，吐甲图而去。”也有人把马比喻作龙的，唐太宗李世民《咏饮马》诗云：“骏骨饮长泾，奔流洒络缨。细纹连喷聚，乱荇绕蹄萦。水光鞍上侧，马影溜中横。翻似天池里，腾波龙种生。”

八卦中称“乾为马”，将马与“天”联系起来，实质上就是龙马的一种变形。相传，汉武帝刘彻曾得到一匹神马，便作《太一歌》云：“太一贡兮天马下，霜赤汉兮沫流赭。骋容舆兮逝万里，今安匹兮龙为友。”还有一首《西极天马歌》：“天马来兮从西极，经万里兮归有德。承灵威兮降外国，涉流沙兮四夷服。”这里的马和龙一样，均与水、君王、圣人有着密切的联系。《山海经·北次三经》中“其状如白犬而黑头，见人则飞，其名曰天马”。天马还能像龙一样腾空飞翔。关于天马近龙的描述最出色的莫过于《拾遗记·周穆王》中的记载了：“王驭八龙之骏：一名绝地，足不践土；二名翻羽，行越飞禽；三名奔宵，夜行万里；四名超影，逐日而行；五名逾辉，毛色炳耀；六名超光，一形十影；七名腾雾，乘云而奔；八名挟翼，身有肉翅。递而驾焉。”

龙、马之所以相提并论、混而为一，与原始人的图腾崇拜有着密切的联系。古代中华大地上不乏以马为图腾的氏族。据《山海经》记载，远古时候许多图腾神祇中有“人面马身”“马身龙首”“马身鸟翼”“马状无首”的神祇。可见，马和龙一样都曾是一些氏族崇拜的图腾，并与崇拜龙的氏族相处相融。另外，崇拜马还被人们与天上的星象联系起来，古代以房宿为天马，又称之为“天驷”或“房驷”，因此房宿获得许多与马有关的别号，如“马星”“马祖”“马龙”“马王”等。房宿与心宿同属东方苍龙七宿，心宿又称“大辰”，是苍龙七宿——龙星的主体，房、心二宿并成为“辰马”，也就是“龙马”。

总之，龙为虚物，而马，人们则常见，马的狂放不羁、奔跃驰骋的姿态经过人们的理想化，便被赋予了尽善尽美、气势非凡的马的特征，这不能不说是人们丰富想象力的体现。

延伸阅读

马师皇的传说

道教传说中有个马师皇，相传为黄帝时的马医，汉代刘向的《列仙传》说他“知马形生死之诊，治之辄愈”。精于医马的马师皇，还能为龙治病。一次，有龙前来，马师皇说：“此龙有病，知我能治。”于是扎针、灌药汤，治好了病。从此，常有病龙从水里出来，请马师皇诊治。再后来，有一条龙索性驮走了马师皇。明代刊刻《列仙全传》中的马师皇，被刻画为正在给飞龙扎针的图景，身旁卧着马。马师皇传说反映了古人心目中龙马归一的观念。

传说中的穆王八骏

骏马常以数字“八”相称，是长久以来人们的习惯，这得益于周穆王有八匹骏马的传说。从这八匹骏马当中，不仅可以看出自古以来人们对于骏马良驹的喜爱，也从另一个侧面反映了肖马文化所产生的根深蒂固的影响。

古人喜好周游天下，自然离不开马。相传周穆王就有神驹八骏，伴随其一生游遍名山大川。关于“穆王八骏”的来历就要从周武王放马归山说起。当初武王伐纣平定天下后，下令将战争时征用的马匹放回华山的南面，把牛放回桃林的原野，以此来告诉百姓战争结束，不再用兵，希望百姓能够全心投入生产，即《尚书·武成》中所云：“乃偃武修文，归马于华山之阳，放牛于桃林之野，示天下弗服。”

散放华山的马即夸父山的战马繁衍出的子孙后代，在野性中仍保留了祖先的英雄气概。御者造父不但擅长驾车，更善于驯马，他从夸父山上选取八匹骏马加以驯养，献给了周穆王。《述异记》中，周穆王将这八匹骏马养在东海岛龙川，岛上生长一种草名叫“龙色”，马吃了这种草，可以日行千里，匹匹都能像龙一样腾云驾雾。

据《列子·周穆王》中载，周穆王下令用这八骏来驾车，右边的服马为骅骆，左边的服马为绿耳，右边的骏马为赤骥，左边的骏马为白牺。周穆王的马车由造父驾驭，泰丙为车右。随从的马车，右边的服马为渠黄，左边的服马为瑜轮，左边的骏马为盗骊，右边的骏马为山子，由柏夭主车，参百驾驭，奔戎为车右。

传说，周穆王驰驱八骏西行游玩的途中，东南方的徐偃王率领36个诸侯王起兵造

◆ 穆天子出行图 汉画像砖拓片

材，八匹骏马姿态各异、栩栩如生，多被视为祥瑞的象征，亦以此比喻作“良才俊彦”。清代宫廷画师郎世宁创作的《八骏图》中，烟云绿柳下八匹马姿态各异，刻意写真，可谓马图代表作。艾启蒙与郎世宁同为清王朝画院供奉，其《八骏图》中的八匹骏马均为中亚等地进贡清王朝的罕见名马，神形各异，栩栩如生，充分体现了作者高超的写生技巧。现代画家徐悲鸿的《八骏图》，八匹马形态各异，飘逸灵动，逼真生动地描绘了马的飒爽英姿，为不可多得的珍品。

以此延伸的还有《百骏图》：或腾空飞奔，或卧坐翻滚，或挺胸跃尾，或轻颈回眸，或低头食草，或仰天长啸……百骏云集，寓意事业的兴旺发达。

◆ 《八骏图》清 郎世宁

反，趁虚而入攻打周朝。乐而忘返的周穆王听到这消息，急令造父驾车，长驱归周，一日千里。周穆王飞骑一到，徐偃王就自行偃旗息鼓，躲进深山里面再也不露面了。平定叛乱之后，周穆王又开始了他的西游，从洛阳渡过黄河，经山西高原，出雁门关到河套地区，再经宁夏到达河西走廊，穿过祁连山脉，沿着青海的大湖边，直达昆仑山，骏马拉车载着他一直驶到了太阳歇息的崦嵫山，见到了他思慕已久的西王母，最后由青海草地，取道甘肃返回。这次长途旅行全得力于八匹骏马，为此周穆王奖励造父献马驾车有功，把他封在赵城。

后人常以“穆王八骏”作为绘画的题

延伸阅读

古代的名马

在传统的交通运输工具中，马车占有举足轻重的地位。当然，马最显赫的功绩是参与了人类的战争，中国古代的每一次战争几乎都有马的存在。一些名马甚至与名将一起载入史册，英雄配好马，也留下了不少战马的神话：汉武帝刘彻为获取西域的名马，派李广利将军远征大宛，所得的战利品只是十几匹“汗血宝马”，此马毛色发红，出的汗在阳光下看似流血，日行千里，因其名贵也称“天马”。西楚霸王项羽兵败无颜见江东父老而不肯过乌江，自杀前却将爱马乌骓托付给亭长：“吾骑此马五岁，所当无敌，常一日千里，不忍杀，以赐公。”西楚霸王乌江自刎时也不免牵挂感伤乌骓马，人马之谊何其深啊！《三国演义》中日行千里的“赤兔”，随关公南征北战，立下赫赫战功；刘备的坐骑“的卢”在危急时刻跃过檀溪，使追兵瞠目结舌。此外还有“人中张飞，马中玉追”的说法。

文学中的肖马文化

马不但在人们的日常生活中占据举足轻重的位置，也是文学艺术中的常客，在语言艺术的描述中，肖马奔腾驰骋，为文学天地增添了无尽的光彩。

历代文艺都把肖马作为重要的表现对象，尤其是在文学艺术的走廊里，肖马更是如影随形，伴随着文人雅士的情感一起跌宕跳跃。

中国最早的诗歌总集《诗经》中，就有不少关于肖马的描写，从马的毛色、神态、佩饰等各个方面，将马的形象描绘得活灵活现。先秦的说理散文中，往往将马比作不可多得的人才，而相马之人伯乐则成了知人善任的君主的象征。屈原的作品中也经常以骐骥的形象抒怀表志，如《离骚》中："乘骐骥以驰骋兮，来吾导夫先路"；《怀沙》中："伯乐既没，骥焉程兮？"骐骥即为马的一种，诗人借肖马形象，一方面抒发了崇高的理想和昂扬的斗志，另一方面又表露了怀才不遇的郁闷。

《庄子·知北游》中言："人生天地之间，若白驹之过隙，忽然而已。"庄子以白驹过隙比喻人生短暂。《庄子·马蹄》中，庄子崇尚"喜则交颈相靡，怒则分背相踢"的自然。《荀子·劝学》里，荀子以驽马劝学："骐骥一跃，不能十步；驽马十驾，功在不舍"。

◆ 古人骑马狩猎图

汉代常常将马与战争联系起来，有的通过马抒写战乱之苦，如汉乐府《战城南》中"枭骑战斗死，驽马徘徊鸣"，表现战争带来的不幸和苦难；有的通过马展示动荡的社会现实和个人的情怀抱负，如曹操《却东西门行》中"戎马不解鞍，铠甲不离傍，冉冉老将至，何时返故乡"，抒发行军之苦和征夫怀乡之情；《龟虽寿》中借马抒发老当益壮的志士情怀："老骥伏枥，志在千里，烈士暮年，壮心不已。"曹植的《白马篇》更是借马抒发渴望建功立业、慷慨赴死的悲壮雄心："白马饰金羁，连翩西北驰。借问谁家子，幽并游侠儿……"

唐代诗歌里马的形象更是豪气干云、气势雄浑，充分显示了盛唐气象。李白的《紫骝马》："紫骝行且嘶，双翻碧玉蹄。临流不肯渡，似惜锦障泥。白雪关山远，黄云海岱迷。挥鞭万里去，安得恋春归。"肖马豪放英俊、志存高远、义无返顾、善解人意的形象，着实令人喜爱。杜甫的《房兵曹胡马》："胡马大宛名，锋棱瘦骨成。竹批双耳峻，风入四蹄轻。所向无空阔，真堪托死生。骁腾有如此，万里可横行。"又是一种一往无前的气势。"诗鬼"李贺还曾专门作马诗二十三首，如之四："此马非凡马，房星本是星。向前敲瘦骨，犹自带铜声。"精当地写出了马的精神实质；之五："大漠沙如雪，燕山月似钩。何当金络脑，快走踏清秋。"表达了诗人的豪放气概和远大志向。

宋、元、明、清各代文学中的马形象依然清俊刚健。苏轼的《江城子·密州出猎》以"左牵黄，右擎苍"的骑马射猎来抒发自己"老夫聊发少年狂""会挽雕弓如满月，西北望，射天狼"的伟大抱负。辛弃疾《永遇乐·京口北固亭怀古》中"想当年，金戈铁马，气吞万里如虎"，把"铁马"作为抗战报国之志的象征。晚清龚自珍的《己亥杂诗》："九州生气恃风雷，万马齐喑究可哀！我劝天公重抖擞，不拘一格降人才。"又借马表达对于人才的埋没和压制的愤愤不平。

此外，在游牧民族中马的形象也十分丰富，如藏族的《格萨尔王传》、蒙古族的《江格尔》、柯尔克孜族的《玛纳斯》中都有对草原骏马形象的精彩描绘。

马对人们语言的影响也颇为广泛，在语言习俗中有着丰富的意义："千军万马"的浩大声势、"马革裹尸"的英雄气概、"人仰马翻"的狼狈与惨败、"脱缰之马"的无拘无束、"青梅竹马"的天真无邪……还有许多俗谚："好马不吃回头草""人靠衣服马靠鞍""快马一鞭，快人一言""人有失手，马有失蹄""射人先射马，擒贼先擒王"；"是骡子是马，拉出去遛遛"……可谓包罗万象，这都透露着人们对于肖马形象的无比热爱以及马在人们生活中所占据的重要位置。

延伸阅读

涓人五百金买马骨之喻

据《战国策·燕策》记载，郭隗向燕昭王论说人才问题，拿千里马打比方，讲述了千金求骏马、五百金买马骨的故事："古之君人，有以千金求千里马者，三年不能得。涓人言于君曰：'请求之。'君遣之。三月得千里马，马已死，买其骨五百金，返以报君。君大怒：'所求者生马，安事死马而捐五百金？'涓人对曰：'死马且买之五百金，况生马乎？天下必以王能市马，马今至矣。'于是不能期年，千里马之至者三。"五百金买下死马之骨，以示渴求千里马的诚心。表面上买马，实则求才纳贤。相传，燕昭王听郭隗之劝，在今河北易县筑黄金台，招揽贤能。

第十二讲

未羊开泰

肖羊驯养的古老传统

羊在人们生活中是必不可少的动物之一，占有举足轻重的地位。人类驯羊、养羊的历史同时也是人类技术日益发达、生产生活条件日益改善的历史。在社会发展的每一个阶段都留下了羊的足迹，这也透露出人类和羊之间关系的日益密切。

羊是人类最早开始狩猎的动物，也是人们最早得以驯服的家畜之一，在中国，驯养羊的历史大约已有8000年以上。从考古发现的羊骨化石和与羊有关的工艺品来看，华夏先民在新石器时期就已开始养羊，并且牧羊的方式多种多样：有牧群排成一列、齐头并进的“一条鞭”式，也有羊群散开、自由吃草的“满天星”式。其中，人有步行的，也有骑马的；有单人的，也有多人的。夏代遗址中已有了羊骨架，到了商代，养羊业已有了相当的规模。周代的养羊业更发达，设置了主管六牲的官职“牧人”。据《诗经·小雅·无羊》“谁谓尔无羊？三百维群”的描述，当时一群羊已有了300多只的规模。

到了春秋战国时期，饲养羊的人越来越多，据《庄子·达生篇》记载：“善养生者，若牧羊然，视其后者而鞭之。”以牧羊喻养生，可见牧羊业在民间已经颇为广泛。秦汉时期牧羊业继续发展，民间有人养羊甚至已达1000只，真可谓人畜兴旺。到汉代，还出现了许多养羊能手，汉武帝时有个叫卜式的人曾专门为天子牧羊，所养之羊肥壮健康，甚招人爱。魏晋南北朝时期，虽战乱频繁，但畜牧业仍有一定的发展，北朝民歌《敕勒歌》就是对当时畜牧景象的形象描绘。

隋唐时期相对太平，人们安居乐业，羊的数量和品种都大为增加。当时一些从外域引入的羊和本地的羊杂交配种，形成许多优良品种，这就大大促进了养羊业的发展。

宋代，在北方少数民族聚集的地区，畜牧业占有首要地位。苏颂在出使契丹时，描述当时的情况是“羊以千万为群，生息极繁”，可见当时养羊业的发达。

元、明、清时，不仅北方、中原地区养羊业发达，西南地区的养羊业也有很大发

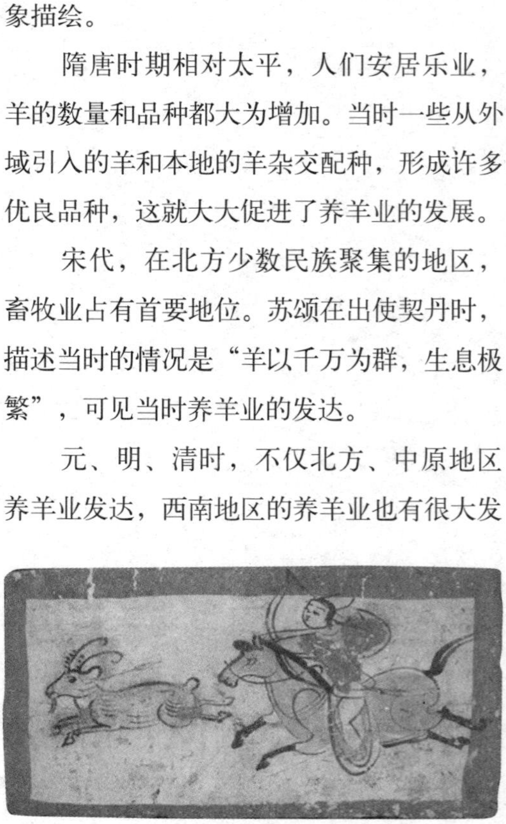

◆ 猎羊图

◆ 苏武牧羊 清 任伯年

展。据《滇海虞衡志》记载："羊于滇中为盛，省城每日必到数百，四季无闻，时也有大尾羊，皆来自迤西者。"

羊如此与人们常相陪伴，牧羊生涯也成为一幅独具风情、甘苦自知的人生风景。终年在原野上放牧，风吹雨打，霜寒日晒，可谓苦上加苦，但这同时也磨砺了人的体魄和意志。汉时抗击匈奴的大将军卫青、《史记》作者司马迁、晋代《博物志》作者张华、东魏《齐民要术》作者贾思勰等都曾经有过牧羊的经历，这其中，羊已经因为他们光辉灿烂的一生而被赋予了特殊的象征意义。

宋朝文天祥《咏羊》诗云："长髯主簿有佳名，绩首柔毛似雪明。牵引驾车如卫蚧，叱教起石羡初平。出都不失成君义，跪乳能知报母情。千载匈奴多牧养，坚持苦节汉苏卿。""长髯主簿"是羊的别名，因山羊颔下有须，常昂首前视，好像一个学识渊博、温文儒雅的先生，所以羊有此称。这首诗中提到的卫蚧是晋人，风姿秀异，有玉人之称，常乘白羊车于洛阳市上。后面提到的"初平"是指黄初平，据葛洪《神仙传》记载：他曾在金华山牧羊40年不返家，其兄找到他，问羊何在，初平叱曰："羊起"，于是白石皆变为羊。萧纲的《仙客》诗："穿池听龙长，叱石待羊归"、李白的《古风》之十七："金华牧羊儿，乃是紫烟客"，都是对"初平叱羊"的描述，今天在香港、澳门等地，黄初平甚至已被引申为能点石成金、有求必应的"黄大仙"了。"汉苏卿"就是苏武，千难万苦中仍不放弃信仰和忠诚的汉家忠臣。

延伸阅读

苏武牧羊

苏武，字子卿，为西汉时期杜陵人，以中郎将身份出使匈奴，不料却被匈奴囚禁。匈奴单于胁迫苏武投降，可他坚决不从，因此被流放到北海牧羊，历时十九载，苏武仗持汉节，饮雪食草，矢志不渝，直到昭帝与匈奴和亲，才得以归汉。苏武身在异乡而心向故国的赤诚感人肺腑，苏武牧羊已经成为爱国守志、忠贞不屈的象征。

羊的吉祥和美善象征

在长期的历史发展过程中，人类与羊结下了不解之缘，并把羊看成是吉祥、美善和力量的代名词，并形成了固定的文化传统，体现了人们对于肖羊的美好感情。

人们对于羊似乎有着与生俱来的好感，早在汉代大儒董仲舒的《春秋繁露》中就有对羊的高度赞美：“羔有角而不任，设备而不用，类好仁者；执之不鸣，杀之不啼，类死义者；羔食于其母，必跪而受之，类知礼者。故羊之为言犹祥也。”能够将众美德集于一身，可见人们对羊的喜爱。

吉祥的象征

作为祭祀活动中一种非常重要的祭品，羊在古代受到了先民们的普遍崇拜，并且还被某些民族视为图腾，中国历史上的羌族就是其中的一支。许慎在《说文解字》中解释“羌”字为：“羌，西戎牧羊人也，从人从羊，羊亦声。”又说：“羊，祥也。”把羊作为民族的图腾并且用来祭祀，正是“羊为吉祥”的真实写照。经过漫长的狩猎、游牧时期以及农耕时期，人们早就与羊结下了深厚的感情，身体洁白、性情温顺的羊也逐渐成为人们生活和平、安居乐业的代名词。唐代曹唐有一首《小游仙》写道：“共爱初平住九霞，焚香不出闭金华。白羊成队难收拾，吃尽溪头巨胜花。”以羊群加以烘托，抒发了诗人对和谐吉祥生活的向往。

◆ 林原双羊图　元　佚名

美善的象征

自古“美”字就与“羊”有着千丝万缕的关系，有人认为“羊大为美”，美的观念是从羊肉的可口上引申出来的，此说以许慎《说文解字》对“美”字的解释为代表：“美，甘也。从羊，从大。”也有人认为“羊人为美”，先民头戴羊角跳舞或举行仪式，以羊角为装饰从而产生了美，此说有大量出土的殷墟甲骨文和绘有动物饰纹的青铜器、骨器为证；还有人认为羊在古代是女

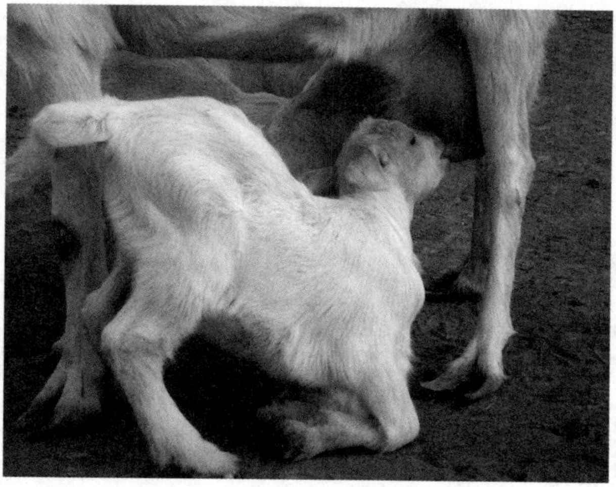

◆ 羊羔跪乳

羊角，两边为羊头人身像，下方为鱼。济宁出土的西汉画像石上也有类似的羊角太阳花图案。它们都蕴含着“羊阳一体”的观念。

不仅这些，羊的群居、跪乳等习性也都被人们视为善良、亲和、有礼、讲求德行的表现。《诗经·国风·羔羊》篇指出，国君让大臣穿上洁白柔顺的羔皮衣服，是希望他们的品德操行如同羔羊那样，节俭正直、表里如一；《诗经·郑风·羔裘》篇也以羔裘朝服为喻，认为君子应该具有正直、刚强的美德，中正平和、刚柔相济。

可见，羊在人们心目中是各种美好品德的结合与化身，这其中也体现了肖羊文化所具有的独特内涵。

性的象征，对女性的生殖崇拜而产生了美，此说以大量岩画为证。虽然观点不尽一致，但都认为羊与人以及与美的产生有关，这就足以证明羊是美的象征。

“美”与“善”是相通的，羊也是“善”的化身。羊性情和善，与人交好，即便在被宰杀之前，也不鸣不动，从容镇定，颇有舍生取义的样子。宋代黄庭坚《戏答张秘监馈羊诗》写道：“细肋柔毛饱卧沙，烦公遣骑送寒家。忍令无罪充庖宰，留与儿童驾小车。”是羊的温顺激发了诗人的善良之心，杀之则于心不忍，送回则难却情面，还是留给孩子驾车玩吧。

力量的象征

古代“羊”与“阳”相通。在距今6000年的半坡遗址彩陶盆上，有羊绕日旋转的图案：四只羊围绕着太阳符号旋转。把羊的图案绘于食器之上，显然认为可以通过羊来获得人们所需要的某种力量。在山东滕县出土的西汉画像石上有羊角穿壁纹图案，图案中心是象征太阳的同心圆，上面饰以

延伸阅读

羊为沟通阴阳的使者

在原始人的意识中，怀孕母体是祖先居住的地方，万物均来自母体。祖先居住的地方就是阴间，而人的降生就是从母体中来到阳间，所以母体又成为阴阳之间的通道，成为沟通阴阳的桥梁或使者。而羊被看作对母体的生殖崇拜，正是基于这层意思，所以羊才能通鬼，与鬼能够互变。晋代干宝《搜神记》中有“宋定伯捉鬼”的故事，其中的鬼可以变为羊，羊也能变为鬼。不仅如此，在古代传说中，羊与人、与石头都可以互变。

风俗中的肖羊文化

肖羊文化延及人们生活的各个方面，成为民风民俗中一道亮丽的风景，从羊神崇拜，到婚丧嫁娶；从美味佳肴，到穿戴装饰，都留下了肖羊的痕迹。

羊，儒雅温和，温柔多情，自古便为与中国先民朝夕相处之伙伴，深受人们喜爱、崇敬。传说炎帝尝百草，是让羊先尝的。民间种种与羊有关的风俗，反映了人们对羊的崇拜。

崇拜羊神

因为“羊”与“阳”谐音的关系，羊与太阳之间的关系便逐渐被人们进行了浓墨重彩的加工创造，人们对于太阳的崇拜也逐渐与对羊的崇拜结合起来，久而久之，也就有了羊神即太阳神之说。

除太阳神外，羊也被视为其他的神祇：羊喜欢啃食麦穗谷类、树皮草根，于是先民们就把羊与五谷、树木联系起来，认为羊是五谷之神、树精。《孔子家语·辨政》中有一只叫“商羊”的吉祥鸟，可预告雨讯，“商羊”又被看作“雨师之神”。由于先民对山、土、石的崇拜，而羊又在陡峭的山石上行动自如、如履平地，所以又有羊为山神、土神、石神之说。所有这些对于羊的崇拜，都表达了人们驱鬼辟邪、保佑家畜兴旺、生活幸福的美好祝愿。

在湖南、浙江等地还把农历正月初四视为“羊日”，人们在这一天通过天气的阴晴来判断养羊业是否兴旺。晴则兴盛，阴则不祥，所以人们都盼望这一天阳光灿烂。每逢羊日，人们戒杀羊，忌打羊骂羊。

安徽萧县有三伏天品食羊肉的悠久历史，俗称“伏羊肉”，历史传说最早可追溯到尧舜时期。伏羊是炎夏入伏天的羊肉，伏天食用羊肉的习俗，既暗合“天人合一”的质朴养生理念，也含有一定的科学依据。

白族民间还有祭羊魂的风俗，每年六月二十三日举行，由年龄大的牧羊人主持，祭时将羊毛毡挂在祭坛边树上，以求羊群不受野兽侵害。羌族崇拜羊神，不仅把羊皮制

◆ 白玉吉羊如意摆件 宋代

成皮褂，而且还把羊皮绷成鼓来敲。挂红是羌族的最高礼仪，羌族每年过“羌历年”时都要给羊神“挂红”。羌族的“羊皮鼓舞”则在舞具上留有“羊人合一”的古代羊崇拜遗风。

婚丧嫁娶

在中国湖北一带有“羊酒背”的婚俗：娶亲时，用牛、猪作聘礼，并以羊肘、酒食等物共置一背笼中，背至女家，分赠女之亲友。青海土族在男方到女方家娶亲时，要送给女方一只象征着吉祥和好运的母羊，女方把母羊作为姑娘的替身，留在娘家繁衍后代。在长江三角洲一带的汉族中有这样的婚俗：新郎以红色锦缎缠裹羔羊为礼。红色代表喜庆，羔羊则象征吉祥。锡伯族民间有抢羊骨头的婚俗：在新郎和新娘之间放一块羊腿骨，然后新人饮酒，饮至第三杯时，双方亲朋好友开始抢羊骨，若男方抢到，寓意新郎勤劳能干、能养妻子、家庭幸福；若女方抢到，则寓意新娘勤俭持家、夫妻恩爱、家庭和睦。

汉代婚俗中对于羊的运用也很普遍。古代婚仪中有六礼：纳采、问名、纳吉、纳征、请期、亲迎，男家要向女家行“三纳”之礼，所纳的礼物中就有羔羊，羊羔跪乳其母象征孝顺和慈爱，寄托了人们对婚姻的美好理想。汉族正式订婚仪式称为“大定”，男方要杀羊、猪各一，扮成麒麟状送往女家，象征大富大贵。

因为“羊”与“祥”相通，而“祥”原为丧祭名，父母去世，周年祭为小祥，两周年祭为大祥，所以人们祭祀祖先时，无论是用牛、羊、豕三牲还是用牛、羊、豕、犬、鸡五牲，羊都必在其中。殷墟妇好墓中以真羊和玉雕羊随葬，商代甲骨卜辞中有大量以羊牲祭祀死者的记载，历代富贵人家墓前也以石羊守护，浙江一些地方的人在清明节用野菜和面做的“清明羊”祭祖，普米族在举行葬礼时，以羊为死者替身，认为羊能为死者引魂开路，将亡灵送回祖先居住的故土。这些风俗似乎都暗示着羊是接通阴阳的使者。

佳肴与服饰

“烤全羊”是蒙古、哈萨克等民族的传统佳肴。上席时，将大块羊肉放入托盘，摆成整羊形状，以羊头献客。“涮羊肉”本是新疆地区的风味小吃，风味极佳，后来逐渐传入内地，风靡全国。除了吃之外，人们的穿着装饰也离不开羊。羊裘、羔裘自古以来就是十分名贵的服饰，如今，羊毛、羊绒制品早已遍及世界各地。

延伸阅读

生儿育女中的“羊”习俗

河南新乡地区在生孩子后，女婿要牵羊向岳父母报喜，女家回礼也要送羊。河南林县等地最重视头胎婴儿的报喜仪式，女婿去岳父母家报喜时，要抬着礼盒、酒坛，赶着两只褐山羊，山羊颈上系着铜铃，一路叮当作响。汉族在孩子出生后，喜欢给婴儿穿羊形的兽鞋。蒙古人以羊羔皮包裹婴儿，孩子长到一定年龄要行剪发礼，人们向被剪者赠羊，主人家摆盛大的整羊席招待宾客。四川阿坝等地羌族为孩子举行成年礼时，巫师用白色牡羊毛线作为始祖的赠礼围在冠礼人的脖子上，并围在一只活羊的脖子上。纳西族的成年礼上也要为冠礼人颈上系羊毛线。可见，在这些习俗中，人们都把美好的愿望寄托在羊身上，羊成为了吉祥、平安的象征。

羊角为美

"羊大为美"是我们非常熟悉的一个词语，然而据有关学者考证，在远古时代，人们常常以羊角作为人体的装饰，以"羊角为美"。以羊角为装饰的传统不仅说明了先民们精神文化生活的逐渐丰富，同时也从中可以看出肖羊文化的悠久历史。

通常人们认为"美"为会意字，以东汉许慎《说文解字》"美，甘也，从羊，从大"为依据。宋代徐铉校订的《说文解字》中也说："羊大则美，古文从大。"清代段玉裁又把这种解释发挥了一番，认为"羊大则肥美"，"凡好皆谓之美"。因此，"羊大为美"似乎成了定论。其实，从甲骨文、金文来探讨"美"字，却并非如此。

◆ 四羊方尊，尊的肩腹由四只前半身卷角羊组成

早期甲骨文中"美"字的写法不是从羊形的篆书，而是字的下半部是正立的人形，也就是"大"字的上半部有点象"羊"，但并不是"羊"，是人头顶上戴四只羊角形。学者李孝定在《甲骨文字集释》中认为"美"字"疑象人饰羊首之形"。学者于省吾在《释羌·皉·敬·美》中则明确指出："早期美字象大上戴四个羊角形，大象人之正立形。"由此看来，早期的"美"字也是一个象形字，本是一个人戴着两双羊角而正立的形象。所谓"羊大则肥美"之说，并无事实根据。

为什么人戴羊角便为美呢？对此，于省吾有十分精辟的阐释："戴角是许多原始民族的风俗，起初是在狩猎时伪装戴角以诱惑野兽而猎取之，其后逐渐演为一般的流行装饰。但有的氏族在庆祝节日跳舞时才戴上双角冠以为盛装；有的氏族的首长或贵族妇女们以戴羊角为荣；有的氏族的巫师对于所崇拜的神祇塑造为形象时也饰以戴角以示尊严。

◆ 美丽的山羊角

所以，美的本形为戴角，取义于美好的装饰，并引伸为“美好”之通称，再引伸为甘美之美。在商代金文里，又有这么几个字，也是人正立而戴角的形象，当初人们都不认识这几个字，后经于省吾联系甲骨文来分析研究，将其考定为“美”字。这是一种对“美”字本义较为正确的解释，也为人们所普遍接受。

在上古先民的心目中，戴羊角是最美，也是最崇高的装饰。上古原始氏族常有戴羊角、牛角、鹿角的风尚，如“羌”在甲骨文中像人头上戴羊角。羌是羊图腾氏族，就有戴羊角的习俗。汉代画像石中常有羊角装饰纹，以为美的征兆。即使是现在，一些受古羌文化影响或从古羌演化而来的民族在举行某种活动时，仍保留着装扮成羊的习俗。青海河湟地区是古羌的发源地，农历新年前后，当地人要跳“老羊歌”迎新年，舞者要戴羊角帽；西南地区古羌后裔白马人，从正月初五到十五，有跳驱邪逐鬼舞的传统，更是头戴羊角，反穿羊皮袄，扎大羊尾，模仿羊的动作进行表演，这都是上古戴羊角，或戴羊图腾标志的遗风。

最有趣的是，上古时代，羊曾作为女性的象征。据苏北海《新疆岩画》载，新疆温泉县原始岩画，一画面上两只大盘羊，两只小盘羊，左下那只大盘羊的双角弯成一个椭圆形的同心圆，中间有一个三角形，这是上古时常见的女性生殖器符号。这一符号与右边两只小羊中一只的尾部相连，两只小羊的双角均弯成圆形，且连在一起，这样，大羊和两只小羊就成为连体羊，含有女性生殖崇拜的意义。右下大羊的双角几成同心圆，尾部与另一大羊差不多相连。在画面左侧还有一酷似女阴的椭圆形圈，这幅岩画以羊象征女性，表达了先民对女性的生殖崇拜。于是有学者从女性生殖崇拜一角度，结合商代金文的“美”字，分析认为上部以羊角代羊，下部的人为全形，上肢摊开，腆着圆圆的大肚，宛如女子怀孕的样子，这仿佛表示视怀胎之羊的孕妇为美，并以《诗经·椒聊》中对怀孕女子“硕大无朋”的赞美说明上古先民视怀孕女子为美。

延伸阅读

昆仑山四角野生羊

《山海经》中记载了许多半人半兽的神灵，其中有些是四角羊的神兽，如土蝼，“其状如羊而四角”，郝懿行注云：“土蝼，《广韵》作土髅，云：似羊四角，其锐难当，触物则毙。”䍺，“其状如䍺羊而四角，马尾而有距。”嵌嵌，“其状如马而羊目，四角牛尾，其音如狰狗。”这些是昆仑山地区的一种四角野生羊。这也足以说明，上古先民把戴四羊角而正立当作美，确实有现实根据。

三阳开泰的文化内涵

“三阳开泰”是我们熟悉的一个成语，似乎一开始“羊”与“阳”之间就有了一种神秘的关系，并且影响到诗歌、绘图、习俗等各个方面，“羊”也被人们赋予了某种特殊的意义。

每当新春祝贺或是写春联横批时，“三阳开泰”这句吉祥语总会萦绕在人们的耳边，出现在人们的面前。“三阳开泰”，寓意辞旧迎新、吉祥安康。“三阳开泰”源于《周易》。《周易》称卦爻连的为阳爻，断的为阴爻。十月为坤卦，纯阴之象；十一月为复卦，一阳生于下；十二月为临卦，二阳生于下；正月为泰卦，三阳生于下。正月乃一年之首，冬去春来，正是阴阳平衡、阴消阳长、阴阳交会之时，所以称之为“三阳开泰”，意为阴阳沟通使万物更新和生长。

汉人刘熙《释名·释姿容》云：“望羊：羊，阳也。言阳气在上，举头高，似若望之然也。”古时“羊”与“阳”相通，因此又称“三羊开泰”。民间也把三只山羊在一起的造型或三羊图称为“三羊开泰”。“泰”即平安、安宁之意；“开”为打开、开辟之意。明代杂剧《闹钟馗》中讲，每逢新年正旦，三阳真君就会“领三个绵羊太子”在三阳阁下摆宴庆贺，这“三羊”即为“三阳”的象征。除谐音之外，古人还以羊的习性来解释“羊”通“阳”，《太平御览》引《新言》云：“是月草木萌，羊能啮草，鸡啄五谷，故悬二物助阳气。”

由于“羊”和“阳”的相通性，因此“羊”也得到了民间艺术家的青睐，在绘画、织绣图案形式当中常可见到“羊”的影子。吉祥图案《三阳开泰》中，描绘母子三

◆ 三阳开泰 明 朱瞻基

只羊在红日下的纹图，母羊护子，子羊依母，充满了慈爱祥和的气氛，又以松柏、山坡、小树、嫩草等作为陪衬，表示春回大地、万物滋生一片生机盎然的景象。清代年画《三阳开泰》中，石榴生出一缕祥云，三只神态各异的绵羊立于云中，整个画面显示出祥和安泰的气象，象征春已到来、万象更新、国泰民安的吉兆，故画中题诗有："天泰地泰三阳泰，百卉生春万事祥。如意平安无限乐，满堂富贵有余香。诰封百代承恩照，诗书千载荷龙恩。益寿延年如松茂，福洪德厚永绵长。绛云在霄多祭庆，瑞露临门大吉羊。"题诗正点明了吉羊兆瑞的主题。

"三阳开泰"亦是织绣常用的图案，清代四大名绣之一的广绣中即有《三阳开泰》，左上角绣红日祥云，正中草地上绣三羊，四周以鸟蝶、花草、树石作点缀，三羊分别以沉香、古铜、驼色为主调，以米色缎为绣底，再以石青、蓝、白、大红作点缀，艳丽多彩，寓意春色盎然、富贵盎然之意。明清木雕、瓷器中也多有"三阳开泰"的图案，都是祥瑞、安和的象征。

除"三阳开泰"之外，还有"五羊"的说法，广州就是得五羊之吉。相传，有五个仙人带着五只羊，带着五谷丰登的祝福来到了广州。因此广州地区把"五羊"奉为"五谷之神"，广州也被称为"羊城"。至今，广州市内越秀山公园里的五羊雕刻已经成为羊城的标志。

古代还有《九阳启泰》图案：绘九只羊、一牧童、松、竹、梅于一图。《周易》称阳爻为九，"乾元用九，天下治也"，而

◆ 白玉三羊开泰摆件

"羊"与"阳"通，又有象征春天的松、竹、梅，此图寓意大地回春、吉运到来。清代五彩缂丝《九阳消寒图》，上幅绣五祥祥云，下幅为九羊，衬以松、梅、茶花、月季等，一派春意盎然的景象。对此，乾隆皇帝有诗云："九羊意寓九阳乎?因有消寒数九图。子半回春心可见，男三开泰义犹符。"

不管是出现最多的"三"，还是"五"和"九"，它们的共同点就是都和"阳"有着一定的关系，都象征着祥瑞、福运和安和。由此，羊在人们心目中留下了美好的印象，这在一定层次上也是对于生肖羊文化的丰富和发展。

延伸阅读

"羊"与"祥"

在古代，"羊"除与"阳"相通之外，还和"祥"相通。许慎《说文解字》中说："羊，祥也。"王国维《观堂集林》中认为："祥，古文作羊。"《汉洗大吉羊洗》铭文为"大吉羊，宜用"，《汉元嘉刀铭》款识为"宜侯王，大吉羊"。陕西绥德延家岔汉墓出土的《吉羊图》，画面正中刻有一只美化了的北山羊，昂首跨步，衬以祥云瑞气和神禽异兽，可见"羊，祥也"这种意识已深深扎根于人们的内心之中。

第十三讲

申猴灵异

猴为人之祖之说

在十二生肖当中，猴与人类是最相似的一个了。无论是在众多的神话故事当中，还是从科学的角度来分析，猴都与人有着不可分割的联系，人类的祖先从猴演变而来，成为了人们普遍的观念。

十二生肖之中，为什么能够选上猴子？大概是人类从猴的身上看到了自己的影子：与人相近的外貌、灵巧机智的大脑思维、旺盛的生殖能力。如今，人早已从动物之中脱颖而出，而猴却依然保持着原初的状态，这恰恰是人类的一种特有的回归情结的反映，“人类由猴演变而来”也是人们普遍的观念。在中国诸多的神话故事当中，也有着各式各样的“猴为人祖”的传说。

猴生人

在中国南方的四川成都地区，流传着将猴子嵌入盘古开天辟地的神话：盘古开天辟地之初，还没有人的存在，大地上是猴子的天下。后来，猴群中出现了一对不长毛的兄妹，哥哥叫伏羲，妹妹叫女娲。盘古看到了希望，召见了兄妹俩，并要他们成亲。于是，他们就成为了人类的始祖。

◆ 旧石器时代先民

汉族居住的广大中原地区，也遗有往昔先民崇猴、敬猴的痕迹。最典型的如淮阳农历二月人祖庙会上，大量出售一种叫“人祖猴”的泥塑玩具，这种“人祖猴”造型犹如一尊神，头戴冠冕，威严庄重。猴体下部皆绘有女阴生殖符号，被当地人尊崇为人类始祖偶像。

中国至今还存在着尊猴为祖神的一些少数民族，并保留着相应的禁捕、禁食和节日祭祀等传统习俗。西藏古称吐蕃，其先民即以猴为祖图腾。据《唐书》和《资治通鉴》记载：吐蕃人古有“纹猴面”的习俗。藏族古籍《西藏王统记》中就有关于其先祖系猕猴所变的神话。至今，在藏族举行盛大庆典的“跳神”仪式中，仍保留着头戴猴王面具的舞蹈。

中国西南地区的彝族也有崇猴氏族，称“阿奴普”；傈僳族也有拜猴氏族，称“猕扒”。生活在云南澜沧江、怒江上游的怒族也崇猴，称“斗华苏”；居住在云南西双版纳、景洪两县的克木人均崇猴，严禁捕捉、食用；广西南丹县的瑶族，称其始祖妣为“母猴”；其他土家族、羌族都有崇猴氏族。

猴变人

彝族的创世史诗《门米间扎节》中写道：世界上最初没有人，只有猴。猴在长期实践中，逐渐了解了什么可以吃，什么不可以吃，还学会了用火、吃熟食、做衣服、种粮食等，这才变成了人。羌族神话中流传猴是由上天造的，身上长满了毛。他非常聪明，能够制造弓箭，力量也非常强大，山林里的野兽都很害怕，于是就想联合起来吃掉他。上天阻止它们说，不能吃猴人的肉，只能拔他的毛以示惩罚。也有传说称，在远古时代经过了一场大火，猴人的毛是在大火中烧掉的，猴人就这样变成了人。

猴育人

藏族传说《共工和日玛依》中说，大地在原初之时经历了一场大的洪水，洪水过后，大地上只剩下一座山，山上有一只母猴。一天，石头裂开缝，爆出两个女孩，一个叫共工，一个叫日玛依。母猴到山上挖“人生果”给她们吃，像母亲一样照顾他们。有一天，母猴出去采人生果，魔鬼刮起大风，把共工和日玛依连同石子都吹到了天上。母猴回来后，不见了共工和日玛依，伤心而死，而共工和日玛依则存活了下来，自此大地上便有了人类的足迹。

猴为人

商朝的女始祖是“有娀氏简狄”，娀就是金丝猴，简狄与夔结婚。夔是一种猿猴，夔和简狄的儿子叫“契”，就是狒狒。在神农架、巫山一带流传着“山鬼”的传说，山鬼实质上就是山中的猿猴。《楚辞》里《九歌》中提到了“山鬼”，旧时注解认为是鬼怪。明末清初杰出的思想家王夫之《楚辞通释》也将其视为猿类。清人林云铭《楚辞灯》曰：“按山鬼即《庄子》所云‘山有夔’之类，如俗所谓山魈是也。”山魈或以为鬼怪，或以为猴。清人王闿运的《楚辞释》曰：“鬼，谓远祖……”

虽然这些只是神话故事或者神话传说，但这恰恰是先民们对于人类开始之初的最朴实的想法。在人们的观念之中，猴是与人类的祖先紧紧联系在一起的。当然，在科学领域内，猴与人之间也是有着一定亲缘关系的。西方学者达尔文《物种起源》的发表，就是人类由猿（猴）进化而来的最好证明。

延伸阅读

夸父实为猴形

“夸父逐日”是中国非常著名的一个神话故事，然而夸父的模样是怎样的呢？据《山海经·西次三经》中记载：“有兽焉，其状如禺而文臂，豹尾而善投，名曰举父。”古时“举”与“夸”声近，故“举父”又作“夸父”，也说他行状如“禺”（即猕猴）。由此看来，夸父是一个神猴的形象。甘肃泾河镇原是夸父的居住地，世传剪纸“夸父桃都扶桑图”，夸父立于八重圭表衍生出的树干上，两手扶桃枝，树上遍生蟠桃，群猴采食，树下獒犬伏免，树干上獒犬负猴攀援，树顶也有四猴，共十二只动物。这是夸父氏族后裔对先祖敬祀的遗迹，也是夸父为猴形的很好见证。

肖猴为人性的显现

古人把猴看作人类的先祖，是因为猴与人有许多相同之处，猴身上有许多人性的显现，这也是人们对猴子宠爱有加的原因之一，猴的人性也进一步拓展和延伸了肖猴文化。

在古代历法中，以建寅之月为岁首，二月建卯，三月建辰，四月建巳，五月建午，六月建未，七月则建申……申对应十二生肖中的猴。如此看来，肖猴并没有哪些特殊的地方。然而在古代，“申日”还为“人日”，又称“人节”“人生日”，这在汉代东方朔的《占书》中就有相关的记载：“岁后八日，一日鸡，二日犬，三日猪，四日羊，五日牛，六日马，七日人，八日谷。”不选六、不选八，而偏偏选中了七，这与肖猴之间便不仅是巧合碰上的关系了。也许，从一开始在人们的观念当中，猴就具有人性的一面。

母爱

猴和人类一样，都属于哺乳动物。猴出生后，会受到母猴非常精心细致的呵护，特别是金丝猴，不管是哪只母猴有了孩子，都会抢着抱甚至喂奶。如果遇到危险，母猴就会把幼猴藏于腋下或是放在背上，快速逃跑。如果被猎人逮住，母猴就会向猎人发出哭一般的叫声，并向猎人挤奶头，表示自己已有孩子，猎人如果还是不放，它们就会把孩子喂饱，并且安置妥当，自己挺身而出，甘愿受擒。可见，猴和人一样，都有着人世间最伟大的母爱。

家庭观念

幼猴出生后不但会得到母猴的精心照顾，而且比幼猴大一点的小猴也会关心和疼爱幼猴。母猴死后，它的孩子们会非常伤心，甚至会有过度伤心而死去的危险。如果此时幼猴依然不能独立生活，那么同辈中其它的猴子就会担负起抚养幼猴的责任。

猴子也属于一种社会性的动物，并且是以有血缘关系的母系家庭为单位的。雄性长大后，多会离开自己出生的群体，前往另

◆ 母子相依的猴子

◆ 群猴抢桃民俗画

一个群体生活。群体内等级也非常分明，通常由年老资深者担任首领，按照年龄一直向下排。

孝心

猴和人一样，也很有孝心。相传三国时，魏将邓艾途经涪陵，见一金丝猴抱子在树上栖息，便弯弓搭箭，射中母猴，谁知幼猴当即替母亲拔出箭头，摘下树叶塞入伤口。邓艾叹息良久，发誓以后再不猎猴。

猴子死后，特别是猴群中地位较高的猴死后，家族成员会边哭便把尸体埋掉。它们往往只埋死猴的身子，而把尾巴留在外面，然后蹲在四周静静观察。如果风把死猴的尾巴吹得摇动起来，众猴便以为它又复活了，高兴地叫喊着把死猴扒出来，鼓捣一阵，见死猴仍旧不动，就重新把它抬起来，换个地方埋葬。

群体观念

猴子的群体观念很强，遇到敌人便同仇敌忾。在云南傣族地区发生过这样一件事：一位老农的狗咬死了一只偷果的幼猴，夜里，近百只猴子包围了老农的果园，毁果拔菜，肆意泄愤，甚至冲进狗圈，撕咬看家狗。直到附近百姓闻讯赶来后，猴群才一哄而散。

其实，早在唐代就有了相关的记载：大历年间，福建古田县某个村子边有一片杉树林，林子里有数百只猴子。村里人讨厌与猴子为邻，准备砍树杀猴。猴子被围困起来，乱跳乱叫，惊恐万分。忽然，一只老猴子奋不顾身，冲出人群，直奔村中，用灶内的火纵火焚屋。村里人正要围杀猴子，忽见村中浓烟滚滚，便抛下猴子，赶回去灭火。众猴侥幸脱险，逃到其他地方另觅家园。

可见，正是由于猴身上的这些“人性”，才得以使“猴”演化为人，并逐渐从动物中摆脱出来，成为万物的灵长、文明的缔造者。

延伸阅读

《西游记》中的猴

《西游记》作者吴承恩继承了魏晋志怪小说擅长写鬼怪和唐传奇小说的传奇笔法民族传统，并将两者融为一体，形成了艺术形象神、兽、人三结合的艺术特征。神的本领、人的思想感情、兽的外形和动作特征在孙悟空形象塑造上结合得如此完美。写孙悟空法力高强，会七十二变，和天庭二郎神一样厉害，这是孙悟空的神性。写孙悟空的外形，是毛脸、雷公嘴、罗圈腿、拐子步，这都是猴子的特点。好动，爱吃桃，灵活，也不离猴子的属性。即便是七十二变，那条猴子尾巴还是不好处理。他生性好强，讲名头，喜欢别人给他戴高帽。孙悟空有正义感，嫉恶如仇，这些又都是孙悟空的人性。

肖猴的象征意义

生肖之猴不仅与人类有着紧密的血缘关系，而且其活泼、可爱的形象也颇得人们的喜欢，经过长期的发展，肖猴早已不仅仅是原初的动物形象，而是与人们的文化相融合，被赋予了丰富的象征意义。

尽管猴子不属于家畜一类，对人们的生产生活不会产生很大的影响，然而它却被看作人类进化之初的先祖，与人类的产生有着千丝万缕的联系。如今，经过长期的发展，肖猴文化早已遍及人们生活的各个方面，肖猴形象也随着其发展而有了更加丰富的象征意义。

是顽皮、聪明的象征

猴子是灵长类动物，一提到猴子，人们便会想到“机警敏捷、活泼灵巧、滑稽可爱、聪明顽皮”这样的词语，“猴精猴精的”也便成为了人们常挂在嘴边的一句话，似乎猴子早已成为了顽皮、聪明的代名词。在中国四川峨嵋山地区，猴子常常躲在路旁树丛中，等游人过来，便呼啸而下，堵住道路，向人们索要食物。有些猴子甚至懂得向旅客讨钱，讨到钱便微笑致意，然后去食品店购买糕点水果，拿到水果后便满意而去。更有趣的是，在长江三峡一带的猴子，还懂得如何吃芝麻：每到芝麻接近成熟时，农民会先把芝麻打成捆，囤在地里，猴子便会趁人不在，来到芝麻地里。这时，一只大猴子会仰面朝天躺在地上，而其它猴子则会把捆好的芝麻搬来，在大猴子身上拍打，芝麻粒便会抖落在大猴子的肚皮之上，然后群猴会把大猴子抬到平坦的石头上，大猴子翻转身体，芝麻就会落在石头上，这时猴子们围成圈，享用得来的劳动果实。猴子聪明至此，连人类都会佩服三分。

是侯爵的象征

侯，乃是中国古代的爵位之一。据《礼记·王制》记载：“王者之制禄爵，

◆ 白玉马上封侯

◆ 蜂猴图 清 沈铨

公、侯、伯、子、男凡五爵。”历代封爵制度虽然不尽相同，但大都有侯爵一级。作为富贵和尊严的象征，人们无不期望加官封侯，因为“猴”与“侯”谐音，人们便自然而然地选择了猴子作为了“侯”的象征，这让猴子可大出风头。

传统的吉祥图案《封侯挂印》由猴子、枫树、蜜蜂、印绶组成，印是做官的公章，“枫”“蜂”为“封”，“猴”指“侯爵”。封侯挂印，意为皇帝赐爵授印予臣下，隐喻高升之意。另外，还有《马上封侯》的图案：以猴子骑于马上。“马上封侯”意思是说立刻就要受封，做显官登高位，寓意功名富贵指日可待。又有《辈辈封侯》：一老猴坐在松树上，背上背着一个小猴；或小猴骑在老猴脖子之上。“猴”与“侯”，“辈”与“背”谐音，大小猴亦为两辈，寓意代代为显赫权贵。在民间，还有《猿猴托印》的年画：画上，猴子做出托印、捉蜂、摘桃、攀树等各种动作，衬以牡丹花开，象征富贵贤达、人寿年丰的美好愿望。

是母体的象征

在人类的原初意识领域里，猿猴似乎就是人类的祖先或母体，也许正是由于此，人们才会觉得落日时分猿猴的啼叫像极了慈爱母亲对于儿女的呼唤。

在远古岩画、新石器时代的彩陶中还有一种双臂举起、双腿叉开的图案、花纹，现今西南少数民族的舞蹈中也有类似的动作，专家们认为这种形式的图案和动作蕴含着祈求生殖的寓意，代表了先民们增殖人口的愿望，是母亲孕育生命的象征。而这种形象，恰恰是猿猴张开双臂的形象，同时这也符合古人创立生肖的目的，阐明了回归与再生的内在联系。

延伸阅读

肖猴智退敌兵

明朝沈德符所著《万历野获编》中记载了这样一件奇事：明嘉靖年间，日本海盗常在中国东南沿海一带登陆骚扰，爱国将领戚继光调任浙江参将以后，整顿兵马，抗击倭寇，士兵们在山中练习施放“乌铳火鼠之术”。没想到林中的猴子见得多了，也竟然学会。一天，倭寇大举入侵，戚继光看人马不足，寡不敌众，便让士兵把一些火器抛在山路上以诱敌深入。日本海盗果然寻觅至山上，谁知火器被群猴捡得，群猴见倭寇披发跣足，以为异类，便施展自学来的“乌铳火鼠之术”，向敌冲击，此时戚家军借猴群之势进行伏击，大获全胜。

民间肖猴习俗

人们不仅对猴崇敬有加，形成许多崇猴祈福的风俗，而且还从猴的习性、动作、表情等当中摸索出众多供人们愉悦甚至强身健体的花样来，极大地丰富了人们的文化生活，使肖猴文化具有了更加强大的生命力。

猴子的形象俏皮玲珑、活泼可爱，人们从骨子里喜欢这个与人类有颇多相似之处的灵长类动物。不仅在信仰与崇拜上，就连人们的娱乐生活甚至强身健体都要跟猴子扯上关系，为此，也便有了花样繁多的猴风猴俗。

祭猴

猴祭是中国高山族卑南人对十二三岁的少年入会时的一种禳灾纳吉的仪式，通常在十一月早稻收成之后举行，共为期十天，其中第三天杀猴，这也是祭祀仪式中一个重要的环节，旨在培养少年的胆识和勇气。

还有一些少数民族的传说中认为，远古时期的大洪水皆由猴子引起，因此猴子具有沟通阴阳的能力。他们多修猴王庙，供奉猴王爷。每逢天旱，人们就会把庙中的猴王爷抬出来暴晒，认为这样就可以逼迫猴王爷下雨。

摸猴

在中国北方的大部分地区，存在着摸猴的习俗。去北京白云观游览的旅客或是香客，大都要觅猴与摸猴。白云观里有三处刻猴，据说逐一摸过就会得福佑顺遂。三处刻猴均为浮雕，刻得又小，想要找齐并非易事，然而每一个都被摸得圆润光亮。河北沧州杜林古桥上的雕猴也被游客们摸得十分光亮，当地传说，只要摸猴时紧闭双眼，并且足够虔诚，雕猴就会降福于人、消灾祛病。

捏猴与扎猴

每年的二月初二至三月初三，河南淮阳的太昊陵都要举行祭祀人祖伏羲的盛大庙会。庙会期间，会有大量的泥泥狗出售。“泥泥狗”又称“陵狗”，是以泥制作的各种玩具的总称，全身以黑色为底，再用红、黄、白、绿、蓝五色绘出点线结构的图案。泥泥狗的造型除了草帽老虎、狗之外，全部为猴子的形象，有人面猴、双头猴、猴头燕、虎驮猴、猴驮猴等。

在陕西的某些地区，有一种布扎的玩具，多是“双猴吃桃”的模型。陕西宝鸡一带，每逢姑娘出嫁，其嫂都要为她做一个男根突出的布猴，藏在陪嫁的衣箱中，抬到婆家，秘不示人。这些玩具显然是求子的吉祥物，有祈愿多子多孙、人口兴旺的寓意。

◆ 泥泥狗，中间为猴

耍猴

起初，艺人们只是通过服装、走姿、神态、语言等模仿猴子的表演，到后来，才逐渐有了以猴代人的表演。在中国的南北朝时期，耍猴的表演形式就已经相当成熟，据傅玄《猿猴赋》的描述，猿猴表演时戴着红色的头巾，穿着红色的袜子，脸上涂脂抹粉。它们搔痒捉虱，扬眉蹙额，若愁若嗔，模仿老翁悲啸长吟，学外国女子跳舞。直到现在，耍猴也都是杂技团里的压轴节目，猴子穿衣、猴子骑马、猴子算数等都是人们喜闻乐见的。

猴拳

相传名医华佗曾创“五禽戏”，其中就有一种是模仿猿猴动作的，常练具有活血化瘀、舒筋通络的功效。在中国传统武术当中，也有一套“猴拳”，猴拳的动作，既要模仿猴子的轻灵、敏捷，又要符合武术的技击特点，如出洞、窥望、看桃、攀登、喜乐、蹬枝、藏桃、蹲坐、吃桃、拼抢、惊窜、入洞等，形成形、法统一的猴拳特点。如今，猴拳也已成为中国传统武术的一个重要种类。

不论是对于猴神的信仰，还是以猴来丰富人们的生活，都是人们对于肖猴形象无比喜爱的表现，其中不仅体现了肖猴文化深厚的历史文化底蕴，同时也是千百年来人与猴相得益彰的绝好见证。

延伸阅读

耍猴——皇家百戏之一

在中国封建社会时期，耍猴的把戏就极为兴盛，唐代还把耍猴之戏列为皇家百戏节目之一。能够进入宫中耍猴，为此也生出了不少枝节。据宋人毕仲询《幕府燕闲录》记载：“唐昭宗播迁，随驾伎艺人只有弄猴者。猴颇驯，能随班起居。昭宗赐以绯袍，号孙供奉。故罗隐有诗云：‘何如学取孙供奉，一笑君王便着绯。’”后来朱温篡位，易唐为后梁，也取这猴子来助兴。谁料猴子一见朱温便直奔过去，跳跃奋击，朱温吓得急忙令人杀了这只猴子。看来，即便是猴子也有忠君爱国的情结。

历史悠久的猴戏

猴子无论是在长相上还是习性上都与人类非常接近，肖猴聪明伶俐，善于模仿人类的动作，因此人类就利用猴子的这一属性，训练猴子耍把戏。猴戏作为肖猴文化中一种独具特色的民间习俗，有着非常悠久的历史。

让猴子穿衣戴帽，模仿人的一些动作表演，这就是传统的民间百戏中的猴戏。中国训练猴子表演的历史悠久，早在汉代就已经有了驯猴。山东济宁出土的汉画像石上有驯猴图，猴欢舞跳跃，非常温顺，这说明驯猴已达到相当高的水平。

南朝陈时百戏中有“掷倒称猴”节目。陈宗室兴王陈叔陵喜欢为沐猴百戏，即耍猴戏。唐代猴戏表演还是皇家百戏节目之一，唐人郑锡《正月一日含元殿观百兽率舞赋》云：“非熊非熊，为猿为狄。”是见有猴戏在内。民间百戏亦有猴戏，称“弄猢狲”。唐代亦有驯猴表演而受宠获封的例子。宋人毕仲询《幕府燕闻录》载：“唐昭宗播迁，随驾伎艺人只有弄猴者。猴颇驯，能随班起居。昭宗赐以绯袍，号孙供奉，孙供奉颇能尽臣节。

后蜀猴戏的训练水平，更是高超惊人，艺人杨于度驯猴表演格外生动。《太平广记》卷四六六引《野人闲语》云：“蜀有杨于度者，善弄糊朴于阛阓中，乞丐于人。常饲养胡粉大小十余头，会人言语，或会骑犬，作参军行李，则呵殿前后。其执鞭驱策，戴帽穿靴，亦可取笑一时。如弄醉人，则必倒之，卧于地上，扶之久而不起。于度唱曰：‘街使来！’辄不起。‘御史中垂来！’亦不起。或微言‘侯侍中来！’猢狲即便起来，眼目张惶，徉作惧怕，人皆笑之……”此猴表演确实奇妙，侯侍中即侯弘实，官居高位，权势显

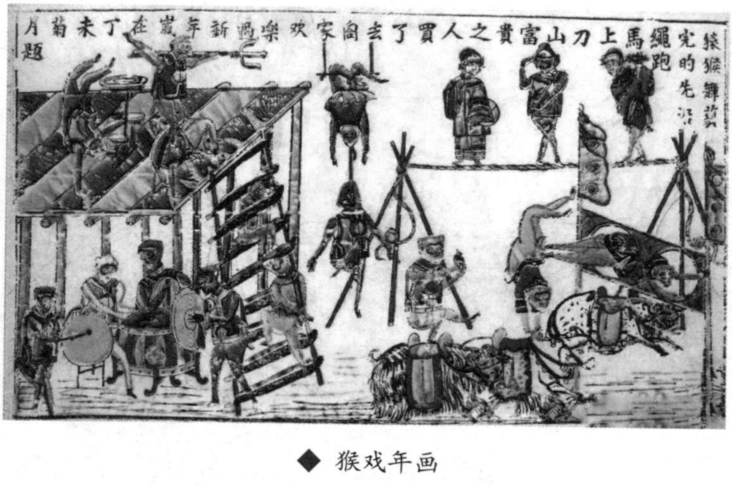

◆ 猴戏年画

◆ 猴戏雕塑

赫，人皆惧之。

宋代西湖老人《繁胜录》记路歧人作场诸伎中有“斗叶瑚孙”，即猴表演斗纸牌；驯猴中有猴呈百戏，模仿百戏艺人翻跟头表演。明清猴戏风行。明人李日华《紫桃轩杂缀》记有“沐猴戏狗之技。”《词谑》有“弄猴黄莺儿”述当时街头猴戏概况：“终日穿长街，大皮鞭怎的握！学成本事人前卖。卖将过来，成功喝采，箱中鬼脸轮着戴。把锣摇，街坊轰动，儿女闹咳咳。”

猴戏题材是清代年画常见的画面。河北武强年画《猴耍杂技》，绘猴十七只，在敲锣打鼓声中演出上刀梯、走钢绳、作倒立、跑马解等杂技，其中走钢绳的猴子身着戏衣，装扮《西厢记》中莺莺、张生、红娘表演“长亭送别”一出，猴模人样，更加令人发笑。陕西凤翔年画《各显其能》，绘二十只猴子，表演各种杂技，让人忍俊不禁。山东潍县年画《猴子骑羊》，画两个女艺人，一个敲锣，一个打鼓，在演出猴戏，猴子单足立在羊背上，手举双桃，作魁星点斗势，旁边还有两人在闲赏。

《燕京岁时记》载：“要猴儿者，木箱之内藏有羽帽乌纱。猴手自启箱，戴而坐之，俨如官之排衙。”民间曲艺杂技有“扛箱”节目，演出时，两人抬一木杠，上坐一丑官，丑官随时插科打诨，逗人发笑。由此产出了以猴代人的表演。河北武强年画《猴官》即是摹仿“扛箱”节目，绘四个戴夏帽、穿坎肩的猴子，两个抬一猴官在前，一个猴子拿旱烟袋，一个举伞盖，猴官则着官袍朝服。另有《扛箱官》内容与《猴官》差不多，四只猴子均着清服，两个抬着穿官服的猴官，一个在前鸣锣开道，肩扛“禁止赌博”旗帜，讽刺当官者只会模仿主子动作，以示禁赌不过是场猴戏而已，以猴戏喻社会弊病，讽刺意味极浓。

延伸阅读

凤阳猴戏

清人顾禄《清嘉录》记家乡苏州玄妙观新年杂耍云：“凤阳人蓄猴，令其目为冠带，并豢犬，为猴之乘，能为《磨房》《三战》诸出，俗呼猢狲把戏。”凤阳人训练的猴子竟能模仿戏曲表演，其水平之高可见一斑。凤阳人要猴戏在当时最为著名，《清稗类钞》载凤阳人韩子尤善要猴戏，养了大小猴子十几只，皆不用绳索羁勒，“每演剧，生旦净丑，鸣征者，击鼓者，奔走往来者，皆猴也，无一不备，而无一逃者。”从敲锣打鼓到生旦净末丑都由猴子充当，井井有条，十分精彩，俨然一个猴家戏班。清人李调元《弄谱百咏 · 猴戏》云：“着绯掉戏太蹒姗，前世曾居供奉官。假面靦然还自著，不知原是沐猴冠。”

第十四讲
酉鸡有吉

鸡的文化渊源

鸡在十二生肖中排名靠后，但仍然具有其独一无二、不可替代的地位。鸡能够居于“酉”的位置上，既靠着自己的“身世背景”——历史悠久的肖鸡文化，又靠着自己的“社会关系”——生肖文化与博大精深的中华文化的深厚渊源。

鸡在十二生肖中排名第十，即倒数第三，与十二地支中的“酉”相配。鸡之所以能被人类选中作为十二生肖之一，是有着深刻的文化渊源的。

肖鸡为禽类的代表

依据《尔雅》中“二足而羽谓之禽，四足而毛谓之兽”的说法，在十二生肖中，龙蛇属一类，除鸡之外的其它九种属一类，而鸡则是独一无二的禽类。

古代人们总是对于羽翼翩翩、飞翔于天际的生灵们遐想连篇，由此而产生了号称鸟中之王的凤凰，然而凤凰就是以鸡为基本原型，再经过人们的主观意识加工而成的。凤凰华美异常的外表在五彩的公鸡或是漂亮的山鸡身上是可以显现出来的。《太平御览》中说：“黄帝之时，以凤为鸡。”《刘子新论》也称：“楚之凤凰，乃是山鸡。”可见，鸡是作为万千禽类的代表被选入十二生肖中的。

鸡犬升天

日常生活中，人们也常常“鸡”“狗”并论，然而却总是“鸡”在前“狗”在后，如《老子》“鸡犬之声相闻”，又如“一人得道，鸡犬升天”等。如果说“犬鸡升天”或是“犬鸡之声相闻”，则会觉得别扭。起初以“鸡”“狗”并论时，是“狗”在前而“鸡”在后的。以“鸡犬升天”为

◆ 子母鸡图 宋 佚名

例，据东汉王充的《论衡·道虚》记载：“刘安‘得道，举家升天，畜产皆仙，犬吠于天上，鸡鸣于云中。此言仙药有余，犬鸡食之，并随王而升天也”。这个故事到了东晋之时就发生了变化，由“犬鸡升天”换成了“鸡犬升天”了。据葛洪的《神仙传》记载：“时人传八公、(刘)安临去时，余药器置在中庭，鸡犬舐啄之，尽得升天，故鸡鸣天上，犬吠云中也。”

鸡鸣狗盗

据《史记·孟尝君列传》记载，孟尝君入秦被囚，派人向秦昭王的幸姬求救。幸姬提出条件，要同孟尝君献给秦昭王一样的狐白裘。孟尝君再没有孤白裘，门客中有“能狗盗者”入秦宫偷出狐白裘，满足了幸姬的条件。幸姬向昭王说情，放了孟尝君。孟尝君要连夜逃出秦国，但是，秦昭王很快就后悔了，派兵追孟尝君。孟尝君来到函谷关前，关门紧闭。有“能为鸡鸣”的门客学鸡叫，引起周围鸡啼，骗开了城门。从这个历史故事来看，先是“狗盗”，后是“鸡鸣”，成语“鸡鸣狗盗”倒应该改为“狗盗鸡鸣”了。其实，“鸡”与“狗”谁先谁后只是人们语言习惯上的问题。

蛋鸡谜题

先有蛋还是先有鸡？这是一个古老而又难以解决的问题。“先鸡派”认为蛋是鸡生的，所以是先有鸡。“先蛋派”认为鸡是蛋孵化的，所以先有蛋。这是逻辑上的大麻烦，蛋固然是鸡生的，鸡难道就不是蛋孵化出来的？真可谓鸡说鸡有理，蛋说蛋有道！双方都陷入了循环的怪圈。就好像在一个圆内跑步，分不清谁前谁后了。

鸡为生肖之首

生活在海南的黎族有着本民族传统的历法。他们以十二生肖来纪日，把十二天看作一周期，以鸡起首、以猴煞尾，依次是鸡、狗、猪、鼠、牛、虫、兔、龙、蛇、马、羊、猴。关于为何以鸡为十二生肖之首，黎族还流传着一个传说：黎族先祖有一个女儿，她的母亲在她出生后不久就去世了。其后，有天鸟含着谷子来养育这个婴儿。为了不忘记天鸟的养育之恩，黎族妇女直到今天还喜欢文身，涂上各种颜色来模仿鸟的样子。有专家学者认为，这种“天鸟”的原型就是“鸡”，这种对于“鸡”的崇拜是对于远古时期图腾崇拜的延续，具有追宗认祖的含义，反映了黎族先民的图腾信仰。

延伸阅读

“鸡声断爱”的典故

天亮鸡打鸣，本是鸡的习性，然而每当亲人分别时因恐“鸡声断爱”，不免对鸡鸣生出无限恨意。《开元天宝遗事》中就记载有这样一个典故：开元年间，长春名妓刘国荣与进士郭昭述相爱甚笃。后来郭昭述外调，君命难违，只好同刘国荣依依惜别，天亮便马上要赴任而去。当郭昭述行至咸阳桥边时，刘国荣派人送来一封书信，写道：“欢寝方浓，恨鸡声之断爱，恩怜未衷，叹马足之无情，使我劳心，再期后会，以冀齐眉。”“鸡声断爱”从此成为了千古佳话流传至今。古代民歌民谣中也多有提及，如徐陵的《吴栖曲》写道：“绣帐罗帏隐烛灯，一夜千年犹不足，惟憎无赖汝南鸡，天河未落犹争啼。”这些都是痴男怨女们对于鸡打鸣的迁怒之辞，也从另一个方面体现生肖之鸡对于人们生活与思想的深广影响。

鸡的象征意义

由于鸡特有的属性以及与人类语言的交合、相融等原因，鸡在人们的生活中有其特定的象征意义。鸡的象征意义的广泛性以及对于人们生活影响的深远性，是民俗生肖文化中的一笔重要财富。

在人类与鸡的长期接触中，不但与鸡的关系越来越密切，而且使鸡已经脱离了单纯的禽类形态，随着社会的发展被人们赋予了丰富的象征意义。

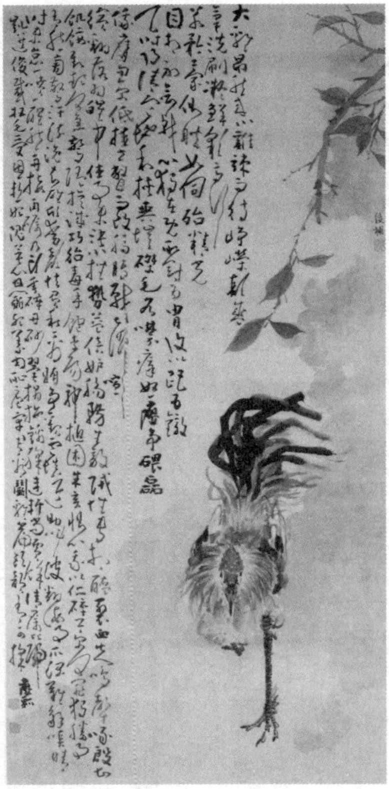

◆ 雄鸡图 清 黄慎

鸡鸣日升象征光明

《诗经》中《女曰鸡鸣》开篇道："女曰鸡鸣，士曰昧旦。"鸡随日升而鸣，就自然而然地成为了人们天然的计时器，喔喔的鸡鸣成为了昼与夜之间重要的分界点。

清代刘献廷在《广阳杂记》卷一中引述李长卿《松霞馆赘言》中的话说："酉者，月出之时；月本坎体，而中含太阳金鸡之精，故酉属鸡。"酉指古代纪时法中十二时辰的酉时，现代时间为17−19时，正是月出之时。在八卦中月亮的卦形为坎，象征水，形状是两阴中有一阳，所以李长卿说它"中含太阳金鸡之精"。

然而，鸡为什么没有与太阳升起的卯时相连，而却与月亮出现的酉时相连呢？古人认为，太阳和月亮互为母体，白天月亮在太阳的家中休息，所以太阳升起的卯时属兔，"中含太阴玉兔之精"；夜晚太阳在月亮的家中休息，所以月亮出来的酉时属鸡，"中含太阳金鸡之精"。鸡能够进入十二生肖并与"酉"相对，还是取决于它与太阳的关系的。

其实，很早人们就认识到了鸟和太阳之间的关系，从新石器时期的骨匕、彩陶到汉代的画像砖，都有对于相关图案的发现：有的是双鸟拱日，光芒四射的太阳居中，两只禽鸟呈对称状飞翔，有的是单鸟或三鸟负日飞翔，还有的是日中有三足乌，“乌”即是一种人们想象中的神鸟，三足乌又名“三足金乌”，也称“金乌”“阳乌”。这种负阳而飞的鸟到底是什么鸟呢？恰恰是鸡，甚至鸡就是太阳本身。《太平御览》引《春秋说解辞》称：“鸡为积阳，南方之象。火，阳精，物炎上。故阳出鸡鸣，以类感也。”

太阳东升西落，而鸡则早鸣晚栖，周而复始、循环往复，因啼叫而唤出太阳的鸡自然而然就与象征着光明的太阳联系在了一起。

鸡蛋与鸡毛象征生殖与爱情

十二生肖中，鸡与“酉”相对应，而“酉”既有属“阴”的一面，也有属“阳”的一面。古人以此而推之，将鸡作为生殖的象征物而加以崇拜。鸡被看作男性的象征，自古至今都是男性生殖器官的隐语。清代陕西凤翔的年画《人过七十古来稀》，画个老翁抱着孙子，以手抚弄小孙子的生殖器，并题诗曰：“人生七十古来稀，抱着孙孙手摸鸡。”图示的内容表现了老年人对于后继有人以及家庭兴旺的满足和夸耀。

鸡蛋有生育的含义。中国民间，人们在生孩子后，要向亲邻送红皮鸡蛋；已婚妇女要想多生孩子，必须多吃鸡蛋；新娘在新婚之夜还会在衣服里偷偷藏几个鸡蛋，在进入新房时故意跌倒，摔出鸡蛋，以示自己能够生育。

鸡毛还能够传递爱情。在春节期间举行的喜庆活动中，苗族男女青年最喜欢的活动就是“打鸡毛”：男女青年互相抛掷“鸡毛”以试探对方、交流感情。如果姑娘对小伙子无意，便在礼节性地玩几个回合后，声称累了或有事，收住鸡毛离开。如果看上了小伙子，就会越打越欢快。这里，鸡毛便成了传递彼此爱慕之情的桥梁。

酉鸡辟邪是沟通阴阳的使者

鸡鸣于晨，白昼开始，因此鸡鸣成了夜与昼、光明与黑暗的界碑。推而广之，古人还把一岁之始也归功于鸡的报晓，认为鸡能感受到旧岁将尽之“气”，可以送走旧岁的冬寒，迎来新年的春暖。进一步发展，鸡还成了沟通阴阳、人鬼的使者。正因为如此，古人往往在岁末时把“酉”字贴于门上以辟邪。除夕是神鬼出动的时候，需要能够沟通鬼神的鸡来把守门户，以辨别正邪，让祖先回来与家人团聚，而把非其族类拒之门外。

延伸阅读

婚嫁中与鸡有关的习俗

中国婚嫁中与“鸡”有关的习俗随处可见：古时汉族迎亲让一人抱鸡走在最前面，俗称“开路鸡”；西北地区在女儿出嫁时，母亲要剪公鸡图案作为陪送，隐语阴阳交合、早生贵子；布依族人结婚后如果无子，就会举行求子的仪式，布仪式者会在求子人背上放一只大公鸡，相传只要求子者能把大公鸡背到家里，就会得子；广东客家人还有“以鸡代婿”的风俗，如果举行婚礼时新郎有事不能参加，就会以一只大公鸡代替新郎进行拜堂成亲的仪式。这些婚姻习俗，实质上都是对于鸡象征生殖、生育的具体体现。

鸡为德禽

从鸡独特的外表以及特殊的习性中，人们为鸡打上了“德”的烙印，即文、武、勇、仁、信。“鸡有五德”之说实质上是人们以鸡劝喻人，希望人类能够从鸡的身上学到一些良好的习性和品德。

“鸡有五德”之说源于汉代韩婴，他在《韩诗外传》中说：“头戴冠者，文也；足傅距者，武也；敌在前敢斗者，勇也；见食相呼者，仁也；守时不失者，信也。”文、武、勇、仁、信，正因为鸡有此五德，所以被称为“德禽”。

“头戴冠者，文也”：古时的冠帽，文为冠，武为盔，除“冠”“官”谐音外，大公鸡红色的鸡冠又与文冠特别相似，是为“官上加官”。“足傅距者，武也，敌在前敢斗者，勇也”：两鸡相斗以及母鸡护佑幼鸡时的神态，就是对于武和勇的真实写照。“守时不失者，信也”：无论晴天阴天、刮风下雨，鸡都在天明时啼叫，从不曾偷懒，这便是“信”。

鸡之五德，不可小看。中国古代虽然有礼、义、廉、耻、孝、悌、忠、信八字准则，但其影响不及仁、义、礼、智、信五德。鸡之五德虽然与此五德并不完全相同，但他们却有着共同的文化背景，即与五行之间有着千丝万缕的联系。

五行之说最早见于《尚书·洪范》。周武王兴义军灭商纣之后，向箕子咨询治国的常理，箕子所讲的第一条即是五行：水、火、木、金、土。古人认为这五种物质构成宇宙万物，是哲学、政治、思想、风俗等的重要基石。著名学者顾颉刚在《汉代学术史略》中也说：“五行之说，以木、火、土、金、水五种物质与其作用统辖时令、方向、神灵、音律、眼色、食物、臭味、道德，以致帝王的系统和国家的制度。”这其中所提及的五行统辖之道德指的就是五德。

◆ 双吉图 南宋 李迪

以五德之说描绘动物，这一思路在《山海经》中已能见到。《山海经·南山经》在讲到“其状如鸡”的凤凰时说：“首文曰德，翼文曰义，背文曰礼，膺文曰仁，腹文曰信”。与鸡不同的是，鸡之五德，着眼于习性，而凤则着眼于其美丽的羽色。

依照鸡之五德的归纳法，古人又将大雁的习性归纳出五德来。古典小说《水浒传》第一百一十回“燕青秋林渡射雁”中，宋江发了一通议沦：“此禽仁义礼智信，五常俱备：空中遥见死雁，尽有哀鸣之意，失伴孤雁，并无侵犯，此为仁也；一失雌雄，死而不配，此为义也；依次而飞，不越前后，此为礼也；预避鹰雕，衔芦过关，此为智也；秋南春北，不越而来，此为信也；此禽五常足备之物，岂忍害之。”

鸡的五德实质上是人们对于所向往的道德理想的体现，是希望人应该有此五种德行。古代也往往借鸡咏怀，写下了不少关于鸡的诗文。宋朝人吴淑有一篇《鸡赋》，其中写道：“伊额鸡之彩庸，实沦英于玉衡。取《巽》之象，禀火之精。翰音见号，烛夜为名。宾孟既观于断尾，州埠亦蚊其先鸣……季干既炫于芥羽，邱氏亦夸其全距。或养之而禳火，或画之而贴户。孟尝效之而获免，燕丹为之而得度。至于三尺曰鸭，正旦磔门，性惟司夜，职在鸣晨。候天星而肆赦……”

此段文字中引用典故众多：首句用《尔雅》名鸡之典“鸡大者曰蜀，蜀子杢页……杢页音杢。”说的是大鸡和小鸡。次句讲鸡为天星所化，《春秋纬·运斗抠》：“玉衡星散为鸡”。“巽”为鸡见于《易经·说卦》：“《震》为龙，《巽》为鸡，《坎》为豕，《离》为难。”……断尾故事见《国语·周语下》，讲祭祀用鸡要选首尾周全者，有只公鸡为了逃避做牺牲的命运，自断其尾……学鸣叫，骗开关隘城门，得以摆脱追兵，孟尝君和燕子丹都曾有过这类经历……

一篇《鸡赋》，将与鸡有关的典故尽数包孕其中，这些典故都是对于文、武、勇、仁、信的体现。

延伸阅读

祖逖闻鸡而起舞

晋代的祖逖有着远大的抱负。后来，他和幼时的好友刘琨一同当上了司州主簿。他们感情深厚，不仅常常同床而卧、同被而眠，也都有着建功立业、复兴晋国的远大理想。一天夜里，祖逖因为在梦里梦到鸡叫声而醒来，他兴奋地把刘琨叫醒，对他说：“别人都认为半夜听见鸡叫不吉利，我偏不这样想，我们以后听见鸡叫就起床练剑如何？”刘琨欣然同意。于是他们每天鸡叫后就起床练剑，春去冬来、寒来暑往，从不间断。功夫不负有心人，经过长期的刻苦学习和训练，他们终于成为能文能武的全才，既能写得一手好文章，又能带兵打仗。从此，两人闻鸡起舞的故事便在民间广为流传，这实际上也可以看作鸡有“信”德的一个方面。

祭祀之鸡

以鸡为代表的家禽类很早就已经出现，并且鸡也是人类最早用于祭祀的畜牲。祭祀之中不仅有直接对鸡的利用，还有其它一些与鸡有关的文化，这些都是民俗生肖文化的重要延伸。

无论是古代还是近代，鸡都是中国广大农村地区最常见的祭品。早在河北磁山的新石器文化遗址中，考古学家们就已经发现了大量的鸡骨，据专家考证，这些鸡骨大多为公鸡的骨头，并且是为祭祀之用。可见，早在8000余年前的新石器时代，就已经有了鸡祭之俗了。祭祀中对于鸡的运用非常广泛，甚至已经形成了一种特殊的鸡祭文化。

祭祀之鸡称翰音

古时用于祭祀的牲物有很多种类，除“六畜”外，还有六畜之外的其它动物。据《周礼·小宗伯》记载：“毛六牲，辨其名物而颁之于五官，供奉之。”对于这“六牲”，汉代郑玄注：“司徒主牛，司伯主鸡，司马主马及羊，司寇主犬，司空主豕。”古人认为牲物是供奉神灵的，与日常生活中所食的动物应该有所不同，于是为了区别和日常所食，便给用于祭祀的牲物另取了一套名称。据《礼记·曲礼下》记载：“凡祭宗庙之礼，牛曰一元大武，豕曰刚鬣，豚曰腯肥，羊曰柔毛，鸡曰翰音，犬曰羹献，雉曰疏趾，兔曰明视。”鸡称翰音，翰是长的意思，有种解释是“鸡肥则鸣声长”，所以鸡叫翰音，寓意鸡长鸣则能通灵、降福。

◆ 祭祀之鸡

鸡祭之器称“彝”

近代学者郭沫若从“彝”字的古字形——“二手捧鸡”出发进行研究，进而得出此字来源于祭祀用鸡以及鸡为最早的祭祀之牲的论断。郭沫若在《中国古代社会研究·卜辞中的古代社会》中指出：“用鸡的痕迹在彝字中可看出，彝字在古金文及卜辞均故作二手捧鸡的形式。鸡在六畜中应是最先为人所畜用之物，故祭器通用的彝字竟为鸡所专用，也就是最初用的牺牲是鸡的表现，所以祭祀的礼器才以双手捧鸡的‘彝’字表示。”

在古代典籍《礼记·明堂位》中也有关于“鸡彝”的记载：“灌尊，夏后氏以鸡夷，殷以斝，周以黄目。”“鸡夷”即指鸡彝，是形状为鸡的礼器。周代的礼器除“黄目”外也用鸡彝，据《周礼·春官·司尊彝》中的记载：“春祠夏檎，祼用鸡彝、乌彝”，并记鸡彝、乌彝和虎彝、斝彝、黄彝和蜼彝一起并称“六彝”。

山东大汶口文化遗址以及龙山文化遗址中古代礼器鸡彝的发现，更证实了专家学者的推断以及古书中的记载。另外，鸡彝之器的发现对于古代文化历史的研究也有着非常重要的意义。据学者邹衡所言：“灌器中夏器鸡彝的确认，对于考古学上夏文化的论定，自然是有重要意义的。二里头文化既然以盛行鸡彝为其最突出的特征，则其文化性质为夏文化，应该不会有什么疑问了。”

大赦之仪立鸡竿

在古代朝代更替或是遇到亲政爱民的贤君时，统治者往往会大赦天下，以期国泰民安、天下太平，而这种大赦往往被称为“金鸡赦”。据《古今图书集成》卷三十六引《三国典略》记载：“齐长广王湛即皇帝位，于南宫大赦，改元。将赦，令于殿门处建金鸡。宋孝王不识其义，问于光禄大夫司马膺之：“赦建金鸡，其义何也?”膺之曰：“按《海中星占》曰：天鸡星动，当有赦，由是帝王以鸡为候。”宋代王谠的《唐语林》中也说：“北齐每赦宥，则于阊阖门前树金鸡柱。”大赦立竿，称为“鸡竿头”。据《新唐书·百官志三》记载：“赦日，树金鸡于仗，竿长七丈，有鸡高四尺，黄金饰首”。

宋代大赦也立鸡竿，据《东京梦华录》记载：“车驾登宣德楼，楼前立大旗数口……立鸡竿，约高十数丈，竿尖有一木盘，上有全鸡，口衔红幡子，书‘皇帝万岁’字。盘底有彩索四条垂下，有四红巾者争先缘索而上，捷得红坞幡，则山呼谢恩讫。楼上以红锦索通门下一彩楼上，有金凤衔赦而下，至彩楼上，而通事舍人得赦宣读……”

可见，“鸡竿”已经成为了一种赦免的象征，难怪大诗人李白在《流夜郎赠辛判官》中写道：“我愁远谪夜郎云，何日金鸡放赦回。”

延伸阅读

古人歃鸡血为盟

歃血为盟是古人用以表示绝不反悔绝不违约的一种仪式。这种明誓的形式，或是将血涂于嘴旁，或是将血含口中，或是滴血于酒中一饮而尽，鸡是这种仪式中常用之物。《史记·平原君虞卿列传》中在讲毛遂自荐的故事时，就讲到了歃鸡血为盟：毛遂随赵国的平原君前往楚国，劝说楚王抗秦。楚王被说得动了心，毛遂马上说：“取鸡狗马之血来。”又奉血给楚王说：“王当歃血而定从，次者吾君，次者遂。”鸡、狗、马之血，依司马贞的解释是：“盟之所用牲贵贱不同，天子用牛及马，诸侯用犬及豭，大夫已下用鸡。”旧时由歃鸡血为盟还派生出另一种形式，即在某些礼仪中用针刺雄鸡大红冠子，取其鲜血用来书写。用鸡血写的字被认为是具有一定魔力的。“歃鸡血为盟”体现了鸡在人们心目中的重要地位。

民俗中的肖鸡

中国有着几千年的养鸡史，在与鸡的长期接触中，也逐渐形成了许多与鸡有关的习俗。这些鸡的习俗是生肖鸡文化的重要组成部分，同时也是人们日常生活中必不可少的内容，是中华传统民俗文化的真实体现。

鸡是人们生活中所熟知的禽类，在中国长期的农业社会中，甚至一度影响着人们的生活水平。由于鸡对于人们生活的重要性，生活中与鸡有关的习俗也就比比皆是。

鸡糕和鸡心袋

过中和节是华北地区的传统习俗，日期为每年的二月初一，流行吃太阳鸡糕。关于中和节，在清代潘荣陛的《帝京岁时纪胜·中和节》中有比较详细的记载："初一日为中和节，传自唐始。李泌请以二月朔为中和节，赐民间以囊盛百果谷瓜李种相问遗，号献生子，令百官献农书。京师于是日以江米为糕，上印金乌圆光，用以祀日，绕街遍巷，叫而卖之，曰太阳鸡糕。"江米糕上印圆光表示太阳，印金乌则象征鸡。这也反映了鸡与太阳两者之间是有联系的。清代富察敦在《燕京岁时记》中记载了太阳鸡糕的具体样式："二月初一日，市人以米面团成小饼，五枚一层，上贯以寸余小鸡，谓之太阳糕。都人祭日者，买而供之，三五具不等。"

浙江金华地区流行在端午节佩鸡心袋。每当五月初五，人们就用红布制成形似鸡心的小袋子，内装米、茶叶、雄黄粉等，挂在小孩胸前，以辟邪消灾。另外，"鸡心"还与"记性"音相近，给小孩挂鸡心袋，也反映了大人们希望小孩读书记性好、

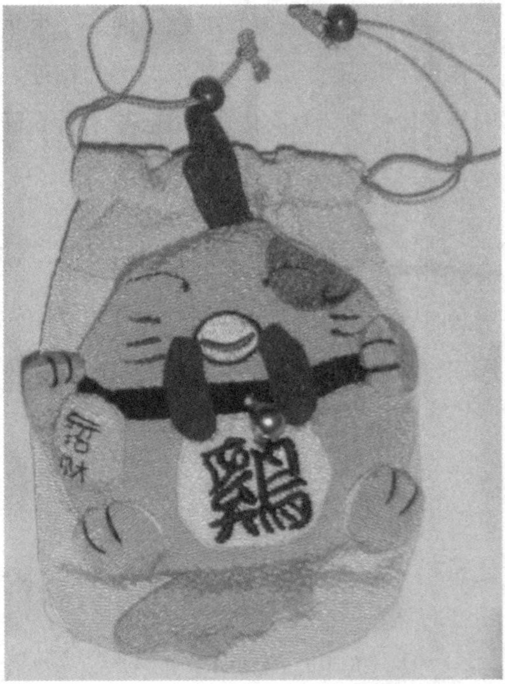

◆ 招财鸡锦囊

将来出人头地的美好祝愿。

踢鸡与啼鸡

土家人把踢毽子叫做“踢鸡”。土家族举行的“踢鸡”活动多是青年男女参加，一人将“鸡”踢起，众人都争着去接。接到鸡的人，可以用毽子上的鸡毛去追打任何人，而他们所追打的，往往是自己的异性意中人。这里，鸡毛毽子已经成为了一种青年男女谈情说爱的媒介，同时也可以看出鸡象征生殖崇拜的迹象来。

“啼鸡”是一种雄鸡啼叫的比赛活动。比赛中，以公鸡在一定单位时间内啼叫次数的多少作为胜负的标准。比赛者会用各种办法鼓励公鸡多啼叫：或把公鸡和母鸡放在一起，以母鸡的吸引力使公鸡多啼叫；或把公鸡和母鸡隔离开，使公鸡因失恋而拼命啼叫；还有的在鸡食中掺酒，认为酒可以松弛公鸡的声带，使公鸡有更好的啼叫能力；也有的是在比赛前用手轻轻抚摸公鸡喉咙，认为感情交流可以使鸡愿意多啼叫。

迎春公鸡与谷雨鸡王

旧时在山西北部以及山东一些地区有立春日佩戴迎春公鸡的习俗。迎春公鸡又称“春鸡”，是立春前妇女们用碎布缝制的佩饰物，挂在孩子身上，有新春吉祥之意。湖南、湖北、浙江等某些地区依然延续夏历，把正月初一称为“鸡日”，人们以“鸡日”这天天气的阴晴作为来年养鸡业是否兴旺的征兆，“晴主吉，阴主灾”，也忌打鸡、骂鸡。

在陕西一带，每年谷雨前后还流行贴鸡王镇宅图的风俗。当地人于谷雨这天早起收集露水研成墨汁，在纸上画一只红冠公鸡，嘴叼蝎子，蝎身上涂红色以示血迹，表示被杀。在墙上贴此图，据说可以避邪毒，保佑一家平安。直至现在，传统年画中仍有《鸡王镇宅》的图案。

鸡能驱毒虫、辟邪蛊，是人们长期以来形成的固有观念。汉代应劭在《风俗通义》中就说过，如果有人患了鬼刺痒症，可以用雄鸡血敷在心口上；患贼风症，可以用东门鸡头治疗。大约魏晋之时，鸡开始成为守门辟邪的神物。晋代《拾遗记》讲鸡能辟邪，“使妖灾群恶不能为害”，“魑魅丑类，自然伏退”；并记当时风俗：“今人每岁元旦，或刻木铸金，或图画，为鸡”，置于门窗上。南朝《荆楚岁时记》载正月初一习俗：“贴画鸡户上，悬苇索于其上，插桃符其傍，百鬼畏之。”这与将正月初一称为鸡日，与迎新年贴酉的古俗，相互融会。这种风俗一直传承至今，山西大同一带乡村，仍保留着春节门上贴剪纸大公鸡的古俗。

延伸阅读

鸡王镇宅

《鸡王镇宅》是中国吉祥图案中历史最悠久的作品之一。关于它的来历，晋人王嘉所撰《拾遗记》内有文字记载：尧帝在位时，政通人和，风俗淳厚。但常有恶虎下山，妖魅出林，肆虐为害，百姓视为莫大祸患。后来有一种“重明鸟”，别称“双睛”，形状和普通的公鸡一样，但啼叫时声如凤鸣，并以琼膏为食。重明鸟疾恶如仇，能奋翮翻飞，激喙扬爪，专门搏逐猛兽妖魅，使它们不敢造孽。有人说这种鸟就是鸡中之王，便仿其形状，刻制木鸡，置于门户或屋顶上，居然也能起到吓退魑魅丑类的作用。

经久不衰的斗鸡传统

古代人们在长期饲养鸡的过程中逐渐发现了雄鸡好斗的本能，从此斗鸡便成了历千年而不衰的娱乐活动。人们不仅有意识地培养善斗的雄鸡，而且还根据时代的变化以及娱乐的需要，发展了各种各样的斗鸡形式。

西汉学者韩婴所著的《韩诗外传》中称鸡有“文武勇仁信”五德，其中有“足傅距者，武也；敌在前敢斗者，勇也”，而斗鸡恰巧是对鸡的武勇二德的完美体现。

斗鸡活动可谓历史悠久，早在春秋战国时期就已经非常普及。《庄子·达生篇》中就有驯养斗鸡高手专门为国王驯养斗鸡的记载；《战国策·齐策》当中还记载有临淄七万户市民无不以斗鸡为乐。

◆ 明皇斗鸡图 南宋 李嵩

爱好斗鸡之人还很注重对于鸡的品种选择，《尔雅》郭璞注云：“阳沟之鸡，古之良鸡”。为了提高斗鸡的战斗力，古人还创造了一些克敌制胜的方法。据《左传·昭公二十五年记载》：“季郈之鸡斗，季氏芥其鸡，郈氏为之金距，平子怒。”季氏与郈氏都各有自己的花招：季氏在鸡的羽毛上撒上芥粉，用来眯住敌手的眼睛；而郈氏则给鸡爪套上锐利的金属套，意在加强斗鸡的杀伤力。有的还在鸡头上涂上狸膏，狸是一种善于捕捉家鸡的动物，取狸的膏脂涂抹于鸡头之上，会使对方的斗鸡闻风而丧胆。一些文人们还把这些斗鸡中所涉猎的方法写成了诗，如北周王褒的《看斗鸡》云：“妒鸡金芒起，猜群芥粉生。”曹植的《斗鸡篇》诗云：“愿蒙狸膏助，常得擅此场。”等等，都是对于斗鸡所使用方法的描述。

汉代斗鸡之风尤为盛行。据晋代葛洪的《西京杂记》记载，汉高祖刘邦之父刘季一生喜好斗鸡，当上太上皇以后因无法斗鸡而一度闷闷不乐；汉成帝因好斗鸡而常微行，交趾国更是投其所好进贡“长距善攻”的长鸣鸡；汉代鲁供王不惜每年投资两千石俸禄而驯养斗鸡。在考古出土的汉代画像砖、画像石上都有不少斗鸡的场面，反映了当时的人们对于斗鸡活动的特殊爱好。

到了唐代，随着国力的鼎盛，人们的娱乐活动也逐渐增多，斗鸡也蔚然成风，王孙公子、豪侠少年们甚至都把斗鸡当作自我的特长和性格的标志进行夸述。李白在《叙旧赠江陵宰陆调》中自称“我昔斗鸡徒，连延五陵豪。”张籍在《少年行》中称“日日斗鸡都市里，赢得宝刀重刻字。”唐代不仅民间开设斗鸡场，就连皇宫内都专辟有“鸡坊”。“斗鸡皇帝”唐玄宗在做藩王时就喜欢斗鸡，继承王位后更是选调禁军500人专门来驯鸡和养鸡。据陈鸿的《东城父老传》记载，唐朝鸡坊的主管贾昌虽然年仅十三岁，但已是斗鸡的天才，且懂得如何饲养，深受玄宗喜爱，权势非常显赫。因此当时民间流行一首歌谣说：“生儿不用识文字，斗鸡走马胜读书，贾家小儿年十三，富贵荣华代不知。”可见当时斗鸡之风的兴盛程度。

宋明的斗鸡不逊于唐代，据宋代杨延龄的《杨公笔录》记载：“世人以斗鸡为雄”。宋人周去非在《岭人代答》中还对斗鸡的驯养以及制胜之道做了详尽的描述。到了明代，不仅在市面上出现了每日抱鸡邀人相斗的职业斗鸡者，而且还出现了专业的斗鸡社团。据张岱的《陶庵梦忆》记载：“天启壬戌间好斗鸡，设斗鸡社于龙山下。”“斗鸡社”即为专门研究斗鸡、切磋斗鸡技艺的斗鸡协会。

到了清代，除将传统的斗鸡活动延续下来之外，斗鸡还作为一种民间技艺进行表演。从康熙年间李声振《百戏竹枝词》中的“咏斗鸡诗”以及李调元《弄普百咏》中的“斗鸡诗”来看，清代的斗鸡之风依然大盛。

至今，斗鸡这项娱乐活动依然流行于汉族生活的大部分地区，以及云南的某些少数民族地区，只是各地在时间和形式上略有差距。如河南开封在每年的农历正月二十二举行斗鸡会，而广西罗城的斗鸡是在秋后或是春节期间举行。

可见，斗鸡这项娱乐活动有着久远的历史与文化背景，斗鸡的兴盛是对于人们娱乐生活的极大丰富，同时对于生肖文化的保留和传播也有着积极的作用。

延伸阅读

呆若木鸡的由来

关于斗鸡的活动，早在春秋战国时期就已经流传开来。《庄子·达生》中就记述了一则驯鸡的故事：纪渻子为周宣王训练斗鸡，过了十天，周宣王问：“鸡可以斗了吗？”纪渻子回答：“不行，还骄傲气躁。”又过了十天再问，纪渻子回答：“不行，它听到声音或见到影像还有所反映。”十天后又问，纪渻子还是回答：“不行，它还盛气怒目。”第四个十天后再问，纪渻子回答道：“可以了，听见别的鸡啼叫，它也气定神闲，不慌不躁，看上去就像木鸡。精神凝寂到如此程度，其他鸡是不敢应战的，见到它就会逃走。”这就是“呆若木鸡”成语的来历。可见，古人在斗鸡以取乐的同时，还注意寻找斗鸡的方法，并从斗鸡当中发现蕴含的人生哲理。

第十五讲

戌狗旺财

人类最忠诚的朋友

狗作为人类最忠诚的朋友，在漫长的历史进程中帮助人们狩猎、保护畜群、驱赶野兽、看家护院甚至送信救急等，对于人类的生存、繁衍和发展都起到了巨大的作用。正是由于狗的真诚，所以人与狗之间结下了深厚的友谊。

狗是人类最早驯化的动物之一。从考古学的角度分析，在中国黄河流域的仰韶文化、龙山文化、大汶口文化遗址以及长江中下游的河姆渡文化、良渚文化遗址等人类早期的文化遗址中，都有家养犬的遗骨的发现。从历史进化的角度分析，在人类以打猎维生的时期，猎者身后往往跟着一些野狗。当猎物被猎人打伤时，野狗就围上来抢吃猎物，猎人们会把自己要的带走，其余不要的留给野狗，久而久之，猎人与野狗之间便逐渐熟悉起来，并且慢慢建立了感情，野狗也就慢慢被驯化成家犬了。

在哈萨克族、蒙古族以及维吾尔族流传的神话传说当中，更是直接把狗依附于人归结为神的旨意：狗是神在创造了人之后创造的第一种动物，神告诉狗说，它将

◆ 十骏犬之茹黄豹　清　艾启蒙

来的主人是人，它的使命就是保护人的生命和财产安全。因此，狗受了神的委派，对人非常忠诚，帮助人看护棚圈、狩猎、守夜，任劳任怨、毫无怨言，其原因就在于这是神的旨意。

无论怎样，对于主人的忠诚是狗的本能。狗在捕猎时会随时与主人保持联系，似乎更像是一位猎友，与主人并肩作战；狗在奔跑时也会围着主人，把主人的家视为自己的家，把主人家的房前屋后视为自己的领地；当主人早晨出去开门时，狗也会跑来跑去凑热闹；当主人在田间干活时，狗会蹲在地头放哨；而当家中来陌生人时，狗会跑到主人跟前，对着陌生人做出防卫、驱赶的反映。俗话说，“儿不嫌母丑，狗不嫌家贫。”不管主人身份的贵贱、家庭的贫富，狗对于自己的主人永远都是忠诚不二的。

在通信技术不发达的时代，狗还可以充当人们的信使。《述异记》中记载了这样一则故事：魏晋时代的文人陆机养了一只善解人意的狗，名叫“黄耳”。一次，陆机在京师有要事要通报自己的家人，但事关重大，一时又找不到值得信任的人托付，于是就吩咐黄耳说：“我把这封信给你，你一定要替我带回家去，并且还要拿到回信后方能回来。”说完，陆机把信绑在了黄耳的后腿上，黄耳就出发了。到四十九天的时候，黄耳还没有回来，陆机心急如焚。到了第五十天，黄耳终于面容憔悴地狂奔了回来。陆机连忙从黄耳的腿上取下回信，匆匆阅读。等陆机读完信后，才发觉黄耳因过度劳累力竭而亡了。陆机十分悲痛，替黄耳筑了座坟冢，这就是后来的“黄耳坟”。

狗还非常聪明，会用与狼相似的方法驱赶羊群，这对于人类进行狩猎与畜牧的发展非常有利。狗会在人狩猎时跟踪野兽，协助人放牧羊群，驱赶野兽，对山羊、绵羊等有蹄类动物的完全驯化和大规模的饲养起到了举足轻重的作用，为农业社会的发展与进步做出了不可磨灭的贡献。即使在科技高度发达的今天，狗也是人们生活当中不可缺少的伙伴。除了继续用狗来看门、防贼之外，狗还被人们当作宠物来饲养，部队上还专门训练军犬搜索罪犯、稽查毒品以及炸药、武器等违禁物品等，用途非常广泛。

延伸阅读

狗的神话传说

相传很久以前，狗孤独寂寞，就想和别的动物交朋友。狗先找到了野兔，但是到了晚上，野兔在草丛中倒头就睡，而狗却睡不着，听到一点响动就“嗡嗡嗡”地叫个不停。野兔对狗小声说：“你疯了，天都黑了还叫什么？如果被狼听到了它就会过来吃掉我们的。”狗以为兔子是胆小鬼，就去和狼做朋友。到了晚上，狗听到风吹草动就又不停地叫了起来，狼说如果叫声被熊听到了就会过来把我们吃掉。于是狗又离开了狼，去和熊做朋友。狗在熊洞外守夜，谁知又不停地叫了起来，熊听到狗叫后大为恼火地说：“你乱叫什么？如果被人听到了就会过来抓走我们的。”狗心里想，熊看起来身强体壮，却还不如人的胆子大。最后狗找到了人，一到了晚上，人在屋里睡觉，而狗在门外守夜。晚上狗叫时，人就会出来看看，不但不责怪狗，还会给狗一点食物时，狗感觉还是人最好。就这样，狗与人类成为了要好的朋友。

神话中的肖狗文化

狗是人类最真诚的朋友，在长期的历史发展过程中，人类与狗之间建立了良好的关系，甚至还把狗与人类的祖先联系起来加以崇拜，充分体现了狗在人们生活中的重要性。

在人类发展的历史长河中，狗像忠诚的使者一直陪伴人类，人们的生活也因狗的存在而多了一层保障。因为狗与人类关系的密切，人们还把狗与人类的始祖联系起来，甚至视狗为始祖，对狗加以无上的崇拜。

在中华大地上，以盘古为人类始祖的说法最为普及，然而，对于这种传说的版本却不止一种：一说盘古是开天辟地的英雄，死后身体变为日月星辰山川湖海动物草木；而另一说，盘古又叫“盘瓠”，是狗的别称，也被一些民族看成是与人类的祖先有着密切关系的狗祖先。

据晋人干宝的《搜神记》记载，高辛王在位时，宫中有一位老妇的耳朵不舒服，医生为她医治耳朵时从其中掏出一只大虫来。老妇把这只大虫放在瓠里，用盘子盖

◆ 十骏犬之墨玉螭　清　艾启蒙

上。不久这只虫子就化成了一只五彩斑斓的狗，因此人们就称呼它为“盘瓠”。后来北方的戎吴部落屡次犯境，高辛氏就下令，谁若能将戎吴部落首领的首级砍下，就悬赏黄金千两、封邑万户，并赐公主为妻。不久，盘瓠便把戎吴将军的人头取下，叼到了宫内。然而群臣认为，盘瓠虽然立了功，但只是兽畜，不可以封官受禄，娶国王女儿为妻。公主却能以大义为重，对国王说：“如今天下人都知道是盘瓠将敌将首级取来，它虽然为兽身，然而却有着超出人的智商。再者，如果国王失信于天下，就将会招来国家的祸患。”后来国王答应了将女儿嫁给了盘瓠。盘瓠带着公主上了南山，过上了自由自在的生活。三年后，他们生下六男六女。盘瓠死后，这六男六女自相婚配、繁衍生息，成为了瑶、苗、黎等少数民族的祖先。

至今，在广西大瑶山瑶族聚集的地区仍然有祭祀祖先盘瓠的习俗，只是盘瓠的形象已经变化成红肥阔耳、长须长髯的仙人模样了。但是这样的仙人在冠上仍然有两狗相对立的造型，这正是瑶族先人以狗为图腾的印证。瑶族地区祭祀之人所穿的服装上还绣有盘王图，图的正中心即是一只回首仰望的狗，狗的上方才是瑶族的祖先盘王的形象。苗族民间剪纸中还有《龙狗与六男六女》的图案，反映的也是苗王的龙狗杀敌娶苗王之女，生下六男六女以繁衍人类的故事，以及苗族女子结发模仿狗耳的习俗。这些与狗有关的传说也是对于母体生命崇拜的反映。

此外，同时被人们看作天之刑神与太阴之神（即月神）的西王母也是一个与狗有着密切关系的人物。《山海经》中说，西王母“其状如人，狗尾，虎齿而善啸。蓬发，戴胜，是司天之厉及五残”。这里所谓的“狗尾”，即指勾尾或卷尾。也就是说，西王母具有某些狗的特征。

普米族的创世神话《捉马鹿》在叙述天地起源时也提到了狗。神话中说，天神给神巨人简剑祖一条红狗、一条白狗、一条金狗、一条银狗、一条铜狗、一条铁狗。这六条神狗帮助简剑祖找到了神奇的马鹿，创世巨人一箭射死马鹿，马鹿身体的各个部分变成了天地日月和万物。在这里，如果没有六条神狗的帮助，巨人就无法创造这个世界。

在如此之多的神话传说中提到了狗，并且狗在创世与人类始祖的繁衍中都起到了如此重要的作用，这些都足以使狗入选十二生肖了。

延伸阅读

狗为人间带来谷种

在华夏民族的神话传说中，狗不但与创世和人类始祖的产生有关，并且还为人间带来了谷种。维吾尔族的神话说，真主刚把麦子带给人间时，从根到茎都是麦粒。后来，有一老太婆用麦子做的油饼为孙子擦屁股。麦子不堪忍受如此虐待，于是就请求真主把自己送回天堂。在狗的再三请求下，真主才勉强答应把麦子最顶端的部分留下。哈尼族的神话说，人间原来没有五谷，天神的女儿怜悯人类，在劝父送谷不成的情况下，毅然把五谷带到了人间。天神恼羞成怒，一气之下把自己的女儿变成了狗，降到了人间。人们为了感激狗，吃饭的时候也常常让狗在身旁喂狗吃。这些神话传说实质上也是图腾狗崇拜所遗留的产物，同时也反映了人和狗间的美好感情。

祭祀中的肖狗文化

在人类与狗的长期交往过程中，狗被人们赋予了各种各样的内涵，并把狗作为祭祀活动中的重要祭品，成为祭祀习俗与传统生肖文化的一个重要链接点。

在人类历史发展的长期历程中，由于自身力量的有限，以及不能正确地认识生老病死和自然灾害等，人们便通过各种各样的仪式来获得力量以及心理上的平衡，这样就产生了祭祀的仪式，而与人类的关系最为紧密的狗，也就自然而然地成为了重要的祭品。

以狗祭日月

历史上辽国契丹人素有拜日拜月的宗教习俗，据史料记载："契丹如见月蚀，当夜各备馔相贺，戎主次日亦有宴会。"每年农历八月八日，皇帝就会在寝帐前七步的地方杀白犬一只，然后将狗埋头、露嘴进行埋葬。七日后的农历八月十五日正好为中秋节，再进行正式的祭月仪式。这个祭月仪式，包含着契丹人对于天狗的崇信，希望通过祭拜达到驱避妖邪的愿望。

以狗祭灶神

以黄狗祭灶神的习俗早在中国汉代时

◆ 十骏犬之金翅猃 清 艾启蒙

就已经出现。据《后汉书·阴识传》记载：“宣帝时，阴子方者，至孝有仁恩。腊日暴炊，见灶神形见，子方再拜受庆。家有黄狗，因以祀之。自是之后，暴至巨富，田有七百余顷……至始三世遂繁昌，故后常以腊日祭灶，而荐黄羊焉。”“黄羊”即是一种狗的名称。南朝梁宗懔所著的《荆楚岁时记》中也有相关记载：“汉阴子方，腊日见灶神，以黄犬祭之，谓之黄羊。”此俗到了清代依然存在，据《燕京岁时记》记载：“二十三祭灶，古用黄羊，近闻内廷尚用之，民间不见用也。”以狗来祭祀灶神，同样反映了人们希望狗能带来富贵的美好心愿。

以狗祭祖

早在中国的周朝时期，南方一些民族就有了以犬祭祖的习俗。南方的一些少数民族认为，狗与他们的祖先有着密切的关系，比如古代的东夷。据西晋张华的《博物志》卷七记载：“徐君宫人娠而生卵，以为不祥，弃之水滨。独孤母有犬名鹄苍，猎于水滨，得所弃卵，衔以来归。独孤母以为异。覆暖之，遂成儿，生时正偃，故以为名。徐君宫闻之，乃更录取，长而仁智，袭君徐国，后鹄苍临死生角而九尾，实黄龙也。偃王又葬之徐界中；令见狗垄。”古代东夷在进行杀人祭社的活动中，也把狗当作主要的祭物。从考古发现来看，在江苏桐山丘湾祭祀遗址中发现的20具人骨架、2个人头骨以及12具狗骨架中，人头和狗头都向着大石方向，这被认为是东夷人的祭祀习俗，是东夷的先人们希望通过狗祭来抵挡恶鬼妖魔、祈求平安的反映。

三国时吴人沈莹在《临海水土志》中也说“父母死亡，杀犬祭之”，这与《山海经·南山经》中“自天虞之山以至南禺之山，凡一十四山，六千五百三十里。其神皆龙身而人面。其祠皆一白狗祈，糈用稌”的记载是基本一致的，都与狗能消灾避祸有关。

以狗祭宅

每年农历二月，贵州雷公山的苗人都要在寨头和寨脚同时举行祭祀活动。据说，寨头是雄性(属阳、向东)，要用一只公狗来祭；而寨脚是雌性(属阴、向西)，要用一只母狗来祭。祭祀由鬼师主持，鬼师念唱巫词，然后杀狗。先进行一次生祭，之后将狗肉煮熟，连同酒、饭再进行一次熟祭。祭仪结束后，全寨的族人要进行分食仪式，按户把肉分尽。其目的是通过狗的献祭以求本寨、本族的人平安吉利、五谷丰登。

延伸阅读

吊狗祭山

祭山会是羌族最隆重的民族节日，又称“转山会”和“羌年节”，分别于春、秋两季举行。春季祈祷风调雨顺，秋后则答谢天神赐予的五谷丰登，实际上是一种春祷秋酬的农事活动，却始终充满浓郁的宗教色彩，更折射出远古神秘文化的光辉。祭山会大致可分“神羊祭山”“神牛祭山”和“吊狗祭山”三种。吊狗祭山在每年农历正月举行，节期七天。节前，羌族各户集米兑换一条白狗，喂肥。祭山日，人们聚集在象征山神的一大白石前，点燃香火，将白狗吊在神树林中的“吊狗树”上，狗颈项挂一串圆圈形馍馍。七天后，白狗被吊死，人们再燃香火，祭拜山神，祈求人寿年丰。现在，此节祭仪已经简化。

狗为风神

在人们最初的认识中，就不由自主地将狗与风联系了起来，随着中国古代传统文化的进一步发展，更将狗看作主宰风的风神，无论是在文献记载当中还是长久以来人们留下的风俗习惯，都有对于狗为风神的印证。

甲骨卜辞是中国最早的文字形式，在这最早的文字当中，就有了关于狗和风的关系的最早记载。如河南安阳出土的殷墟甲骨文中有："于帝史风二犬。"（《卜通》）；"宁风，北巫犬。"（《明续》）；"宁风，巫九犬。"（《库》）；"其宁风，三羊，三犬，三豕。"（《续》）；"宁于四方其五犬。"（《明续》）等，这些都是对于以狗祭的记载。

◆ 十骏犬之雪爪庐 清 艾启蒙

在先秦的一般祭祀当中，狗常常是被排在牛、羊、猪之后的，只有在祭祀风神时，才以狗为首选，而少用牛、羊、猪来祭。这说明，在古人的原始思维当中，狗是具有使风停息的功能的。《山海经》中也有以"黑犬"和"白犬"祭祀风神的记载。

到了汉代，风与狗之间的关系得到了进一步的发展。据东汉应劭的《风俗通义》记载："戌之神为风伯，故以丙戌日祭于西北。"《后汉书·祭祀志下》中也有相关的记载："以丙戌日祠风伯于戌地。"虽然并没有明确表明狗即为风伯、风神，但是两者之间的关系已经非常明朗。

《尔雅·释天》中也说："祭风曰磔。"据郭璞注云："今俗当大道中磔狗，云以止风。"郑玄注《周礼·大宗伯》云："披磔牲以祭，若今时磔狗祭以止风。"《公羊传·僖公三十一年》中对"磔"作了进一步的解释：“祭风以牲头蹄及皮，破之以祭，故曰磔。”“磔”可以看成是剥开的犬皮，做禳灾求神之用，故《淮南万毕术》谓：“黑犬皮毛烧灰扬之以止风。”这实际上就是一种“风神为犬神”的观念。在古人看来，杀死风神的同类，即杀死犬，风神就会因怜悯自己的同类而止风。

不只止风，据明代的《物理小识》引《墨子》记载：“烧黑狗皮扬灰风即起。”因此，在古人的观念中犬既能兴风也能息风，故以犬祭风神，乞求宁息风害。

从科学的角度来解释，狗之所以被作为风神，主要有三个方面的原因：

有些专家学者认为，犬奔跑的时候像风，这一点可以在古文字“猋”中得到进一步的证明。《说文》中说：“猋，犬走貌，从三犬。”《尔雅·释天》云：“扶摇谓之猋。”郭璞注曰：“暴风从上下。”《礼记·月令》曰：“猋，风暴雨总至。”郑玄注说：“回风为猋。”《广韵》《集韵》中还都将“猋”字写作“飙”。《广韵·萧部》中说：“飙，风也。”《集韵·霄部》中说：“飙，通作猋。”从以上“猋”字的形成和演变来看，犬不仅是息风祈雨的牺牲，同时也是风雨之神。这些足以证明用犬来祈风雨的悠久传统。

从中国所处地理环境的角度来说，狗所占的位置戌的方位属于西北方，这恰巧与中国大陆冬季寒流的方向相一致。当然，对于和煦的风人们是不会用血淋淋的狗去祈求风停风息的。然而，对于带来强降温的大风，人们则盼望着风能够停下来，风和日暖，寒冬西北之风，大体集于戌的方位，这应该也是人们视狗为风伯的一个重要原因。

在古代人眼中，风的形象和狗是相差无几的。《物理小识》卷二中称：“风伯象犬”。《七修类稿·天地类》中亦称“风伯之首象犬”。《元史·舆服志二》中也有相关的记载：“风伯……神人犬首、朱发、鬼形、豹胯、朱袴，负风囊，立云气中。”

另外，《山海经》中的“山狎”也是古代的风神之一，据说他的形象是人首犬身：“其状如犬而人面，善投，见人则笑，其名曰山狎，其行如风，见则天下大风。”

无论是出于何种原因，人们将狗视为风伯已是不变的事实，这其中包含了人们对于狗的无上崇信，同时也可成为狗能够入选十二生肖的一个重要原因。

延伸阅读

羌族祭犬求风雨

在中国一些经济比较落后的地区遇到干旱时，要举行求风雨的祭祀仪式，而犬是其中最主要的牺牲品。羌族在举行求风雨仪式时要抬一只狗上山，拜毕龙王之后再将狗抬到烧狗坪作为礼祭祀献给龙王，同时还要请巫师端公演唱求雨歌，大意为：天旱了，天旱了！龙王老爷啊！庄稼萎草木黄，往后庄稼无收成，生活困难怎么办？龙王老爷快下雨！当地人认为龙王最怕狗臭，将狗献给龙王以使龙王嗅到狗的臭味，迫使它不得不下雨。羌族的求风雨仪式，与汉文史料《淮南万毕术》所说的“黑犬皮毛烧灰扬之”的犬祭形式相似，其目的不是止风，而是求风雨。这也充分说明了犬祭之俗由来已久，而且对劳动人民的日常生活产生了重大的影响。

民俗文化中的肖狗

狗与人们的生活之间存在着密切的关系，植根于民间的传统习俗文化中自然少不了肖狗的影子。肖狗文化作为十二生肖文化的一个重要分支，不仅对于人们生活的各个方面，同时对于中国传统生肖文化的丰富和发展也有着不可忽视的作用。

纵观生肖中的十二种动物，或是人们因畏惧和崇拜以敬而远之的，或是为人类的发展产生过重大而积极的作用的。其中狗作为与人类关系最为密切的动物，无疑对于人类的发展和进步产生了重大的作用。也正因为如此，肖狗文化作为中国传统民俗文化的一个重要方面，遍及人们生活中习俗的各个方面。

与肖狗有关的节日

与狗有关的节日当中规模最大的要数瑶族的“盘王节”了。每年农历的正月十六，瑶族人民都要举行祭奠祖先盘瓠（即狗神）的重大活动。活动内容包括三项必不可少的仪式：一是跳原始的祭祀舞蹈——盘王舞；二是举行还盘王愿的祭仪，宰牛祭盘王；三是颂唱“盘王歌”。直到现在，瑶族人民的传统服饰上还保留着许多与狗有关的图案。

布依族在过年时有“吃新节”，到了晚上首先要设宴祭祖，然后就是祭犬，之后家人才可以入桌就餐。祭犬时由年长者将“新粮饭”与三块猪肉放入狗食盆，边看狗吃食物边念祭词，其意是感恩狗为人类带来谷种。

汉民族岁时风俗中还以农历正月初二为“犬日”。犬日这天，人们以天气的阴晴来预测当年养狗是否兴旺，晴主福，阴主灾。“犬日”时人们对于狗的信仰也比平时用心，以求犬类能够得到更好的繁衍发展。

与肖狗有关的吉凶祸福

在古人眼里，狗是能够预兆吉凶祸福

◆ 双犬图 明 朱瞻基（明宣宗）

的动物。因为狗与吉凶祸福的关系，因此人们常常用狗来进行占卜。至今在羌族、苗族、瑶族等少数民族地区依然存在着用狗占卜的习俗：每年正月初，羌族会在庙前举行吊狗会，把白狗倒悬在庙前树枝上，狗头下放着食物，但是不让狗够着。如果狗七天不死，则为丰年，否则就是凶年。苗族在吃团圆饭时也是先喂狗，认为如果狗吃哪种粮食，哪种来年就会贵。瑶族每年在尝新米时，会先盛一碗饭并在上面放一块肉让狗先吃。如果狗先吃米饭，预兆当年稻谷丰收、米价便宜；如果狗先吃肉，寓意这年猪肉涨价而稻谷歉收。

与肖狗有关的禁忌

由于狗对北方游牧民族的重要性，所以历史上随着北方少数民族的南移，关于狗的习俗与禁忌也逐渐多了起来，其中最普遍的要数禁吃狗肉了。许多以游猎为生的民族都禁吃狗肉，如东北的赫哲族、满族、锡伯族、鄂伦春族，新疆的哈萨克族、乌孜别克族、柯尔克孜族等。在这些民族看来，狗是他们生活中最亲密的伙伴，对捕猎、放牧、看门等都起到了很大的作用。他们都对狗有着很深的感情，不忍杀食。

瑶族、苗族和黎族人民还把形象为犬的盘瓠尊为祖先，因而他们禁止打狗、骂狗、直呼狗名，更不能吃狗，甚至不能看他人吃狗肉，认为这是大逆不道的行为。拉祜族传说人的祖先是狗奶喂大的，所以不吃狗肉。普米族把狗看作天地的开创者，并且把寿命与人交换，使人的寿命延长，因此狗对人是有大恩的，禁止以狗肉为食。哈尼族、藏族、羌族、白族等还认为是狗把谷种带到了人间，所以人们也禁止杀狗，并且打下来的新稻谷做成的米饭也是让狗先吃。

瑞狗旺财

狗忠实于主人，更通人性，所以人们普遍喜欢养狗，很多人给自己的狗起个亲昵吉祥的名字：旺财或来福。据说最早把狗叫旺财是在广东香港地区，旺财也是口音“旺旺”的意思。狗年送礼都想讨“口彩”，狗年的礼品都沾上了“旺”字。“天狗守吉祥”和“天狗保平安”成为对联中最常用的话。

延伸阅读

敦煌文献中对于梦狗的解释

因为在古人眼里狗能预见吉凶祸福，所以自然就与梦联系了起来。除了《周公解梦》以及《开元占经》等书中的记载之外，在敦煌出土的文献当中也有对于狗梦的记载：梦见犬咬人，贵客来；梦见被犬咬，事解；梦见犬伤，大吉事；梦见黄犬，所求皆得；梦见犬子，有喜乐事；梦见犬走，大利；梦见卖犬，事喜；梦见犬吐，家鬼得犬；梦见煞犬，所求皆得通达。当然，与狗有关的梦也有是凶兆的：梦见犬咬日，忧官事；梦见犬死，家欲丧；梦见黑犬，灶作索食；梦见赤犬，口舌散；梦见放犬子，有急事；梦见犬齿，先人索食。

其实，这些与狗有关的或凶或吉的梦只是由于古代的人们不能正确地认识所发生事情的根源，从而将这些事情与人们关系最为密切的狗联系起来，是古人认为狗能通灵这一思想的反向利用，做梦遇见狗与现实生活中所发生的事情之间的关系并没有科学的根据可考。

第十六讲

亥猪送福

人类的进化与猪崇拜

猪是最早被人类驯化为家畜的动物，与人们的日常生活关系最为密切。古人有对猪灵的崇拜，而猪对人类的生存、繁衍和发展也产生了重大的影响。

十二生肖中的猪是指家猪，而家猪的祖先是野猪。早在六七千年前，中国就已经开始对野猪进行驯化。在人与猪长期的共同发展过程中，猪对人们的日常生活以及日常观念甚至习俗的形成有着很深的影响。

人类的猪灵崇拜

猪虽其貌不扬，却有开天辟地之功，古代神话传说中开天辟地的豨韦氏即是上古的大猪形象。道家庄周在《大宗师》中讲述了“道”创造世界时说，“夫道有情有信，无为无形，可传而不可受，可得而不可见，自本自根”。庄周认为，“道”要想创造世界首先必须借助于猪，即“豨韦氏得之，以挈天地”，先由猪来凿破鸿蒙、剖判天地，然后再由其他创世伟人轮番上阵。可见，猪在开天辟地中远居于伏羲、黄帝、西王母之前，如果没有猪劈开天地，众神甚至难以施其所长。

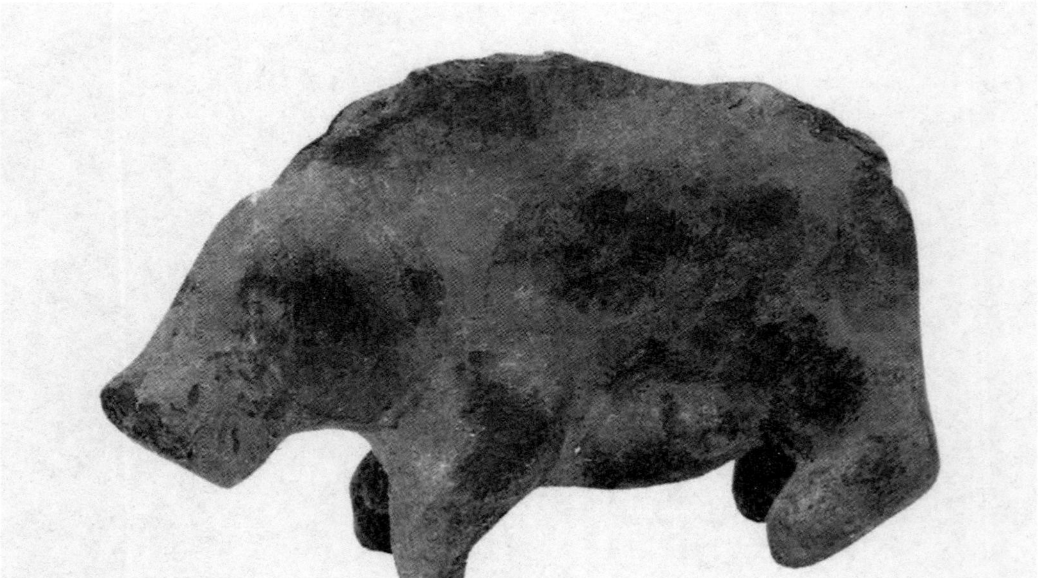

◆ 新石器时代的河姆渡文化陶猪

猪与生民造物的女娲也有着密切的联系。在中国神话中，女娲抟土造人、炼石补天，是人类的始祖。然而在一些地方的女娲庙中，女娲塑像是以肥猪为底座的。古人对猪的崇拜实质是生殖崇拜。猪作为生殖崇拜之对象在于猪之肥硕、丰腴、贪食、多产，禀具超常的生殖力。在辽宁牛河梁红山文化遗址当中，体态肥硕的女像和肥猪的雕像是并存的。汉唐时期盛行以胖为美的审美观，其实也有这方面的因素。

猪对人类的贡献

人类的祖先最初是以素食为主，植物食品中只含有维生素、盐类和有机酸等人类所需的养料，蛋白质的含量很低。除了油料作物之外，脂肪的含量是很少的，而且还缺少造血的钴、锰、铁和铜等微量元素。如果人长期素食，蛋白质得不到充分供给，将会导致营养失衡、抗病能力降低、反应迟钝，也很容易衰老。人类在进化过程中，体力和智力上出现突飞猛进的变化，这与肉食的增加，特别是猪肉的增加是有很大关系的。自从野猪被人类驯化以后，猪生长速度快，食性杂，一直是人们最主要的肉食来源，猪肉富含蛋白质，极大地改善了人类的体力和智力。

此外，猪还可以提供优质的农家肥，猪的粪、尿等都是良好的有机肥料。猪喜欢以人所惧怕的蛇为食，在我国南方的一些地区，当农田里的蛇猖獗时，农民把猪放进田里消除蛇害。猪皮除了能够制革，还可以治疗血小板减少和严重烧伤。猪蹄甲可以治疗牛皮癣，肠可以做肠衣。猪的心脏瓣膜可以移植到人的身上，延长人的生命。猪的心脏等内脏器官与人的器官大小相仿，因此猪是医学研究的典型动物。从猪身上提取的类似人胰岛素的激素可以治疗人的糖尿病。猪鬃可制刷子，可以治烫伤，还可以做其他工业原料……可见，猪对于人们生活的改善以及社会的进步起着多么重要的作用。

延伸阅读

红山文化中的猪崇拜

红山文化主要分布在内蒙古东南部、辽宁西南部和河北北部，是中国北方地区著名的新石器时代文化，其中尤以玉器的制作和使用著称，猪的造型是最多的一种。这些猪形玉器，有的十分写实，基本保留了猪的形象，有的比较抽象，躯体已经开始拉长，外形逐渐向龙的造型转化；也有的成为猪首人身像，成为人们崇拜的偶性，使人们产生一种亲切可靠的感觉，成为部落的图腾，用以标识和凝聚部落的人们，因此它会雕塑成一种敬畏的神态。

猪在红山文化时期与远古先民的日常生产和生活关系非常密切，它既代表财富，又显示勇猛。上古猪的形象不像现在一样是愚蠢、懒惰的象征，远古先民更喜欢野猪强悍的体形，以及敢与虎豹相搏的精神。

红山文化陵墓的陪葬品玉猪龙是权贵阶层和神职人中的主要随葬品，在女神庙中还在主殿供奉大型陶塑猪龙，可见猪的地位不一般，它和小形女神像一样，是大形猪龙陶塑的小形化，可以随身佩戴，既是护身符和吉祥物，又是身份地位的象征。

无豕不成家

无论是从汉字“家”的字形来看，还是从猪所代表的象征意义来看，猪都是人们生活当中必不可少的家畜。有家就有“豕”，即使走过了漫长的农业社会，在人类的生活水平日益提高、科学技术日益发达的今天，人们依然离不开猪的存在，离不开与猪有关的文化。

古代人造字多用六种方法，即象形、指事、会意、形声、转注和假借。“家”属于假借字，“宀”代表房舍，而“豕”就是猪。有学者认为“家”字的本义是宗庙，这一点可以在甲骨文中找到根据，如“其侑报于上甲家”“飨父庚、父甲家”“仔于母辛家”等，其中，“报”“飨”“仔”指的是祭祀，“上甲”“父庚”“母辛”指祭祀的对象，那么“家”就只能理解为祭祀的地方，即庙堂。在古人的祭祀当中，猪是上品，是古人心目中的圣洁高尚之物，将“豕”置于“家”中，可见古人对于猪的重视程度。

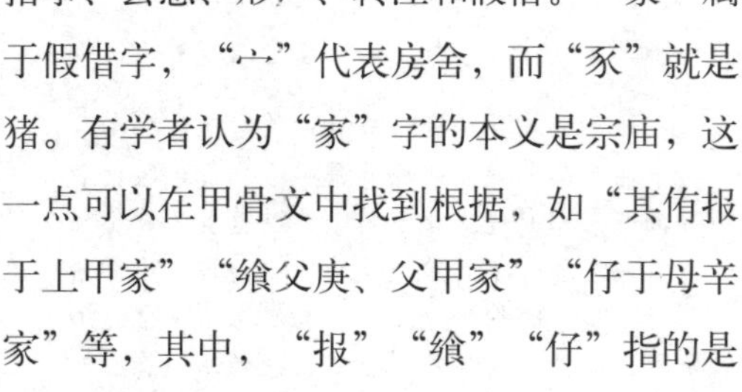

◆ 新石器时代的河姆渡文化猪纹黑陶钵

后来发展的民谚当中，还有“无猪不成家”的说法，这说明在中国长期的农业社会当中，猪占据着举足轻重的位置。“无猪不成家”同时也是对“无女不成家”以及“无孕母不成家”的同义阐释。所谓“无孕母不成家”是远古时期的人们在认识到男性也参与生殖过程之前所形成的观念。在知母而不知父的时代里，人们尊崇能够生育的母亲，认为女性特别是怀孕的母亲才是家的核心，所以人们说“无女不成家”，有了女人，才能够繁殖后代，才能够不断增强抗击外界苦难的能力。怀孕的女性是家的核心，而猪又是孕母的象征，猪入生肖，正是女性在家庭中较高地位的反映。

和猪与“家”之间的关系一样，家的造型与怀孕的母体之间也是有一定联系的。远古时期，先民们为了躲避猛兽和风雨的侵袭，最初是居住在天然的山洞之中。后来，经过地下式、半地下式的房屋，逐渐发展为地上式房屋。新石器时期，人们发明了陶

◆ 东汉陶舍与猪圈

器，房屋也换成了陶制的袋形或圆形窑穴，而这种形状正是母体子宫的象征。农业时代来临后，人们又从种子的入土、发芽、生长中发现了大地母亲生养万物的秘密，找到了战胜死亡、获得永生的信仰和秘诀——土葬。自古人们就有转世的观念，认为大地如同母体的子宫一般，能够使人类起死回生，而土葬就意味着复归初始、返回子宫，从而使死者再生、繁衍不息。

也许每个人都会有一个疑问：既然猪在人们生活以及观念信仰中占据着如此重要的位置，为什么会排在十二生肖中的最后一位呢？其实，这并不是对于猪的贬低，而是对于回归、对于家的观念的看重。

亡人所归的家称为“冢”，而“冢”的形状也是与猪相似的。在新石器时期的墓葬出土的随葬品中有许多猪骨头，根据古人的思维方式来推断，豕是母体的象征，而“冢”是亡人的家，冢中有豕，表示来自母体中的人又回归到了母体当中，亡灵也只有返回母体，才能获得重生。

总之，无论是人们生前归家，还是死后归冢，都是回到了以“猪”为核心的地方，猪排在十二生肖中的最后一位，恰恰能够发挥回归母体、起死回生的作用，也从而完成了从鼠到猪的圆满循环，奠定了下一轮十二生肖继续的基础。

延伸阅读

家的原始本义

在毛公鼎的金文中，“家”写作“圂”，取象于猪繁殖旺盛之意，家的原始本义为神圣的两性交媾。据古代文献记载，古代夫妻相互称作“家”，丈夫称妻子为“家”，如《楚辞·离骚》王逸《注》说：“妇谓之家”；妻子也称丈夫作“家”，如《国语·齐语》韦昭《注》说：“夫称家也。”这种特殊的称呼当是根源于“家”的原始本义。因而“家”演变为男子娶妻成家，如《易·蒙》有“子克家”一句，就是“子”能娶妻或可两性交媾而行礼乐了。在礼乐文化看来，只有成“家”才能“家”，即两性交媾的合“礼”性当以婚姻为本。“家”字可以写作“嘉”，“嘉”字的本义为两性交媾，古人称婚姻之礼为“嘉礼”。

肥猪拱门送福来

猪有肥头大耳、膘肥体健的形态，常被人们视为有福的象征，由此便产生了以大耳为美、为贵、为有福，以及以肥猪为富贵、好运的象征的诸多习俗，同时也是肖猪文化中不可缺少的部分。

有一首古诗写得好："年逢亥岁红运开，人遇贤君定发财。抬头见喜迎富贵，肥猪拱门送福来。满腹经纶题朱笔，进士及第添光彩。"如今说起猪，人们则会联系到大耳有福、大智若愚、憨态可掬、无忧无虑，会产生吉利的征兆。在民间，猪又称"福运使者"，被视为富足、吉祥、富贵之象征。

耳大有福自逍遥

中国汉民族有崇拜猪的传统，猪的肥头大耳自然成了美好和福气的象征，在中国历史上大耳的名人也的确不少。据说治水的大禹就长着一双特异的耳朵，史称"禹耳三漏"。漏是"穴"的意思，即禹的耳朵有三个耳道，据说这种面相特征预示着他能够疏导泛滥数十年的大洪水。春秋五霸之一的晋文公名叫"重耳"，"重"即"大"，也是大耳的意思。古代崇尚大耳的习俗在诗文中也多有流露。如汉乐府相和歌辞《长歌行》中描写："仙人骑白鹿，发短耳何长。"《魏书·太祖纪》中说太祖："弱而能言，目有光曜，广颡大耳。"《三国演义》中"两耳垂肩，双手过膝"的刘备更是家喻户晓。可见，以大耳为美、为贵的观念古已有之，并流传至今，现在我们还常常认为耳垂厚大的人有福气。

耳大下垂甚至及肩，并不是天生的自然之耳，而是人为弄大的。中国古代哲学家老子姓李名耳字聃，《说文解字》中解释："聃，耳曼也。"段玉裁注又说："曼者，引也。耳曼者，耳如引之而大也。"也就是说，老子有着一副漂亮的聃耳是因为坠耳拉

◆ 唐代猪首人身佣

◆ 肥猪拱门

长的。中国古籍中也记载有许多使耳朵变大的方法。如《后汉书·南蛮西南夷列传·南蛮》中说："其渠帅贵长耳，皆穿而糙之，垂肩三寸。"即从小在耳朵上穿孔，然后挂上重物，随着年龄的增长，悬挂的东西会逐渐加重，耳朵也越拉越长，以致垂到肩上。

崇尚大耳的习俗其实源于远古的猪神崇拜。从存遗的典籍和古文物中可以看到，中国远古就有以猪为图腾的部落。据专家研究，河姆渡陶器上的猪画像、半坡陶器上的猪纹、商周青铜文化中的猪造型等都是猪图腾崇拜的遗物。猪的大耳是其显著特征，所以人们就以大耳来求得与猪的肖似，希望获得猪神的保护，大耳的习俗正是对于猪耳的模拟。

膘肥自有福运来

猪肥硕的形体代表生，而生既意味人丁兴旺，也意味庄稼丰收，更意味着财源滚滚，所以猪受到了广大人民的喜爱，在民俗文化中成了福运的象征。

贵州中西部山区的儿童会在正月初一下午用绳子拴着代表牛和猪的两块石头，把它们牵进牛棚和猪圈，嘴里喊着"我牵牛赶猪来啦"，以为石头凝聚着土地的精华，可以把土地的活力转移给牛和猪，使六畜兴旺。广东普宁的农民会在元宵之夜从田里抱回两块土来，放置在家中并插上竹叶，称作"抱大猪"，寓意生长万物的田地可以把生的能力感染给猪，以使猪膘肥体健。河北和天津一带逢年过节时还流行贴"肥猪拱门"的窗花。这种窗花多用黑色腊光纸剪成肥猪状，猪背上驮着聚宝盆，以求招财进宝。

据传，从唐代开始，新科进士到大雁塔题名时须用"朱笔"，因为"猪"与"朱"、"蹄"与"题"谐音。每当有人赶考，亲友们都会赠送红烧猪蹄，预祝赶考人"朱笔题名"。

延伸阅读

猪的美称"乌金"

在民俗文化中，"猪象征财富"这一观念，基本上获得了普遍的认同。汉语言文化中，猪被称作"金猪""乌金"。成书于唐代前期的笔记《朝野佥载》说："洪州有人畜猪以致富，因号猪为乌金。"洪州在今天的江西南昌一带。用乌金一名来称猪，表达了对猪的美好寄托。与此相关的民间故事甚至形成了一个专门类型，被学者命名为"逗金猪型故事"。白族的民俗文化中，流传有"金母猪"的神话故事。在吉林前郭尔罗斯地区，流传着《五只小金猪》的民间传说。这些故事反映了人们对发财致富的迫切追求，也说明了人们视猪为宝的观念。

民间猪神崇信

受远古时期先民们对于猪的图腾崇拜影响，后人把生肖之猪作为各种神灵加以崇敬膜拜，因此产生了许多与猪有关的风俗习惯，这些也是对于生肖猪文化的进一步丰富和发展。

在古代文献典籍中，猪神崇拜比比皆是。在《庄子》《山海经》《史记》《左传》《国语》《神异经》等古籍中就有大量的记载，如豨韦氏、封豕、并封、豕韦、饕餮、三苗、大彭氏、浑沌、鬼方等，都是有名的崇拜猪神的民族。古人认为，猪作为神圣之物，可以镇妖息怪、招福致祥。据宋人的笔记选录，宋太祖赵匡胤曾亲自在宫中养

◆ 圆明园猪首

有两头神猪，敬奉它们以祈求太平、厌胜避邪。

猪为云雨之神

猪天生就会游泳，民间自古就有“猪浮黄河牛浮海”的说法，由此民间还把猪看作云雨之神，认为猪能够预兆雨水。古代传说中雷公的形象也是猪形，唐代房千里的《投荒杂录》中说雷公形状“豕首鳞身”。

猪还有“乌羊”的别称。由于猪长嚎、善拱掘的习性以及受猪为云雨之神观念的影响，猪还成了开河挖渠的主力军。《宋稗类钞》中记载：在开挖河渠时，一位修水利的古人变化为一只大猪，奋力当先。为此，当地人称猪为“乌羊”，以纪念那位先人。猪与水之间的关系还因为“亥”属水的缘故。古代筑土堵水称“堰猪”，《周礼》中说“以潴畜水”等，都是对于猪与水之间关系的解释。

猪为行业之神

随着猪神崇拜观念的进一步发展，民间还把猪奉为各种行业之神。养猪业多以马氏娘娘为守护猪的神灵。传说从前景宁

大际乡一带，猪怎么也养不大，养猪的人家很少。后来，马氏娘娘显灵，大际乡全部人家养的猪都长得十分肥壮。人们为了感激马氏娘娘，便在每年秋收时举办抢猪节来酬神。

在四川很多地方也有以四官菩萨为养猪保护神的。四官菩萨原为财神，但由于养猪业在四川农业经济中的地位举足轻重，许多家庭靠养猪卖猪来维持生计，因此在某种程度上，财就是猪，猪就是财。四川东部地区的贩猪行业把四官菩萨、朱氏夫人、康氏夫人三位神尊都敬为祖师，以保佑六畜兴旺、生意兴隆。

在中国南方的农村还常供奉有厕神，即“紫姑神”。或云西汉戚夫人死于厕，为厕神，或云紫姑为人妾，因不堪忍受大老婆的虐待而死于厕，为其神。因为厕所和猪圈多合二为一，所以厕神也就兼职猪神、圈神。厕神实际上所主的并非厕事，而是常用于占卜诸事。

猪栏神是家中所祀之神，在猪栏边插一炷香即可。传说猪栏神是姜太公，当年封神的时候，姜太公给自己预留了东岳神，等分到只剩下东岳神和猪栏神的时候黄飞虎才赶到，姜太公就封他为东岳神，自己作了猪栏神。在浙西山区，人们常在猪栏上张贴用黄纸书写的“姜太公在此，百无禁忌”的符条，以保猪畜平安、犯忌无祸。厕神和猪栏神实质上是猪形之神向人形猪神的转化。

净坛使者

猪也被写入文学作品中，最为家喻户晓的形象是《西游记》中的猪八戒。猪八戒

◆ 马氏娘娘塑像

可以说是一个神、人、猪三位一体的神奇生物，其形象生动活泼、讨人喜爱。他本是上界天蓬元帅，只因酒后调戏嫦娥犯了天条，被贬入下界，错投猪胎。他在人间兴妖作怪，在高老庄强娶民女为妻，直到碰上唐僧和孙悟空，演出了一幕“猪八戒背媳妇”的喜剧，后来被孙悟空收服，一道赶赴西天取经，最终得成正果，做了“净坛使者”，专管享用四方祭祀食品。

延伸阅读

形式独特的“抢猪节”

每年秋收季节，浙江南部地区的人们要过“抢猪节”。当地人把马氏娘娘看作保护猪的神灵，抢猪节时，人们请戏班在马氏仙宫连演七天七夜的戏，到第七天夜里终止演戏时，养猪人家立即回家杀猪，把猪洗干净，绑在一个木架上。当马氏仙宫中传出第一声猪叫时，各家便抬着猪架向仙宫飞跑，以争抢第一为荣。全村的猪架排在宫门口，人们评出最大和最小的猪。卯时一过，主人便宴请亲朋好友，客人须向主人送红包。吃完饭，主人根据红包中的现金数量，按市价给客人称猪肉带回，称为“杀猪福”。据说“抢猪”活动可以保佑来年家家养出大肥猪。

生活中的肖猪文化

在人们平凡的生活中，尤其是举行祭祀、婚庆等重大活动时，总少不了猪的参与。这既反映了猪对于人们生活的重要作用，同时也是生肖猪文化能够至今活跃于民间的重要原因。

猪在人们观念中占有重要的位置，因此传统文化中，“六畜”“三牲”“太牢”“少牢”等场合总少不了“猪”的身影。猪，这个我们日常生活中最为常见的动物，一直以来就是中国流行文化中的一种。

与猪有关的祭祀

猪是祭祀活动中最早用于祭祀的祭品。汉族往往把作为年节祭品的猪称为“岁猪”或“年猪”。汉族风俗，凡重大祭祀活动，祭品必用猪，并以用猪头为重，俗称“猪头三牲”。

过去在四川、重庆一带偏远地区，汉族民间有一种“打母猪鬼”的驱邪活动。凡家中有病灾不幸之事，家中长者便设香案，以打母猪鬼来祭，向神灵许愿，求得驱邪。祭时，要选黄道吉日，杀老母猪，蹄、肝、肠、肺等放在一个筐里，摆在堂屋中间，主持人燃香祝拜，民间认为只要如此，即可“杀死一母猪鬼，驱除一个邪”。彝族“以猪净宅”的习俗与此俗用意略通。

满族跳神的主要祭品也是猪肉。满人有病必跳神，也有无病而跳神者，富贵之家或月一跳，或季一跳，至年底则没有不跳者，从中可见跳神民俗之盛。祭祀时立竿于墙院南隅，置斗其上，把猪肉放入斗中，等待乌鸦来吃食，这叫“神享”。跳神时女巫腰系铜铃，摇之作声，双手击鼓，口中念念有词。跳完将猪肉拿回家中吃掉，大家必须把肉吃完，否则会被视作不吉祥。满族跳神的实质是祭祀祖先、祈求祖先神灵的庇佑以保平安。满族人民在向一些神灵祈福求财时也离不开猪。六月二十三为马王诞日，农户们在寺庙中以猪肉为祭品，谓得到马王欢心则有利于六畜兴旺。

湖北松滋一带有“猪头祭”祈求果树丰收的习俗。每年腊月三十吃团圆饭之前，松滋人要虔诚地祭拜桃树、梨树、杏树等。他们会把隆重的猪头献给果树，希望它们好好生长，多多造福于人。贵州仡佬族也有类似的“拜树节”，时间为正月十四。当天各家各户都准备纯米酒、肥猪肉、糯米饭、红纸、鞭炮等礼品，由近到远“拜树”，以感谢果树的赐予并且希望更丰厚的赐予。

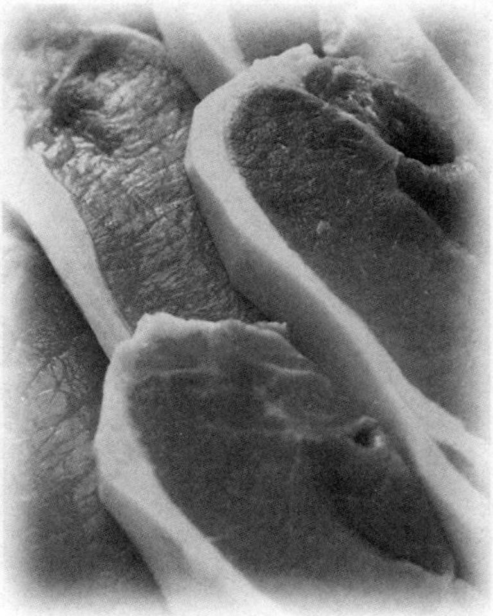

◆ 送猪肉婚俗

与猪有关的婚俗

陕西一带有送猪蹄的婚俗。结婚前一天，男方要送四斤猪肉、一对猪蹄给女方，称为“礼吊”，女方将“礼吊”留下后，还要将猪前蹄退回。婚后第二天，夫妻要带双份挂面及猪后蹄回娘家，娘家会将挂面留下，而猪后蹄则退回，俗称“蹄蹄来，蹄蹄去”，表示今后往来密切。东北等地的汉族、满族在结婚前男方送女方“离娘肉”的风俗也与此类似。

云南西双版纳一带的布朗族婚姻中有送串猪肉的风俗。婚礼当天，男女两家要杀猪请客，还要将猪肉切成小块，用竹竿串起来分送各家，以示“骨肉之亲”之意。

与猪有关的美味佳肴

猪肉自古便被许多民族视为美味佳肴，古人在猪肉烹制方面“脍不厌细，食不厌精”，千变万化，形成了南甜北咸、东辣西酸的烹调风格，创造出各具特色的地方风味，如上海糟肉、走油四喜肉、哈尔滨风干口条、广式烤肉、天津五香猪肉干、鞍山枫叶肉干、四川腊肉等。东坡肉也是一道猪肉名菜，传说是宋代著名文学家苏轼发明的。

延伸阅读

肖猪别名荟萃

生肖之猪除有“乌金”“乌羊”的别名外，在历史上还有其它几个别名。诗人杜甫在《戏作俳谐体遣闷二首》中称猪为“乌鬼”：“家家养乌鬼，顿顿食黄鱼。”宋代《漫叟诗话》对此解释道：“川人嗜此肉，家家养猪，杜诗谓‘家家养乌鬼’，是也。每呼猪则作‘乌鬼’声，故号猪为乌鬼。”宋代《懒真子录》中还说：“乌鬼，猪也。峡中人家多事鬼，家养一猪，非祭鬼不用，故于猪群中特呼‘乌鬼’以别之。”两则材料虽然说法不一，但猪被称为“乌鬼”这一点是相同的。清末贵族祭祀时还把活的猪称为“黑爷”。《清末贵族生活》中记载祭祀的顺序时：“后请牲入（活猪，呼为黑爷）。”与此相似的还有“黑面郎”等，也都是猪的别称。